上海WTO事务咨询中心系列丛书
上诉机构系列

APPELLATE BODY
ANNUAL REPORT FOR
2019-2020

世界贸易组织
上诉机构年度报告
2019—2020

世界贸易组织◎著　赵宏◎主编/审校　彭德雷◎译

上海人民出版社

中文版序

　　世界贸易组织上诉机构年报的翻译工作已历时数载，令人欣喜的是，2019—2020 年年报中文翻译稿经多轮校正，近日即将付梓。翻译和著书如同孕育婴儿，历经辛苦和操劳，法律文稿的翻译尤其如此，何况涉及国际贸易争端裁决的法律事项。

　　这几年，正值战后国际秩序和世界格局发生剧烈震荡的时期，新冠世纪疫情尚未完全消退，俄乌战火又已燃起。2020 年底，我作为最后一名上诉机构成员坚守岗位至任期结束。自我离任，上诉机构已全面停摆近两年。回首往事，百感交集。生在一个变革动荡的时代，在世界贸易组织上诉机构年报中文版付印之际，深感应如实记下这一段历史，藉此对这 17 册上诉机构报告中文版的翻译工作做一个简要说明，同时也谈谈对上诉机构所代表的国际争端裁决机制及其未来走向的看法。

一、世界贸易组织上诉机构年度报告及其翻译初衷

1. 为何上诉机构年度报告不是 25 册而是 17 册

　　世界贸易组织上诉机构是乌拉圭回合谈判成果的一项重要的制度性成就 ①。1995 年其成立和运行之初，上诉机构一切工作从零开始，起初只有位于世界贸易组织秘书处大楼一层靠近门卫的一间办公室、一位司长（黛布拉·斯蒂格女士，Debra P. Steger）、两三位秘书。首批七位上诉机构成员（即业内所称的"大法官"）成功遴选后，上诉机构成员一边裁案、一边建立工作机制和工作程序，通过最初几个案件审理和裁决报告的发布，上诉机构在国际贸易领域赢得了声望。可以想象，处于开拓阶段的最初几年，上诉机构是无暇编撰年度报告的。及至瓦勒瑞·休（Valerie Huge）女士担任第二任上诉

---

① 国际贸易史上规模浩大、历时 8 年的乌拉圭回合谈判取得了两大制度性成就，一是达成了建立世界贸易组织的宪法性文件，即《建立世界贸易组织的马拉喀什协定》，二是成立了世贸组织争端解决机构的上诉机构，体现在《关于争端解决规则与程序的谅解》。乌拉圭回合一揽子协定中的《服务贸易总协定》《与贸易有关的知识产权协定》《农业协定》以及在东京回合守则基础上形成的若干协定都具有跨世纪的影响，但其意义似乎无法与上述两项成果比拟。

机构秘书处司长，上诉机构开始出版针对案件基本情况进行数据分析的年度报告，但并未涉及案件裁决的内容。至沃纳·泽多克（Werner Zdouc）先生担任司长开始，除了包括事实性的数据汇总与分析，上诉机构出版的年度报告开始涵盖上诉机构对争议案件裁决的基本程序和裁决要点的概述。因此，尽管上诉机构的裁决历史有 25 年，其出版的年度报告却只有 17 册。

2. 翻译初衷

与联合国不同，世界贸易组织的工作语言不包括中文，因此，世贸组织秘书处是不承担其所有文件、出版物的中文翻译工作的。

翻译上诉机构年报的机缘起于 2016 年初。当时作为参与竞选的上诉机构成员候选人，我为了参与竞选，便做了若干准备工作。除了准备国际法、世贸组织法的理论问题，还为了增强对上诉机构裁决实践及其法理的把握，我选看了世贸组织秘书处出版的《世贸组织分析索引：世贸组织法律与实践的指南》(The WTO Analytical Index: Guide to WTO Law and Practice) 全书，厚厚的两大本，凡世贸组织争端解决机制裁决中涉及的涵盖协定的条款、核心术语都作为词条罗列其中，不可谓不全。看了几天后，感觉问题越看越多，头绪过于庞杂。这才想到上诉机构出版的年度报告。找来一读，立刻心明眼亮，每年几十页的报告就把当年审理所有案件的法律问题及其判理说得一清二楚，一下子就解决了我的问题。我如获至宝，当时就想，以后如有机会要介绍给国内的读者。对于没有时间阅读裁决报告原文的读者，利用上诉机构短短几十页年报即可初步了解其全年案件裁决的法律问题和基本理念，可谓事半功倍。但可惜这些文献都是英文版，没有中文版。要让尽可能多的中国读者阅读到它们，出版一个中文版应该是必要的。于是我萌发了一个将这些文献全部翻译成中文的想法。

2016 年底我当选上诉机构成员后，随即联系世贸组织秘书处，在顺利获得了对上诉机构年报翻译出版的授权文件后，便组织国内各大学法律院校热心世贸组织事务的学者对上诉机构已出版的年报翻译工作进行了分工合作，此后历经数年，这样就把上诉机构历年出版的年报统一翻译成了中文。

这期间上诉机构经历了从满编运行到最后只剩我一人留守，自 2020 年底空无一人、无法运转的历程。五年来，在世贸组织召开的月度争端解决机构例会上，120 多个世贸组织成员坚持要求启动上诉机构成员的遴选程序，六十多个月来，从未间断，令人感动。为此，上诉机构年报中文翻译本的出版，既符合中国作为世贸组织所代表的多边贸易体制的坚定支持和捍卫者的一贯立场，也体现了中国世贸组织法律研究者对上诉机构历史和经验的传承和纪念。

二、上诉机构所代表的国际争端裁决机制的历史及其未来

1. 上诉机构是国际争端裁决机制的一座里程碑

国际法的主题离不开战争与和平。和平解决国际争端是国际法的永恒使命，也是联合国宪章的重要原则与核心目标。

从古至今，国际争端解决的路径经历了从武力到外交、从外交到法律的漫长历程。在通过法律手段裁决国际争端的路径中，又经历了从双边谈判到第三方斡旋、第三方裁决的过程，即诞生了解决国际争端的中介服务，如第三方仲裁。此后，又经历了从个案的第三方斡旋或裁决到由第三方裁决机构提供专业性的法律服务，即开始出现专门的国际争端裁决机制或机构，如根据 1899 年《和平解决国际争端公约》于海牙设立的常设国际仲裁院即是一例。那么，从一级审理的国际争端裁决机制，如联合国国际法院发展到两级审理的国际争端裁决机制，如世贸组织上诉机构，国际争端裁决的机制化和法律化发展之路可谓筚路蓝缕、历尽艰辛。上诉机构迄今仍然是世界上曾经成功运转 25 年的两级审理的机制性第三方法律裁决的巅峰成就，在一定意义上，它代表了人类制度文明成果的高级阶段。

上诉机构的成功运转彰显了战后国际法律合作可以达到的高水平，这与乌拉圭回合谈判后，世贸组织的核心成员期待一个强有力的争端解决机制来保障执行乌拉圭回合一揽子法律成果是密不可分的。特别是美欧等发达经济体，希望通过具有上诉审理职能、有约束力的争端解决机构来确保世贸组织成员（特别是发展中成员）对货物贸易市场准入、服务贸易市场开放承诺和知识产权保护的切实履行。因此，世贸组织争端解决机构第一案，即委内瑞拉、巴西诉美国汽油案（美国—汽油案 WT/DS2/AB/R），也是上诉机构第一案，专家组和上诉机构均裁定美国败诉，美国带头执行了该案的裁决，可以说开了一个好头。迄今为止，据记载，没有一个被告成员在世贸组织争端解决机构的会议上声明不履行专家组和上诉机构的裁决，世贸组织的争端解决机制保持了良好的履行记录，尽管迟延履行始终是一个长期存在的问题。上诉机构运行的第一个十年间，美欧无疑是争端解决机制的主角。美欧之间在《关税与贸易总协定》（GATT）时期沉积下来的一些重大案件，如欧共体香蕉案（欧共体—香蕉案 III WT/DS27/AB/R）、美国外国销售公司案（美国—FSC 案 WT/DS/08/AB/R）等在此期间得到妥善处理，直到近期美欧围绕大飞机补贴争端长达十多年的法律角力也告一段落。而近

十年来，包括中国在内越来越多的发展中成员积极运用争端解决机制，这也成为导致上诉机构受理案件稳步增长的客观因素。

2. 国际争端裁决机制的司法性发展趋势

世贸组织上诉机构运行之初，正是全球贸易投资自由化和经济一体化一路高歌猛进的阶段，国际条约、国际规则制定、国际争端裁决机制等国际法律合作不断取得丰硕成果，几乎遍及国际合作的各个领域。国际争端裁决机制始终存在多种形态，大多数属于个案的临时仲裁裁决，如某项双边投资协定下的国家与投资者之间的投资仲裁、国际商事仲裁等，也有以个案裁决为基础的机构仲裁裁决，如国际知名仲裁机构包括国际商事仲裁院（ICC）、伦敦国际仲裁院、位于海牙的常设国际仲裁院、中国国际经济贸易仲裁委员会、深圳国际仲裁院等做出的裁决。

世贸组织上诉机构裁决与上述国际裁决机制的区别在于：第一，世贸组织的争端解决机制服务于该组织的全部涵盖协定（即乌拉圭回合一揽子成果文件及其后多边贸易协定的更新和增补，如世贸组织第十届部长级会议达成的《贸易便利化协定》和第十二届部长级会议达成的《关于渔业补贴的协定》等），即世贸组织 164 个成员共同遵循的一整套规则体系，这套规则在争端解决过程中反复适用的频率很高，核心条款的援引率尤其高，如多个多边协定中包含的最惠国待遇和国民待遇条款等。第二，世贸组织的争端解决机制具有强制性的排他管辖权以及上诉机构，自动受理事件，并实施两级审理。第三，争端解决机构反向一致通过裁决报告（相当于自动通过），同时在裁决得不到执行时，起诉方经多边授权可以实施与受损相当的裁定金额的贸易报复。故基于世贸组织争端解决机制所具有的约束性和裁决总体上保持的一致性，世贸组织法的研究者认为其具有司法性或准司法的特征。

与之相比，联合国国际法院的裁决是非强制管辖和一审制，同时其受理争端所依据的条约大多各不相同，除国际法院规约和《维也纳条约法公约》等程序性规则外，争端裁决所依据的条约重复性不高。当然，联合国国际法院作为"法院"的司法性特征是自身具足的，这是联合国宪章和国际法院规约本身决定的，毋庸置疑。

如上所述，上诉机构所代表的具有准司法特征的国际争端裁决机制在20 世纪 90 年代有利于国际法律合作的大背景下，在众多国际争端裁决机制中脱颖而出，25 年来发布了 130 多份上诉机构裁决报告，以其高效和高质量的裁决被誉为国际贸易领域的"最高法院"和世贸组织的皇冠明珠。

当前，国际法正遭遇战后 70 年来前所未有的困境和低谷，以世贸组织所代表的国际争端裁决的司法性特征受到侵蚀，国际争端裁决机制在朝着司法性方向发展的道路上遇到挫折和阻力，其未来走向是恢复准司法特征、保持类案同裁的传统或回到个案裁决的基点，还取决于世贸组织成员对于争端解决机制改革方向的掌控。潮涨潮落，国际争端解决机制仍将在维护公平公正的国际贸易秩序的斗争中不断成长与进步，坚持约束性和两级审理仍是绝大多数世贸组织成员对上诉机构改革的坚定立场。

另一个不应忽视的问题是，对于在马拉喀什协定这一纲领性文件统辖下、具有准三权分立职能的世贸组织，准司法机制发挥作用离不开立法机制的正常运转。如果立法功能长期得不到发挥，多边贸易规则无法与时俱进，而期待服务和保障多边贸易规则正常运转的准司法功能发挥解释和澄清规则的作用，无法维系该组织的长远发展。唯有立法与司法职能得到平衡发展，世贸组织才能够行以致远。可喜的是，世贸组织第十二届部长级会议取得意想不到的一揽子成果，令人欣喜，这也给争端解决机制的改革带来曙光。

3. 普通法传统对国际争端裁决机制的影响与渗透

无论是否愿意承认，普通法传统对国际争端裁决机制的影响与渗透已经无处不在。从联合国国际法院、世贸组织争端解决机制（专家组和上诉机构）、隶属于世界银行的国家与他国国民间国际投资争端解决中心（ICSID）的裁决、到众多知名国际仲裁机构的国际商事裁决，其裁判方式、所引用法律术语，特别是对各自领域以往裁决（先例）的援引做法都无一例外地受到普通法传统的影响和渗透。大陆法传统当然也以其他方式，如条约解释等，对国际争端裁决产生影响。但毋庸置疑的是，普通法系具有不对称的影响力，这在很大程度上是英美国家在国际法律服务市场占有的优势地位所决定的。英语国家事实上成为国际法律服务的主要提供方，大量的案件裁决使用英语，数量众多的律师、仲裁员、法官、调解人员来自英语国家，这与两百年来英美国家的国家实力、其对国际机构的塑造和影响力以及英语作为国际通用语言广泛使用有很大关系。

对于两大法系的不同法律传统对国际争端裁决机制的不平衡的影响应当引起重视，为追求一个公平公正的国际争端裁决制度而不懈奋斗是每个国际法律人的职责。

而事实上，由于国际条约属于制定法，且多数国际争端裁决机制，包括联合国国际法院、世贸组织争端解决机制和国家与他国国民间国际投资争端解决中心，都规定其争端裁决的个案属性，裁决效力仅及于个案。因此，对于以国际条约解释为核心的国际争端裁决似应更多遵循大陆法的立法中心主义而不是普通法的司法中心主义,即按大陆法系的传统,国际法官(争端裁决者)的职责应当主要是适用和澄清法律,而不是遵循普通法的以法官造法为主、判例作为首要立法渊源、立法次之的传统。但是对于国际争端裁决中援引和参考以往裁决的实际做法,条约规定的案件裁决的个案属性,以及如何通过保持类案同裁以保障国际争端裁决机制的公正性,这些无疑成为国际争端裁决领域需要持续深入探讨的重大理论与实践问题。至少世贸组织的绝大多数成员,在参与上诉机构成员遴选和改革问题磋商过程中,均认为保持类案同裁是其对争端解决机制改革的重大关注,如果不能保证类案同裁,对于类案重复率高企的世贸组织争端解决机制,其公正性将如何体现?

上诉机构在裁决实践中显然受到不同法系传统的影响,但上诉机构严格遵循《关于争端解决的规则与程序的谅解》(DSU)中所赋予的争端解决机制是为多边贸易体制提供可靠性和可预见性的核心因素[1]的职责,其裁决既是个案属性,同时努力为多边贸易体制的规则运行提供确定性和可预见性的保障。在上诉机构从事四年裁判工作的亲身经历,使我确信上诉机构在授权范围内尽力而为了。

三、对中国参与国际争端裁决机制、研究世贸组织法的思考

中国是多边贸易体制的坚定支持和捍卫者,也是世贸组织争端解决机制的积极利用者,运用规则维护有关行业和企业的利益是中国参与世贸组织争端解决的应有之义。

从历史溯源,我们看到国际争端裁决机制的形成和发展主要受西方法律文化的影响,处于多边贸易体制核心地位的世贸组织的建立与发展也深受西方政治、经济、外交政策和法律传统的浸润。因此,世贸组织法的研究和实务工作对中国学者而言,更富有挑战性。加强有关研究力量,重视国际组织法律人才的培养,通过中国参与国际争端裁决机制,为推动国际争端裁决机制朝着更加公平公正的方向不断发展,为维护世界和平、推动国际法治事业进步做出新的贡献,是中国法律人的责任与荣光。

是为序。

赵　宏
2022 年 8 月
于北京大学法学院

---

[1] 《关于争端解决规则和程序的谅解》第 3.2 条。

鸣　谢

　　世界贸易组织上诉机构年报的翻译工作得到中国多所大学的法律院校和世贸组织法学者的鼎力支持和无私奉献,感谢北京大学、清华大学、复旦大学、中国人民大学、武汉大学、中国政法大学、中国对外经济贸易大学、浙江大学、南开大学、西南政法大学、华东理工大学、哈尔滨工业大学的法学院的积极参与和有力支持,张乃根、余敏友、孔庆江、韩立余、石静霞、左海聪、赵宏瑞、赵骏、张智勇、彭德雷、陈咏梅、全晓莲、陈卫东、管健、龚红柳、胡建国、李晓玲、丁如等专家学者倾情付出、亲力亲为,王韵儿等青年才俊为年报的翻译付出了辛劳和努力,李詠箠、陈雨松、于宁、于方、纪文华、吕晓杰、程秀强、孙昭、张委峰等为翻译工作的组织、翻译术语的统一,做出了突出贡献,体现了世贸组织法律大家庭的温暖和团结,借此机会一并致谢。商务部领导国际贸易谈判代表王受文、中国历任常驻世贸组织大使孙振宇、易小准、俞建华、张向晨、李成钢均给予了关怀和鼓励,上海 WTO 事务咨询中心理事长王新奎,上诉机构首任中国籍成员张月姣法官、华东政法大学朱榄叶教授给予了关心和有力支持,世贸组织秘书处的 Werner Zdouc、Anthony Martin、Rhian Wood 也为年报的出版做出诸多贡献。特别感谢上海人民出版社编辑王吟对年报出版工作的敬业和毅力。特向各位致以崇高的敬意。

　　愿中国世贸组织法律研究事业蒸蒸日上!

赵　宏

2022 年 8 月

于北京大学法学院

目　录

本年度报告中使用的缩写

缩 写	描 述
AFA	adverse facts available 不利可得事实
ALADI	Asociación Latinoamericana de Integración/Associação Latino-Americana de Integração 拉丁美洲一体化协会
ALOP	appropriate level of protection 适当保护水平
B&O	business and occupation 商业和职业
BCI	business confidential information 商业机密信息
Catalyst	Catalyst Paper Corporation Catalyst 造纸公司
CEECAC	Central and Eastern Europe，Central Asia and the Caucasus 中东欧、中亚和高加索地区
CKD	CKD Corporation CKD 公司
CLEEN	Continuous Lower Energy Emissions，and Noise 持续降低能耗和噪音
CU	Eurasian Economic Union as established in accordance with the Treaty on Eurasian Economic Union of 29 May 2014（former Customs Union of the Republic of Belarus，the Republic of Kazakhstan，and the Russian Federation） 根据 2014 年 5 月 29 日的《欧亚经济联盟条约》建立的欧亚经济联盟（前白俄罗斯共和国、哈萨克斯坦共和国和俄罗斯联邦关税同盟）
CVD	countervailing duty 反补贴税
DDSR	Digital Dispute Settlement Registry 数字争议解决登记
Doha Declaration	Doha Declaration on TRIPS Agreement and Public Health 《关于〈与贸易有关的知识产权协定〉与公共卫生的多哈宣言》

（续表）

缩　写	描　　　述
DORA	Disputes Online Registry Application 争议在线解决申请
DSB	Dispute Settlement Body 争端解决机构
DSS	dispute settlement system 争端解决机制
DSU	Understanding on Rules and Procedures Governing the Settlement of Disputes 《争端解决谅解》
EAEU Treaty	Treaty on the Eurasian Economic Union 《欧亚经济联盟条约》
EDB	economic development bond 经济建设公债
ELSA	European Law Students' Association 欧洲法律学生协会
EuroChem	JSC MCC EuroChem JSC MCC EuroChem 公司
FAA	Federal Aviation Administration 美国联邦航空管理局
FBO	Russian Federal Budgetary Organization 俄罗斯联邦预算组织
FCTC	Framework Convention on Tobacco Control（2003） 《烟草控制框架公约》（2003 年）
FDNPP	Fukushima Dai-ichi Nuclear Power Plant 福岛第一核电站
FSC/ETI	Foreign Sales Corporation/Extraterritorial Income 海外销售公司 / 域外收入
GATS	General Agreement on Trade in Services 《服务贸易总协定》
GATT 1994	General Agreement on Tariffs and Trade 1994 1994 年《关税与贸易总协定》
GHW	graphic health warnings 图片健康警语
GI	geographical indications 地理标志

缩 写	描 述
GOC	Government of China 中国政府
HSBI	highly sensitive business information 高度敏感的商业信息
ICIT	Ukraine's Intergovernmental Commission on International Trade 乌克兰政府间国际贸易委员会
IP	intellectual property 知识产权
IRB	industrial revenue bond 工业收益债券
ITC	International Tobacco Control 国际烟草控制
Irving	Irving Paper Ltd 欧文造纸有限公司
ITAR	International Traffic in Arms Regulations 《国际武器管制条例》
IR&D	independent research and development 自主研发
KCC	KCC Co.，Ltd. KCC 有限公司
KTC	Korea Trade Commission 韩国贸易委员会
LCA	large civil aircraft 大型民用飞机
MEDT	Ministry of Economic Development and Trade of Ukraine 乌克兰经济发展和贸易部
MLPA	minimum legal purchasing age 最低合法购买年龄
MOSF	Korea's Minister of Strategy and Finance 韩国战略与财政部长
NTPPTS	National Tobacco Plain Packaging Tracking Survey 全国烟草简明包装跟踪调查
OCTG	oil country tubular goods 陆上石油管状物品

（续表）

缩　写	描　述
OFA	other forms of assistance 其他形式的援助
OTI	Korea's Trade Commission Office of Trade Investigation 韩国贸易委员会贸易调查处
Paris Convention（1967）	Stockholm Act of the Paris Convention for the Protection of Industrial Property of 14 July 1967 1967 年 7 月 14 日《〈保护工业产权的巴黎公约〉斯德哥尔摩法案》
PHP	Port Hawkesbury Paper LP 霍克斯伯里港造纸有限合伙公司
POI	period of investigation 调查期
PRC	People's Republic of China 中华人民共和国
RDT&E	research，development，test，& evaluation 研究、开发、测试和评估
Resolute	Resolute FP Canada Inc. Resolute FP 加拿大股份有限公司
RPT	reasonable period of time 合理期限
Rules of Conduct	Rules of Conduct for the Understanding on Rules and Procedures Governing the Settlement of Disputes 《关于解决争端的规则和程序的谅解行为规则》
SCM 协定	Agreement on Subsidies and Countervailing Measures 《补贴与反补贴措施协定》
SIE	state-invested enterprise 国营企业
SMC 公司	SMC Corporation SMC 公司
SPS 协定	Agreement on the Application of Sanitary and Phytosanitary Measures 《卫生和动植物检疫措施协定》
TBT 协定	Agreement on Technical Barriers to Trade 《技术性贸易壁垒协定》
TIPRA	Tax Increase Prevention and Reconciliation Act 《税收增加防范与和解法案》
TMA 法案	Trade Marks Amendment（Tobacco Plain Packaging）Act 2011（Cth） 《商标法修正案（2011 年烟草简明包装法）》（联邦法）

（续表）

缩 写	描 述
TPC	TPC Mechatronics Corporation TPC 气动元件公司
TPP 法案	Tobacco Plain Packaging Act 2011（Cth） 《2011 年烟草简明包装法》（联邦法）
TPP 措施	Tobacco Plain Packaging Regulations 2011（Cth），as amended by the Tobacco Plain Packaging Amendment Regulation 2012（No. 1）（Cth） 经《2012 年烟草简明包装修订规例》（第 1 号）（联邦法）修订的《2011 年烟草简明包装规例》（联邦法）
TRIMs 协定	Agreement on Trade-Related Investment Measures 《与贸易有关的投资措施协定》
TRIPS 协定	Agreement on Trade Related Aspects of Intellectual Property Rights 《与贸易有关的知识产权协定》
USDOC	United States Department of Commerce 美国商务部
USDOD	United States Department of Defense 美国国防部
VIF	variance inflation factors 方差膨胀因子
WHO	World Health Organization 世界卫生组织
Working Procedures	Working Procedures for Appellate Review 《上诉审议工作程序》
WTO	World Trade Organization 世界贸易组织
WTO 协定	Marrakesh Agreement Establishing the World Trade Organization 《马拉喀什建立世界贸易组织协定》

前　言

本年度报告涵盖了"世界贸易组织（WTO）"上诉机构在 2019 年和 2020 年上半年完成的案件。

在此期间，上诉机构收到涉及 7 项事项的 8 份专家组报告的上诉。① 同时，上诉机构还受理着延续到 2019 年的 13 项先前上诉。② 在此期间，上诉机构共面对 21 项上诉，其中有 6 项上诉机构报告在 2019 年散发，③ 4 项上诉机构报告在 2020 年上半年散发。④ 在此期间，上诉机构受理的未决上诉事项涉及众多涵盖协定项下的广泛议题，包括 1994 年《关税与贸易总协定》（GATT 1994）、《服务贸易协定》（GATS）、《反倾销协定》《补贴与反补贴措施协定》（SCM 协定）、《保障措施协定》《技术性贸易壁垒协定》（TBT 协定）、《卫生和动植物检疫措施协定》（SPS 协定）、《与贸易有关的知识产权协定》（TRIPS 协定）、《海关估价协定》和《争端解决谅解》（DSU）。

上诉机构在此期间完成的上诉，提出了各种众多而敏感的问题。这包

---

① 以下是 2019 年被上诉的专家组报告：泰国—香烟案（菲律宾）（第 21.5 条—菲律宾）；泰国—香烟案（菲律宾）（第 21.5 条—菲律宾 II）；美国—钢管案（土耳其）；美国—差别定价方法案；美国—可再生能源案；印度—出口相关措施案；欧共体和某些成员—大型民用飞机案（第 21.5 条—欧盟）。2019 年的上诉还包括专家组报告美国—碳钢案（印度）（第 21.5 条—印度），在这项上诉中，美国通知了它提出上诉的决定，但没有提交上诉通知或上诉方陈述，因为无法设立上诉机构分庭来审理该上诉（WT/DS436/22）。

② 2019 年初，以下上诉仍在审理中：美国—大型民用飞机案（第二次上诉）（第 21.5 条—欧盟）；韩国—放射性核素案；美国—反补贴措施案（中国）（第 21.5 条—中国）；韩国—气动阀门案（日本）；澳大利亚—烟草简明包装案（洪都拉斯）；澳大利亚—烟草简明包装案（多米尼加共和国）；乌克兰—硝酸铵案；俄罗斯—铁路设备案；美国—超级压光纸案；欧盟—能源—揽子计划案；哥伦比亚—纺织品案（第 21.5 条—哥伦比亚）/ 哥伦比亚—纺织品案（第 21.5 条—巴拿马）；摩洛哥—热轧钢案（土耳其）；和印度—钢铁产品案。

③ 以下是 2019 年散发的上诉机构报告：美国—大型民用飞机案（第二次上诉）（第 21.5 条—欧盟）；韩国—放射性核素案；美国—反补贴措施案（中国）（第 21.5 条—中国）；韩国—气动阀门案（日本）；乌克兰—硝酸铵案；摩洛哥—热轧钢案（土耳其）。

④ 2020 年散发的上诉机构报告，涉及以下专家组报告：乌克兰—硝酸铵案；俄罗斯—铁路设备案；澳大利亚—烟草简明包装案（洪都拉斯）；澳大利亚—烟草简明包装案（多米尼加共和国）。

括经常受到 WTO 争端解决机制的措施和涵盖协定所引起的议题，如《补贴与反补贴措施协定》下的禁止和可诉性补贴（1 例），《反倾销协定》下的反倾销和反补贴调查以及相应的征税（2 例），以及《补贴与反补贴措施协定》（2 例）。此外，上诉机构在 2019 年和 2020 年完成的 2 项上诉中出现了与保护公众健康有关的敏感问题。韩国—放射性核素案涉及韩国在福岛第一核电站事故后对来自日本的某些渔业产品采取的进口措施。上诉机构完成的另一个引人注目的争端是澳大利亚—烟草简明包装案，它特别提出了一些涉及成员在执行公共卫生政策方面的权利问题，以及他们在《TBT 协定》《TRIPS 协定》和《争端解决谅解》下义务的一致性问题。此外，在俄罗斯—铁路设备案件中，上诉机构首次审查了成员在《技术性贸易壁垒协定》下技术法规或标准的合格评定程序方面的义务。

在此期间，上诉机构受理的大多数上诉案件也因其庞杂而著称。上诉机构此间散发的第一个报告是美国—大型民用飞机争端案（第二次上诉）（第 21.5 条—欧盟），这是一个非常庞大和复杂的纠纷，在 2019 年初花费了上诉机构及其秘书处大量的资源。在本次上诉中，上诉机构审议了执行专家组就大量指控的补贴措施是否符合《补贴与反补贴协定》的调查结果，其中包括采购合同、各种税收措施、研发措施以及与政府债券有关的措施。在此期间散发的最后一份上诉机构报告涉及关于澳大利亚—烟草简明包装案的上诉。该上诉也特别庞大和复杂。它涉及 3 个诉讼方和 35 个第三方，专家组记录包括 1300 多件证据文件、数十份专家报告和一份大约 1000 页的专家组报告。这些上诉在 2019 年和 2020 年中花费了上诉机构及其秘书处大量的资源。在这些上诉中，上诉机构审议了专家组关于澳大利亚要求烟草产品简明包装的措施是否符合《TBT 协定》和《TRIPS 协定》的调查结果。

除了上述 2 项争端之外，上诉机构还完成了其他 7 份涉及许多事项的上诉机构报告，每一份报告都提出了独特而复杂的问题和挑战。例如，在美国—反补贴措施案（中国）（第 21.5 条—中国）中，上诉机构审议了执行专家组的一项裁决，这项裁决涉及美国调查主管机关作出的 12 项反补贴裁定，包括专家组对于"公共机构"在《补贴与反补贴协定》第 1.1 条（a）（1）项下含义的解释，以及在第 14 条（d）项和第 2.1 条（c）项下利益和专向性的决定因素。在韩国—气动阀门案（日本）中，上诉机构澄清了《反倾销协定》第 3.2 条和第 3.4 条下倾销的影响，以及第 3.5 条下的因果关系。在乌克兰—硝酸铵案中，上诉机构审议了专家组关于使用成本的一致性问题，而非根据被调查的出口商／生产商保存的记录，以确定根据《反倾销协定》第2.2.1.1条构成的正常价值的裁决。上诉机构还澄清了《反倾销协定》第2.2.1.1条与第2.2条关于倾销认定的关系。在上诉过程中，上诉机构秘书处还协助仲裁员里卡多·拉米雷斯·赫尔南德斯确定在乌克兰—硝酸铵案中执行争端解决机构裁决和建议的合理时间。

　　上诉机构在2019年和2020年上半年的工作面临着上诉机构成员减少的局面。具体来说，通常应由7名成员组成的上诉机构，在2019年的大部分时间里只有3名成员。[①] 此外，在2019年12月10日，上诉机构成员乌贾尔·辛格·巴蒂亚先生和托马斯·格雷厄姆先生的任期结束。这导致上诉机构此后只剩下一名成员，即赵宏女士，低于根据《争端解决谅解》第17条第（1）款中上诉所需上诉机构成员人数为3人的要求。在2019年和2020年，争端解决机构会议继续讨论任命新的上诉机构成员的遴选程序，但WTO成员未能就启动和填补空缺达成共识。[②] 鉴于以上的情况，争端解决机构主席在2019年12月3日举行的争端解决机构会议上表示，针对已经进行口头听证的未决上诉案件［澳大利亚—烟草简明包装案（DS435、DS441）、俄罗斯—铁路设备案（DS499）和美国—超级压光纸案（DS505）］，被分配到案件的上诉分庭将继续审理工作，直至上诉结束。[③] 针对其他未决上诉的案件，分庭经过协商，已决定在巴蒂亚先生和格雷厄姆先生任期届满时，于2019年12月10日暂停处理这些上诉案件的工作。由于以上情况，自2019年12月10日，上诉机构的工作已经停止，除了2020年上半年上诉机构报告中案件工作。上诉机构自此无法处理任何其他

[①] 此外，彼得·范登博舍先生和斯旺森先生的上诉机构成员任期分别于2017年12月11日和2018年9月30日到期，根据《上诉审查工作程序》第15条的规定，他们将继续完成在任期届满前被指派处理的上诉（对于彼得·范登·博舍先生，这将持续到2019年3月28日，即美国—大型民用飞机案（第二次上诉）（第21.5条—欧盟）散发时；对于斯旺森先生，这将持续到2020年6月9日，即澳大利亚—烟草简明包装报告散发时）。

[②] 特别是，由于对上诉机构运作的某些系统性担忧，在2019年和2020年上半年的DSB会议上，未能就启动遴选程序达成共识。世贸组织成员在整个期间讨论了这种系统性担忧，包括通过由新西兰大使（David Walker）作为协调人在总理事会主持下进行的非正式进程。在这方面，戴维·沃科大使在7月（见WT/GC/M/179和JOB/GC/220）、10月（见WT/GC/180和JOB/GC/222）和2019年12月（见WT/GC/M/181和JOB/GC/225）举行的GC会议上，就成员们的关切的事项进行了各种协商，并确定了如何解决这些关切的具体问题。戴维·沃科大使根据这些趋同要素编写了一份关于上诉机构运作的GC决定草案，并在2019年12月9日至10日的GC会议上提交通过。然而，成员们未能就通过该决定草案（WT/GC/M/181）达成共识。

[③] WT/DSB/M/437.

未决或未来的上诉，直到争端解决机构同意启动遴选程序来填补上诉机构空缺。尽管存在这些特殊情况，在 2019 年和 2020 年上半年，上诉机构依旧散发了 10 份上诉机构报告，解决了许多上诉案件。

上诉机构 2019 年和 2020 年上半年的工作表明，在最具挑战性的情况下，上诉机构仍继续致力于有效、高效地解决争端。上诉机构是乌拉圭回合的一项关键成就。我们仍然相信，WTO 成员在讨论前进道路时会考虑这一成就。

1 介绍

本年度报告总结了上诉机构及其秘书处 2019 年和 2020 年上半年的活动。

WTO 的争端解决受《马拉喀什建立世界贸易组织协定》(《WTO 协定》)附件 2 所载《争端解决谅解》的约束。《争端解决谅解》第 3.2 条确定了争端解决机制的宗旨和作用如下:"WTO 争端解决机制是为多边贸易体系提供安全和可预见性的重要因素。"此外,第 3.2 条规定,争端解决机制"有助于维护成员在涵盖协定下的权利和义务,并根据解释国际公法的习惯规则澄清这些协定的现有规定"。争端解决机制由争端解决机构(DSB)管理,该机构由 WTO 所有成员组成。

如果 WTO 成员"认为其他成员所采取的措施损害了其在涵盖协定项下直接或间接获得的任何利益",则该成员可以求助于《争端解决谅解》制定的规则和程序。①《争端解决谅解》程序适用于《争端解决谅解》附录 1 所列的任何涵盖协定下产生的争议,这些协定包括《WTO 协定》及其所附的与货物贸易②、服务贸易③和知识产权保护④有关的所有多边协定,以及《争端解决谅解》本身。根据《争端解决谅解》第 1.2 条,在《争端解决谅解》的规则和程序与附录 2 中所列的特殊或附加规则和程序存在差异时,应以附录 2 中的特殊或附加规则和程序为准。在《WTO 协定》⑤所附的诸边贸易协定项下,对争端适用《争端解决谅解》须经这些协定的当事方通过一项决定,来阐明其适用于某一协定的条款。⑥

《争端解决谅解》的诉讼程序是分阶段进行的。在第一阶段,各成员必须进行磋商,以期就争议事项达成一项相互同意的解决方案。⑦如果磋商

---

① 《争端解决谅解》第 3.3 条。
② 《WTO 协定》附件 1A。
③ 《WTO 协定》附件 1B。
④ 《WTO 协定》附件 1C。
⑤ 《WTO 协定》附件 4。
⑥ 《争端解决谅解》的附录 1。
⑦ 《争端解决谅解》第 4 条。

未能达成双方一致同意的解决方案，争议可进入审理阶段。在此阶段，申诉方要求争端解决机构成立专家组来审理该事项。[①]专家组成员是在秘书处提名的基础上，经各方同意选出的。[②]但是，如果各方不能达成一致，任何一方均可要求 WTO 总干事确定专家组的组成。[③]专家组应由具有国际贸易法或政策方面专门知识的资深政府和（或）非政府人员组成。[④]专家组在履行其审理职能时，必须"对其面对的事项作出客观评估，包括对案件事实、相符性、适用性情况作出客观评估，并作出有助于争端解决委员会提出建议或作出所涉协定所规定的裁决的其他调查结果"。[⑤]专家组程序包括书面陈述，其由主要诉讼方和已将其在争端中的利益通知争端解决机构的第三方提交。专家组通常与各方举行两次会议，其中有一次包括与第三方的会议。专家组会在中期报告中陈述事实和法律调查结果，该报告将供参与方评论。最终报告首先散发给参与方，之后以三种官方语言（英文、法文和西班牙文）散发给所有 WTO 成员，并同时在 WTO 网站登载。

《争端解决谅解》第 17 条是设立常设上诉机构。上诉机构由 7 名成员组成，每名成员任期四年，可连任一次。任期到期日期是错开的，以确保不是所有成员都在同一时间开始和结束任期。上诉机构应由具有公认权威并在法律、国际贸易和各适用协定所涉主题方面具有公认专门知识的人员组成。他们不隶属于任何政府。此外，上诉机构的成员应在 WTO 成员中具有广泛的代表性。上诉机构成员选出的主席任期一届，可以再延长一届。主席负责上诉机构事务的总体部署。每起上诉案件都由三名上诉机构成员组成的分庭审理。分庭成员的选择具有随机性和不可预测性，无论成员国籍如何，都有机会提供服务。为确保裁决的一致性和连贯性，各分庭在最后上诉机构报告定稿之前会与上诉机构的其他成员交换意见。上诉机构从秘书处获得法律和行政支持。上诉机构成员及其工作人员的行为受到《解决争端规则和程序谅解行为规则》（《行为规则》）的约束。[⑥]本《行为规则》强调，上诉机构成员应是独立和公正的，避免任何直接或间接的利益冲突，

---

① 《争端解决谅解》第 6 条。
② 《争端解决谅解》第 8.6 条。
③ 《争端解决谅解》第 8.7 条。
④ 《争端解决谅解》第 8.1 条。
⑤ 《争端解决谅解》第 11 条。
⑥ 争端解决机构于 1996 年 12 月 3 日通过的行为规则（WT/DSB/RC/1），已纳入《上诉审议工作程序》（WT/AB/WP/6），作为其附件二（见 WT/DSB/RC/2，WT/AB/WP/W/2）。

并保持上诉程序的机密性。①

争端的任何一方，除在专家组阶段中属于第三方的WTO成员外，均可就专家组报告向上诉机构提出上诉。然而，这些第三方可在上诉程序中参与并提出书面和口头意见。上诉限于专家组报告中涉及的法律问题和专家组作出的法律解释。上诉程序根据《争端解决谅解》制定的程序和《上诉审议工作程序》(《工作程序》)②进行，该程序由上诉机构、争端解决机构主席和WTO总干事协商拟定，并函告WTO成员。诉讼程序包括诉讼方和第三方提交书面意见和口头听证。上诉机构报告应在上诉开始之日起90天内散发，并在向各成员散发后立即刊登在WTO网站上。在其报告中，上诉机构可以维持、修改或推翻专家组的法律审查结果和结论。

专家组和上诉机构报告必须经过争端解决机构由WTO成员集体通过。根据反向一致规则，除非争端解决机构以协商一致方式决定不通过该报告，否则该报告将被通过。③一经通过，上诉机构报告和专家组报告(经上诉机构修改)对双方具有约束力。

在争端解决机构通过了专家组或上诉机构的报告，其中包含了对被诉成员的措施与其WTO义务不符的裁定后，根据《争端解决谅解》第21.3条规定，被诉成员原则上应立即遵守。然而，如立即遵守是"不可行的"，被诉成员应在"合理期限"来执行争端解决机构的建议和裁定。"合理期限"可由争端解决机构、双方协议或根据《争端解决谅解》第21.3条第c项通过具有约束力的仲裁确定。在该仲裁中，仲裁员的一项指导原则是，执行专家组或上诉机构建议的合理时间不应超过专家组或上诉机构报告通过之日起15个月。但是，根据具体情况，这个时间可短可长。仲裁员们(已有裁决)表示，合理期限应是在执行成员的法律体系中尽可能短的时间。

如果双方对"为遵守建议和裁决所采取的措施是否存在或是否与涵盖协定相一致"存在异议，该事项可在《争端解决谅解》第21.5条规定的执行监督程序中提交给原专家组。根据第21.5条执行监督程序，专家组报告会被散发，且可向上诉机构提出上诉。在争端解决机构通过后，基于第21.5条执行监督程序的专家组和上诉机构报告对双方具有约束力。

如果被诉成员在合理的时间内没有将其与WTO不符的措施修改到符

---

① 前上诉机构成员、秘书处工作人员和实习生须遵守离职后准则，这些准则有助于履行服务期后的相关行为义务(WT/AB/22)。
② 《上诉审议工作程序》，WT/AB/WP/6，2010年8月16日。
③ 《争端解决谅解》第16.4条和17.14条。

合其在涵盖协定下的义务，则申诉方可要求与被诉方成员进行谈判，以期达成一项临时和自愿的补偿协议，以替代全面履行。补偿需由申诉方接受，并必须与《WTO 协定》一致。如果未能达成令人满意的补偿协议，申诉方可根据《争端解决谅解》第 22 条请求争端解决机构授权暂停对被诉方实施《WTO 协定》项下的中止减让或其他义务。由争端解决机构授权的中止减让或其他义务的中止水平应等同于因不遵守争端解决机构的建议和裁定而导致的无效或减损水平。如果被诉方反对所提议的中止程度，或认为有关中止减让或其他义务的原则和程序没有得到遵守，则可根据《争端解决谅解》第 22.6 条要求仲裁。原则上，暂停中止减让或其他义务必须与被认为不符的措施属于同一贸易部门或协定。但是，如果这对申诉方不可行或无效，且情况严重，申诉方可寻求授权中止对其他部门或协议的减让义务。如果原专家组可行，第 22.6 条规定的仲裁应由原专家组作出。补偿和中止减让或其他义务是临时性措施；这两种方式都不如充分执行裁决，以使一项措施符合涵盖协定。①

　　在争端解决程序的任何阶段，争端一方均可要求斡旋、和解或调解作为争端解决的替代方法。② 此外，根据《争端解决谅解》第 25 条，WTO 成员可将仲裁作为《争端解决谅解》规定的常规程序之外的一种选择。③ 诉诸仲裁，包括在该仲裁程序中应遵循的程序，取决于各方的共同协议。④

---

① 《争端解决谅解》第 22.1 条。
② 《争端解决谅解》第 5 条。
③ 只有一种情况可以援引《争端解决谅解》的第 25 条，而它不是代替专家组或上诉机构的程序；相反，仲裁的目的是在被诉成员完全遵守裁决前确定补偿数额［见 Award of the Arbitrator, US—Section 110（5）Copyright Act（Article 25）］。
④ 《争端解决谅解》第 21 条和第 22 条经必要修改后适用于仲裁员的决定。

2 上诉机构的组成

上诉机构是一个常设机构，通常由 7 名成员组成，每名成员由争端解决机构任命，任期四年，并有可能连任一次，继续任期四年。

2019 年 1 月，上诉机构由 3 名成员组成。[①]2019 年 12 月 10 日，2 名上诉机构成员乌贾尔·辛格·巴蒂亚先生和托马斯·格雷厄姆先生任期届满。争端解决机构在 2019 年全年和 2020 年迄今的会议上[②]，讨论了任命新的上诉机构成员的遴选程序，但 WTO 成员未能就启动和填补人员空缺达成共识。

在 2019 年举行的所有 11 次争端解决机构定期会议和 2020 年上半年的 3 次争端解决机构定期会议（截至并包括 2020 年 6 月 29 日举行的争端解决机构会议）上，对上诉机构成员遴选程序的提案进行了若干修订[③]。在 2017 年 11 月 22 日的争端解决机构会议上，代表 52 个 WTO 成员的该提案[④]首次被提出并进行了讨论。这些提案的所有版本大部分都是相同的，它们规定了任命上诉机构成员的遴选程序，以填补自 2019 年初以来

[①] 彼得·范登·博舍先生的第二个任期于 2017 年 12 月 11 日届满。2017 年 11 月 24 日，上诉机构主席函告争端解决机构主席，根据《上诉审议工作程序》《工作程序》），上诉机构已授权范登·博舍先生在其任期届满之前完成对他所分配的上诉的处理。范登·博舍先生根据第 15 条处理的最后一个上诉案（美国—大型民用飞机案（第二次上诉）（第 21.5 条—欧盟））的报告于 2019 年 3 月 28 日散发。
斯旺森先生的任期于 2018 年 9 月 30 日届满。2018 年 9 月 28 日，上诉机构主席通过信函通知争端解决机构主席，根据《上诉审议工作程序》第 15 条，上诉机构已授权斯旺森先生在 2018 年 9 月 30 日任期届满前完成其被指派处理的上诉。在 2019 年全年，斯旺森先生根据第 15 条履行职责。

[②] 例 如，WT/DSB/M/425、WT/DSB/M/426、WT/DSB/M/428、WT/DSB/M/429、WT/DSB/M/430、WT/DSB/M/431、WT/DSB/M/433、WT/DSB/M/434、WT/DSB/M/437、WT/DSB/M/438、WT/DSB/M/440、WT/DSB/M/441（2020 年 6 月 29 日）。

[③] 2019 年 DSB 会议和 2020 年上半年讨论的提案修订版本为 WT/DSB/W/609/Rev.7；WT/DSB/W/609/Rev.8；WT/DSB/W/609/Rev.10；WT/DSB/W/609/Rev.11；WT/DSB/W/609/Rev.12；WT/DSB/W/609/Rev.13；WT/DSB/W/609/Rev.14；WT/DSB/W/609/Rev.15；WT/DSB/W/609/Rev.16；WT/DSB/W/609/Rev.17；和 WT/DSB/W/609/Rev.18。

[④] WT/DSB/M/404 and WT/DSB/W/609.

的 4 个空缺（这些空缺是由于里卡多·拉米雷斯·赫尔南德斯、彼得·范登·博舍和斯旺森先生的任期届满以及金铉宗先生辞职形成的）。此外，第五个和第六个空缺在乌贾尔·辛格·巴蒂亚先生和托马斯·格雷厄姆先生于 2019 年 12 月 10 日第二届任期届满后出现。在 2019 年 6 月 24 日提出的关于上诉机构成员遴选程序的提案中，除补充有关 4 个已有的空缺外，还规定了因乌贾尔·辛格·巴蒂亚先生和托马斯·格雷厄姆先生的离任而需任命上诉机构成员的程序。这些提案获得越来越多的支持者，在 2017 年 11 月 22 日的争端解决机构会议上，52 个 WTO 成员支持了首个提案，在 2019 年 1 月 28 日的争端解决机构会议上支持首个提案的成员增加到 71 个 [1]，在 2019 年 12 月 18 日的争端解决机构会议上增加到 118 个成员 [2]，在 2020 年 2 月 28 日的争端解决机构会议上有 122 个成员支持该提案。[3] 争端解决机构会议上提案的支持者强调，这些空缺"严重影响了上诉机构的工作和整个争端解决体系，损害了成员的最大利益"，"WTO 成员有责任维护和保留上诉机构、争端解决和多边贸易体制"。支持者建议对所有空缺职位启动遴选程序，建立遴选委员会允许成员提名候选人，并要求遴选委员会在一定期限内提出建议。然而，在 2019 年和 2020 年第一季度的争端解决机构会议上，尚未就启动遴选程序达成共识。在此期间，成员们还就上诉机构运作的若干实质性和系统性问题进行了讨论，包括通过由新西兰大使大卫·沃克作为协调人在总理事会主持下进行的非正式进程。[4]

　　由于上述情况，上诉机构于 2019 年由 3 名成员组成，直到乌贾尔·辛格·巴蒂亚先生和托马斯·格雷厄姆先生于 2019 年 12 月 10 日结束第二任期为止。此后，在这一年余下的时间内由一名成员组成，详情见表 1。

---

[1]　WT/DSB/M/425.

[2]　WT/DSB/W/609/Rev.15.

[3]　WT/DSB/W/609/Rev.17.

[4]　所讨论的问题包含在以下 WTO 文件中：WT/DSB/M/425，WT/DSB/M/426，WT/DSB/M/428，WT/DSB/M/429，WT/DSB/M/430，WT/DSB/M/431，WT/DSB/M/433，WT/DSB/M/434，WT/DSB/M/436，WT/DSB/M/437，WT/DSB/M/438，WT/DSB/M/440，和 WT/DSB/M/441（2020 年 6 月 29 日）。沃克大使关于在总理事会主持下进行的有关上诉机构运作的非正式程序的报告载于下列世贸组织文件中：WT/JOB/215；WT/JOB/217；WT/JOB/220；WT/JOB/222，和 WT/JOB/225. 作为一个非正式程序的结果，起草了关于上诉机构运作的总理事会决定草案，并在 2019 年 12 月 9 日至 10 日的总理事会会议上提交通过。但是，成员们未能达成协商一致意见通过该决定草案（WT/GC/M/181）。

表 1　2019 年和 2020 年上半年的上诉机构组成

姓　名	国　籍	任　期
乌贾尔·辛格·巴蒂亚 *	印度	2011—2015 年 2015—2019 年
托马斯·格雷厄姆 *	美国	2011—2015 年 2015—2019 年
赵宏	中国	2016—2020 年

　* 乌贾尔·辛格·巴蒂亚和托马斯·格雷厄姆作为上诉机构成员的任期在 2019 年 12 月 10 日结束。根据《上诉审议工作程序》第 15 条，授权他们完成处理在担任上诉机构成员时分配给他们的并在其任期届满前为这些上诉举行了听证的上诉。①

　　2018 年 12 月 12 日，根据《上诉审议工作程序》第 5.1 条，上诉机构成员选举赵宏女士担任上诉机构主席，自 2019 年 1 月 1 日起至 2019 年 6 月 30 日止，托马斯·格雷厄姆先生于 2019 年 7 月 1 日至 2019 年 12 月任主席。②2019 年 12 月 13 日，上诉机构函告，根据《上诉审议工作程序》第 5.1 条，赵宏女士当选为上诉机构主席，自 2019 年 12 月 1 日起至 2020 年 11 月 30 日止。③

　　附件三提供了上诉机构成员的履历资料。前上诉机构成员和主席名单载于附件四。

　　根据《争端解决谅解》第 17.7 条，上诉机构从上诉机构秘书处获得法律和行政支持。截至 2019 年 12 月 31 日，秘书处由 19 名律师、1 名行政助理和 4 名后勤人员组成，沃纳·泽多克为秘书处主任。

---

① 2019 年 12 月 3 日，上诉机构主席通过信函通知争端解决机构主席，根据《上诉审议工作程序》第 15 条，上诉机构已授权乌贾尔·辛格·巴蒂亚先生和托马斯·格雷厄姆先生完成 2019 年 12 月 10 日任期期满前以及此日期之前已举行听证会的上诉案件。随后，有关上诉的诉讼方和第三方也被告知了这一点。
② WT/DSB/77.
③ WT/DSB/78.

3 上诉

根据《上诉审议工作程序》第 20.1 条和《争端解决谅解》第 16.4 条的规定，争端的一方向争端解决机构发出书面通知并向上诉机构秘书处提交上诉通知就可以提起上诉。《上诉审议工作程序》第 23.1 条允许除最初上诉方以外的争端各方加入上诉，或根据诉称的其他错误在上诉通知发出后的 5 天内通过其他上诉通知提出上诉。

在 2019 年和 2020 年上半年，有 8 起涉及 7 个事项的专家组报告被提起上诉。① 上诉机构完成了 2017 年提出的一项上诉工作，以及 2018 年提起的在 2019 年全年和 2020 年第一季度继续进行的 3 起上诉工作。在这期间提出的上诉中，有 4 起涉及执行监督程序，其余所有争端都与原始程序有关。8 起新的上诉中，有 2 起是根据《上诉审议工作程序》第 23.1 条提出的。表 2 列出了 2019 年和 2020 年上半年提交和待决上诉的进一步信息。关于 1996 年以来每年提出的上诉案件的更多信息载于附件五。

从 1996 年到 2020 年上半年，上诉的专家组报告比例约为 67%。每年上诉的专家组报告所占百分比的细节载于附件六。

上诉机构报告

2019 年和 2020 年上半年，散发了涉及 9 个事项的 10 份上诉机构报告，具体情况见表 3。截至 2020 年上半年，上诉机构共散发报告 169 份。②

---

① 这包括美国—碳钢案（印度）（第 21.5 条—印度）（DS436）的专家组报告，为此，美国于 2019 年 12 月 18 日通知其根据《争端解决谅解》第 16 条提出上诉的决定（WT/DS436/21）。2020 年 1 月 14 日，印度和美国共同函知争端解决机构，尽管美国决定上诉，但因不能设立上诉机构的分庭来审理上诉，美国没有提出上诉通知或上诉方的书面陈述。为此，印度和美国联合通知他们达成谅解，即一旦成立了分庭，美国将提出上诉通知和上诉方的书面陈述，印度可在此时间提出自己的上诉（WT/DS436/22）。

② 有关于按年度散发的上诉机构报告的进一步详情，参见附件八表二。

表 2　未决上诉

被上诉的专家组报告	上诉日期	上诉方*	文档号	其他上诉方**	文档号
欧盟—能源—揽子计划案	2018年9月21日	欧盟	WT/DS476/6	俄罗斯	WT/DS476/7
哥伦比亚—纺织品案（第21.5条—哥伦比亚）/哥伦比亚—纺织品案（第21.5条—巴拿马）	2018年11月20日	巴拿马	WT/DS461/28	哥伦比亚	WT/DS461/29
印度—钢铁产品案	2018年12月14日	印度	WT/DS518/8	日本	WT/DS518/9
泰国—香烟案（菲律宾）（第21.5条—菲律宾）	2019年1月9日	泰国	WT/DS371/27	—	—
泰国—香烟案（菲律宾）（第21.5条—菲律宾第II条）	2019年9月9日	泰国	WT/DS371/30	—	—
美国—钢管案（土耳其）	2019年1月25日	美国	WT/DS523/5	土耳其	WT/DS523/6
美国—差别定价法案	2019年6月4日	加拿大	WT/DS534/5	—	—
美国—可再生能源案	2019年8月15日	美国	WT/DS510/5	印度	WT/DS510/6
印度—出口相关措施案	2019年11月19日	印度	WT/DS541/7	—	—
欧洲共同体和某些成员—大型民用飞机案（第21.5条—欧盟）	2019年12月6日	欧盟	WT/DS316/43	—	—
美国—碳钢案（印度）（第21.5条—印度）***	2019年12月18日	美国	WT/DS436/21	—	—

* 根据《上诉审议工作程序》第20条第1款。

** 根据《上诉审议工作程序》第23条第1款。

*** 美国已通知其拟对本案的专家组报告提出上诉，但没有提交上诉通知或上诉方方陈述，因为目前无法设立上诉机构分庭来审理这一上诉（WT/DS436/22）。

表 3　2019 年初至 2020 年上半年间散发的上诉机构报告

案　件	文档号	散发日期	争端解决机构通过的日期
美国—大型民用飞机案（第二次上诉）（第 21.5 条—欧盟）	WT/DS353/AB/RW	2019 年 3 月 28 日	2019 年 4 月 11 日
韩国—放射性核素案	WT/DS495/AB/R	2019 年 4 月 11 日	2019 年 4 月 26 日
美国—反补贴措施案（中国）（第 21.5 条—中国）	WT/DS437/AB/RW	2019 年 7 月 16 日	2019 年 8 月 15 日
韩国—气动阀案	WT/DS504/AB/R	2019 年 9 月 10 日	2019 年 9 月 30 日
乌克兰—硝酸铵案	WT/DS493/AB/R	2019 年 9 月 12 日	2019 年 9 月 30 日
摩洛哥—热轧钢案	WT/DS513/AB/R	2019 年 12 月 10 日	2020 年 1 月 8 日
俄罗斯—铁路设备案	WT/DS499/AB/R	2020 年 2 月 4 日	2020 年 3 月 5 日
美国—超级压光纸案	WT/DS505/AB/R	2020 年 2 月 6 日	2020 年 3 月 5 日
澳大利亚—烟草简明包装案（洪都拉斯）	WT/DS435/AB/R	2020 年 6 月 9 日	2020 年 6 月 29 日
澳大利亚—烟草简明包装案（多米尼加共和国）	WT/DS441/AB/R	2020 年 6 月 9 日	2020 年 6 月 29 日

　　表 4 显示了在 2019 年和 2020 年上半年散发的涉及《WTO 协定》的上诉机构报告。

表 4　在 2019 年初至 2020 年上半年间散发的涉及 WTO 协定的上诉机构报告

案　件	文档号	涉及 WTO 协定
美国—大型民用飞机案（第二次上诉）（第 21.5 条—欧盟）	WT/DS353/AB/RW	《补贴与反补贴协定》；《争端解决谅解》
韩国—放射性核素案	WT/DS495/AB/R	《卫生和动植物检疫措施协定》；《争端解决谅解》
美国—反补贴措施案（中国）（第 21.5 条—中国）	WT/DS437/AB/RW	《补贴与反补贴协定》；《争端解决谅解》
韩国—气动阀门案	WT/DS504/AB/R	《反倾销协定》；《争端解决谅解》
乌克兰—硝酸铵案	WT/DS493/AB/R	《反倾销协定》；《争端解决谅解》

（续表）

案　件	文档号	涉及 WTO 协定
摩洛哥—热轧钢案 *	WT/DS513/AB/R	—
俄罗斯—铁路设备案	WT/DS499/AB/R	《技术性贸易壁垒协定》； 《争端解决谅解》
美国—超级压光纸案	WT/DS505/AB/R	《补贴与反补贴协定》； 《争端解决谅解》
澳大利亚—烟草简明包装案 （洪都拉斯）	WT/DS435/AB/R	《技术性贸易壁垒协定》； 《与贸易有关的知识产权协定》； 《争端解决谅解》
澳大利亚—烟草简明包装案 （多米尼加共和国）	WT/DS441/AB/R	

　　* 在摩洛哥—热轧钢案中，上诉被撤回，上诉机构报告描述了专家组的裁决，并总结了案件的发展过程，但没有解决上诉中提出的实质性法律问题。

　　在 2019 年和 2020 年上半年散发的上诉机构报告中所包含的调查结果和结论总结如下。

3.1　上诉机构报告：《美国—大型民用飞机案（第二次申诉）（第 21.5 条—欧盟）》（WT/DS353/AB/RW）

　　该案件涉及欧盟十多年前针对美国提供给民用大飞机的补贴提出的质疑所引起的执行争议。原专家组和上诉机构对欧盟的许多主张做出了支持的裁决，争端解决机构于 2012 年 3 月通过了这些报告。美国有义务在 2012 年 9 月 23 日之前遵守这些裁决。在欧盟提出诉请之后，执行阶段专家组在 2017 年 6 月 9 日散发的一份报告中审查认为，在关于单通道（single-aisle）民用大飞机市场的后执行阶段（即 2012 年 9 月之后），基于《补贴与反补贴措施协定》第 5 条（c）项和第 6.3 条（a）项—（c）项下的规定，美国继续造成不利影响，表现为严重的销售损失或阻碍威胁。确切地说，专家组在报告中得出以下结论。

　　关于某些措施以及针对某些措施提出的主张是否超出了专家组在《争端解决谅解》第 6.2 条下的职权范围，或者执行监督程序的范围：

　　（一）欧盟根据《补贴与反补贴措施协定》第 3.1 条（a）项—（b）项和第 3.2 条，以及 1994 年《关税与贸易总协定》第 3 条提出的主张属于专家组的职权范围；但是美国南卡罗来纳州第 2 阶段措施，以及由空间研究委员会 5952 条修正的美国华盛顿州税收措施不属于专家组的职权范围，因为针对这些措施，欧盟的专家组请求未能满足《争端解决谅解》第 6.2 条的规定。

（二）以下措施属于执行监督程序的范围：

1. 华盛顿州对试验性生产 / 航空产品开发的营业与开业许可（B&O）的税收抵免，[①]包括其修正法案；华盛顿州对财产税和租赁税的营业与开业许可的税收抵免，包括其修正法案；华盛顿州对计算机软件、硬件和外围设备的销售与使用税的豁免；以及埃弗里特市对营业与开业许可的税率降低；

2. 由 23 个原始研究、开发、测试和评估项目要素（programme elements）资助的美国国防部采购合同；

3. 基于材料与生物技术项目要素的材料加工技术项目资助的美国国防部的采购合同 HR0011-06-C-0073、工作说明书 HR-0011-08-C-0044，以及援助工具 HR0011-06-2-0008、FA8650-07-2-7716 和 HR0011-10-2- 0001；

4. 2006 年后美国国防部的采购合同和援助提供接触美国国防部设备和员工的机会。这些合同和援助工具由 23 个原始研究、开发、测试和评估项目要素和专家组认为属于这些程序范围内的"额外的"项目要素所资助。

5. 美国联邦航空管理局的航空研发措施；以及

6. 南卡罗来纳州的双子座项目（Project Gemini）措施和绿宝石项目（Project Emerald）措施。

（三）以下措施不属于执行监督程序的范围：

1. 华盛顿州航空航天技术创新联合中心措施；

2. 由机载预警与控制系统（PE 0207417F）项目要素的"巨龙（DRAGON Project）"计划资助的空军合同 F19628-01-D-0016；由 KC-46 下一代空中加油飞机（PE 0605221F）项目要素资助的空军合同 FA8625-11-C-6600；由多任务海上飞机（P-8A）（PE 0605500N）项目要素资助的措施，包括海军合同 N00019-04-C-3146、N00019-09-C-0022 和 N00019-12-C-0112；以及

3. 2007 年以前的美国航空航天局采购合同和美国国防部援助工具提供接触美国国防部设备和员工的机会。这些合同和援助工具由 23 个原始研究、开发、测试和评估项目要素资助。

（四）针对基于 HB 2294 议案颁布的以下 4 项初始华盛顿州税收措施，

---

① 营业与开业许可税（business and occupation tax）是美国华盛顿等州政府征收的一个税种，这是一种总收入税，是根据总收入而不是净收入征收的。——译者注

欧盟无法根据《补贴与反补贴措施协定》第 3.1 条（a）项和第 3.2 条提出诉请：（1）华盛顿州营业与开业许可的税率降低；（2）华盛顿州对试验性生产 / 航空产品开发的营业与开业许可的税收抵免，包括其修正法案；（3）华盛顿州对财产税的营业与开业许可的税收抵免，包括其修正法案；以及（4）华盛顿州对计算机软件、硬件和外围设备的销售与使用税的豁免。

（五）对于根据 HB 2294 颁布的以下 4 项初始华盛顿州税收措施，欧盟无法根据《补贴与反补贴措施协定》第 3.1 条（b）项和第 3.2 条，以及 1994 年《关税和贸易总协定》第 3 条第 4 款提出诉请：（1）华盛顿州营业与开业许可的税率降低；（2）华盛顿州对计算机软件、硬件和外围设备的销售与使用税的豁免；（3）华盛顿州对试验性生产 / 航空产品开发的营业与开业许可的税收抵免，包括其修正法案；以及（4）华盛顿州对财产税的营业与开业许可的税收抵免，包括其修正法案；以及海外销售公司 / 域外收入的措施。

（六）欧盟无法根据《补贴与反补贴措施协定》第 3.1 条（a）项—第 3.1 条（b）项和第 3.2 条，以及 1994《关税与贸易总协定》第 3 条第 4 款就以下方面提出诉请：（1）埃弗里特市对营业与开业许可的税率降低，威奇托市工业收益债券相关的减税，以及原始程序中有争议的 2007 年以前的《美国航空航天局太空行动协定》和美国国防部的采购合同；以及（2）原始程序中有争议的 2007 年以前的美国航空航天局采购合同和美国国防部的援助工具，并已通过相应的《波音专利许可协议》进行了修正。

关于美国是否未能按照《补贴与反补贴措施协定》第 7.8 条的规定撤销补贴：

（一）关于争端解决机构建议和裁决涉及的 2007 年以前的美国航空航天局和美国国防部航空研发补贴，欧盟证明了美国通过《波音专利许可协定》对 2007 年以前的美国航空航天局采购合同和美国国防部援助文件的条款所作的修改不构成《补贴与反补贴措施协定》第 7.8 条所指的撤销补贴。并且美国未对 2007 年以前的《太空行动协定》（Space Act Agreements）采取任何行动，也未撤销《补贴与反补贴措施协定》第 7.8 条所指的补贴。

（二）关于在执行程序中受到质疑的美国在 2006 年以后措施，欧盟证明了以下措施涉及《补贴与反补贴措施协定》第 1 条和第 2 条含义内的专向补贴，并在其实施期结束后，通过授予或维持这些专向补贴，美国未能撤销《补贴与反补贴措施协定》第 7.8 条所指的补贴：

1. 2006 年后的美国航空航天局采购合同、合作协议和《太空行动协议》中涉及的美国航空航天局与波音之间的某些交易。专家组无法根据记录中的证据估算这些交易的金额，但是认为美国对 2007 年至 2012 年间财政资助金额的估算是可接受的。

2. 2006 年后的美国国防部援助工具中涉及的美国国防部和波音之间的某些交易。专家组无法根据记录中的证据估算补贴金额，但是认为美国对 2007 年至 2012 年间财政资助金额的估算是可接受的。

3.《美国联邦航空局—波音持续降低能耗、排放和噪声协议》［FAA-Boeing Continuous Lower Energy Emissions，and Noise（CLEEN）Agreement］中涉及的交易。专家组无法根据记录中的证据估算补贴金额，但是认为欧盟对 2010 年至 2014 年间财政资助金额的估算是可接受的。

4. 在 2013 年至 2015 年期间，华盛顿州降低航空航天业的营业与开业许可税税率。

5. 根据 2013 年至 2015 年修订的 SSB 6828 的第 7 节，华盛顿州对用于生产前 / 航空航天产品开发的营业与开业许可税进行的税收抵免。

6. 根据 2013 年至 2015 年修订的包括租赁消费税的 HB 2466，华盛顿州针对财产税的营业与开业许可税进行的税收抵免。

7. 2013 年至 2015 年间，华盛顿州对计算机软件、硬件和外围设备的销售和使用税的豁免。

8. 2013 年至 2015 年间，埃弗里特市对营业与开业许可税税率的降低。

9. 南卡罗来纳州根据《双子座项目协议》承诺支付的报酬，用以补偿波音公司通过空中枢纽债券收益而建造双子座设施和基础设施所产生的部分费用。

10. 2013 年至 2015 年间，南卡罗来纳州对波音大型货机的财产税豁免。

11. 2013 年至 2015 年间，南卡罗来纳州对飞机燃料、计算机设备和建筑材料的销售和使用税的豁免。

（三）欧盟未能证明以下措施属于《补贴与反补贴措施协定》第 1 条和第 2 条所指的专向补贴。因此，欧盟未能证明，美国在实施期结束后给予或维持这些专向补贴的行为违反了《补贴与反补贴措施协定》第 7.8 条撤消该补贴的要求。

1. 美国国防和波音之间根据 2006 年之后和 2007 年之前的美国国防部采购合同进行的某些交易。其理由是，假设这些措施涉及《补贴与反补贴措施协定》第 1.1 条（a）项（1）所指的财政资助，它们并未向授予波音公司《补贴与反补贴措施协定》第 1.1 条（b）项所指的任何利益。

2. 海外销售公司 / 域外收入立法和后续立法下进行的税收豁免和排

除。其理由是，欧盟未能证明波音公司在 2006 年之后实际上获得了海外销售公司 / 域外收入税收优惠，该措施涉及《补贴与反补贴措施协定》第 1.1 条（a）项（1）(ii) 所指的财政资助。

3. 威奇托市通过工业收益债券提供的减税措施。其理由是，这些减税措施不再符合《补贴与反补贴措施协定》第 2.1 条（c）项的含义，因此，该措施不再受《补贴与反补贴措施协定》中关于可诉补贴规定的约束。

4. 南卡罗来纳州对项目地点的转租。其理由是，欧盟未能证明该转租涉及对波音公司的补贴。

5. 南卡罗来纳州提供的双子座和绿宝石设施（Gemini and Emerald facilities）以及基础设施。其理由是，欧盟未能证明这些措施涉及《补贴与反补贴措施协定》第 1.1 条（a）项（1）(iii) 所指的财政资助。

6. 南卡罗来纳州以费代税安排（fee-in-lieu-of taxes：FILOT），包括波音以费代税协议和绿宝石计划中的以费代税协议。其理由是，这些安排不是《补贴与反补贴措施协定》第 2 条所指的专向范围。

7. 与作为同一多县工业园区（Multi-County Industrial Park，MCIP）的一部分的双子座项目和绿宝石部分项目的场地项目的指定有关的南卡罗来纳州企业所得税抵免。其理由是，这些安排不是《补贴与反补贴措施协定》第 2 条所指的专向范围。

8. 南卡罗来纳州的《收入分配和分配协定》（Income Allocation and Apportionment Agreement）。其理由是，欧盟未能证明该协定涉及《补贴与反补贴措施协定》第 1.1 条（a）项（1）(ii) 所指的财政资助。

9. 南卡罗来纳州的劳动力招聘、培训和发展计划。其理由是，该计划不是《补贴与反补贴措施协定》第 2 条所指的专向性计划。

关于美国是否未能采取适当措施消除《补贴与反补贴措施协定》第 7.8 条所指的不利影响：

（四）欧盟未能证明某些航空研发补贴和其他补贴的影响，是造成《补贴与反补贴措施协定》第 5 条（c）项、第 6.3 条（a）项、第 6.3 条（b）项和第 6.3 条（c）项在后执行时期关于 A350XWB 所指的销售损失严重、大幅价格抑制、进口到美国市场的阻碍或出口到各种第三国市场受到阻碍或阻碍威胁真正的实质性原因。

（五）欧盟未能证明，2007 年前针对 A330 和 A350 的航空研发补贴的初始不利影响在后执行阶段仍继续存在，这些不利影响表现为 A330 和 A350XWB 遭受的《补贴与反补贴措施协定》第 5 条（c）项、第 6.3 条（a）

项、第 6.3 条（b）项和第 6.3 条（c）项在后执行时期所指的大幅价格抑制、A350XWB 的重大销售损失、或对双通道民用大飞机市场中 A350XWB 出口的阻碍威胁。

（六）欧盟证明华盛顿州营业与开发许可税率降低的影响，是后执行时期造成 A320neo 和 A320ceo 民用大飞机在单通道民用大飞机市场——涉及 2014 年迪拜航空、2013 年冰岛航空和 2013 年加拿大航空的促销活动——遭受《补贴与反补贴措施协定》第 5 条（c）项和第 6.3 条（c）项所指的重大销售损失的真正且实质性的原因。

（七）欧盟证明华盛顿州营业与开发许可税率降低，是后执行时期造成 A320ceo 进口到美国单通道民用大飞机市场以及空客单通道民用大飞机出口到阿联酋第三国市场受到阻碍威胁——《补贴与反补贴措施协定》第 5 条（c）项、和第 6.3 条（a）项和第 6.3 条（b）项所指的——的真正且实质性的原因。

（八）欧盟未能证明 2007 年前的航空研发补贴和 2006 年后的补贴的影响，是造成 A320neo 或 A320ceo 遭受《补贴与反补贴措施协定》第 5 条（c）项以及第 6.3 条（a）项、第 6.3 条（b）项和第 6.3 条（c）项在后执行时期所指的大幅价格抑制、A320neo 或 A320ceo 进口到美国市场受到阻碍威胁、或 A320neo 或 A320ceo 出口到澳大利亚、巴西、加拿大、冰岛、印度尼西亚、马来西亚、墨西哥、挪威、俄罗斯和新加坡的第三国市场被代替或受到阻碍或阻碍威胁真正实质性的原因。

关于欧盟根据《补贴与反补贴措施协定》第 3.1 条和第 3.2 条以及 1994 年《关税与贸易总协定》第 3.4 条提出的主张，专家组认为，欧盟未能证明补贴与这些规定不符。

鉴于上述情况，专家组得出结论，认为美国仍在继续违反《补贴与反补贴措施协定》第 5 条（c）项和第 6.3 条（a）项，第 6.3 条（b）项和第 6.3 条（c）项，未能遵守争端解决机构的建议和裁决，尤其是未能遵守《补贴与反补贴措施协定》第 7.8 条规定的"采取适当步骤以消除不利影响或者……撤销该补贴"的义务。因此，专家组认为，在美国未能遵守原始争端中的争端解决机构的建议和裁决的情况下，这些建议和裁决仍然有效。

3.1.1　美国有关专家组职权范围的主张

在上诉中，美国要求推翻专家组关于"专家组的职权范围包括欧盟关于美国国防部的采购合同是授予利益的财政资助的诉请"的裁决。美国辩称，专家组错误地允许欧盟在执行监督程序中重申在原始程序中被推翻的主张。特别是，美国辩称，由于在原始程序中未上诉的专家组裁决，即美国国防部的采购合同是购买服务，欧盟需承担未能在原始程序中达成最终解决方案的责任。因此，欧盟无权在执行监督程序中提出有关争议的诉请。

上诉机构指出，它先前已经解决了有关诉请的限制，根据《争端解决谅解》第 21.5 条，这些诉请在执行监督程序中可能会被提出。上诉机构特别强调了在执行监督程序中首次提出的新诉请与在原始程序中提出并在执行监督程序中重申的诉请这二者间的区别。关于在执行监督程序中重申的诉请，上诉机构认为，执行监督程序不得用于"重新审理"原始程序中的已裁决事项，因为这将使争端方有"第二次机会"重申已在通过的报告中裁定的诉请。同时，上诉机构注意到，它对某些案件的处理方式有所不同，在这些案件中，原始程序没有根据案情对针对某项措施的某些方面提出的诉请做出裁决。特别是，上诉机构在执行监督程序中，受理了在原始程序中已被提出但尚未做出裁决的诉请。

针对这些程序中有争议的具体诉请，上诉机构裁决，专家组并未错误地接受欧盟有争议的诉请。上诉机构同意专家组的裁决，即欧盟是否能在执行监督程序中适当地重申这些诉请，取决于在原先程序中是否就这些诉请已作出过裁决。

上诉机构推翻了美国的主张，该主张认为在执行监督程序中必须停止欧盟涉及与美国国防部采购合同有关的诉请，因为欧盟需承担未能在原始程序中达成最终解决方案的责任。上诉机构解释称，它没有依据有无"过错"作为决定诉请是否属于第 21.5 条范围的标准。上诉机构反而侧重于某些诉请是否在原始程序中已作出裁决，从而为争端解决机构的建议和裁决所涵盖。因此，不论欧盟是请求上诉机构完成法律分析，还是请求上诉机构不完成法律分析，欧盟对原始程序中未能解决的有争议的诉请是否承担责任，并不能决定美国国防部采购合同有关的诉请是否属于专家组的职权范围。

因此，上诉机构维持了专家组的裁决，即欧盟有关美国国防部采购合同的诉请属于其职权范围。

3.1.2 欧盟关于专家组有关美国国防部采购合同裁决的主张

欧盟辩称，在根据《补贴与反补贴措施协定》第 1.1 条（a）项（1）的规定，把通过美国国防部采购合同提供给波音公司的美国国防部设施、设备和员工的报酬和使用权归类为"购买服务"时，专家组未能按照《争端解决谅解》第 11 条的要求对此事进行客观评估。欧盟认为，如果专家组在此之前适当地评估了证据，就会发现，美国国防部采购合同建立了一种合资型关系，在这种关系下，美国国防部向波音公司提供了类似于股权注入的财政资助以及商品和服务。

上诉机构指出，在评估美国国防部采购合同是否构成财政资助时，专家组在这些程序中审查了"美国国防部采购合同的相关特征，以便确定是否在特定情况下，国防部与波音公司之间的关系是一种合伙关系，涉及合作以实现国防部和波音公司互惠互利的共同目标，就像在上诉机构前的美国航空航天局采购合同和国防部资助工具一样"。在这方面，上诉机构认为，尽管专家组从是否类似于合作安排的角度，考虑美国国防部采购合同的相关特征，从而开始它的分析并无不妥，但在第二步，专家组应该明确地解决法律问题，即具有特征性的措施（例如，美国国防部采购合同）是否属于《补贴与反补贴措施协定》第 1.1 条（a）项（1）的范围之内。此外，在审查发现美国国防部采购合同是最恰当地表征为购买服务后，考虑到最终结论是欧盟未能证明美国国防部采购合同可带来利益，专家组认为，没有必要解决此类交易是否属于第 1.1 条（a）项（1）的解释性问题。上诉机构认为，是否带来"利益"是通过参考"财政资助"受到的潜在贸易扭曲来确定的。因此，在对第 1.1 条（a）项（1）下某一财政资助类型裁定时，需要对利益进行适当的分析，因为其与财政资助的类型有关。

首先，欧盟对专家组的裁决表示质疑，裁决认为波音公司在开发其背景知识产权（Background Intellectual Property）时产生的私人资助及未偿还的独立研发支出不能被视为是对与美国国防部"合资企业"的"财政资源"的资助。上诉机构认为，专家组显然不同意欧盟的主张，并且认为波音公司在美国国防部采购合同下使用其自身背景知识产权和专有技术不视为具有合作安排特性的要素。在这种情况下，上诉机构理解专家组的陈述，即采购合同中没有将独立研发支出指定为由波音公司提供的资助，并且不能说明波音公司向与美国国防部合资的企业"资助"了财政资源或知识产权。上诉机构进一步指出，波音公司使用私人资助独立研发的方式与美国国防部援助工具下的波音公司参与有质的不同；援助工具的合同本身要求波音公司提供财政资源，并且合同双方均承诺为研究项目提供非货币资源（包括设施、设备和员工）。在说明"这些支出是波音公司这样的承包商为了维持使他们能够提供所承包的研发服务的技术竞争力和专门知识而导致的内部费用"时,专家组也解释了其理由。因此,关于波音公司未偿还性的独立研发支出,上诉机构并不认为,专家组没有分析相关证据或未提供合理而充分的解释。

其次,欧盟辩称,专家组在得出美国国防部和波音公司没有像分享美国航空航天局采购合同和美国国防部援助工具下的研究成果一样,分享美国国防部采购合同下的研究成果的结论时,未能采纳欧盟的主张和证据。欧盟的第一组观点涉及是否出口管制,包括《国际武器贸易条例》,阻止了波音公司将根据美国国防部采购合同开发的技术用作商业目的。上诉机构认为,原专家组的裁决与该专家组在此问题上的裁决没有直接矛盾。但是,在财政资助分析的范围内,专家组没有提供支撑以下结论的依据,即"波音公司将[根据美国国防部采购合同开发的军事技术]用于民用的实际能力受到法律的限制"。专家组也没有提及欧盟提供的证据,证明波音公司已经利用了《国际武器贸易条例》控制的数据,并拥有根据美国国防部采购合同开发的专利技术。

为了支持结论,即波音公司出于商业目的利用根据美国国防部采购合同开发的军事技术的合法权利"实际上受到限制",专家组还提到了对利益的分析,并解释了它认为的美国国防部资助工具和美国国防部采购合同之间的区别。但是,上诉机构认为,专家组的论证是基于国内法赋予相关法律援助工具的标签,而不是基于对工具特征的适当分析。上诉机构还指出,美国国防部采购合同不资助具有明确的双重用途目标的研究,这一事实并不能确定波音公司利用美国国防部资助的技术用于民用能力受到限制的程度。此外,专家组的论证似乎陷入循环,并未充分解释波音公司根据美国国防部采购合同与根据美国国防部资助工具在利用研发和授予的专利的实际能力方面的区别。在这方面,上诉机构认为,两类援助工具都涉及主要是军事性质的研究,在某些情况下,这种研究已经或至少有可能被用于民事目的。因此,预计两类研究的结果都将属于《国际武器贸易条例》的范畴,从而限制了波音将这项研究用于民用的能力。根据其分析,上诉机构认为,专家组未能正确评估欧盟有关实际使用《国际武器贸易条例》控制的数据及根据美国国防部采购合同开发的技术的证据。此外,专家组未就其结论提供合理且充分的解释,即波音公司利用根据美国国防部采购合同为民用目的的开发的军事技术的实际能力,比利用根据美国国防部援助工具更受限制。

欧盟第二组观点涉及专家组关于波音公司向外国政府出售军用飞机的

结论。上诉机构认为，专家组关于美国政府是美国现代空中武器的唯一购买者的陈述，与波音公司还向美国以外的政府出售某些军事设备的论点是相配的。此外，欧盟的证据并未证明波音可能有外国军事客户这一事实如何与专家组的结论相抵触。专家组认为，波音公司在利用根据美国国防部采购合同开发的技术用于美国以外的军事目的时将受到限制——特别是美国对扩散军事技术和数据的现有法律限制。此外，上诉机构指出，在专家组阶段，欧盟关于财政资助的观点更多地集中在根据美国国防部采购合同进行的研发潜在民事应用上，而非该研发对波音公司其他军事技术客户的军事应用上。无论如何，欧盟提出的有关外国政府国防预算的数字和波音公司在美国以外的军事销售的百分比，似乎都无法在波音公司与向任何一个外国政府销售产品之间建立明确的联系。因此，上诉机构认为，欧盟未能证明，专家组未明确处理和考虑欧盟提出的关于波音公司在美国以外的军事客户的证据和观点，影响了其事实评估的客观性。

第三，欧盟主张，在区分"国防部采购合同的性质和目的与美国航空航天局采购合同和国防部资助工具的性质和目的"时，专家组未能进行客观评估，并得出结论，即美国国防部和波音公司之间互动的性质和目的，"不同于两个合作伙伴根据对成果的一致利益共同设定研究主题时的情况"。关于美国国防部采购合同的性质，欧盟认为"主要的军事技术目的并不决定这些项目是否具有开发适用于波音民用大飞机的技术和知识的效果"。上诉机构指出，在分析财政资助时，专家组并未提及欧盟提出的三类证据中的任何一种。专家组在其职权范围内提及朗夫（Rumpf）专家意见，与确定专家组在财政资助分析中是否适当考虑了该证据无关，就此情况下，在专家组阶段有关问题与其财政资助分析中的法律问题有所不同。此外，专家组在提及欧盟对"双重用途"一词的定义时，对该专家意见的提法是描述性的，并未表明专家组评估了在某些美国国防部采购合同中，欧盟确定美国国防部和波音之间是否存在合作关系的证据的相关性。专家组未提及欧盟提出的其他两类证据，即波音公司根据美国国防部采购合同进行的、研发的民事应用示例，以及波音公司拥有的潜在民用大飞机相关应用的、由美国国防部资助的专利清单。上诉机构认为，对波音公司根据美国国防部采购合同实际使用的研究实例没有进行任何实质性评估，意味着专家组未在得出最终结论前充分审查证据。欧盟进一步辩称，专家组未能解决其观点，即"研发的实际和预期技术成果，而不是既定的目标，最能说明国防部采购合同的合作性质"。上诉机构指出，专家组评估了"特殊的商业环境"，在这种特殊的商业环境中，美国国防部提供了报酬以换取波音公司进行研发工作，并认为"这种互动的性质和目的，不同于两个合作伙伴根据对成果的一致利益共同设定研究主题时的情况"。同时，专家组的分析侧重于美国国防部采购合同的目标和研究的军事性质，而非这些合同的实际效果。鉴于美国国防部采购合同和美国国防部援助工具下的研究均出于军事目的，专家组本应正确解释区分这两类合同的原因。在缺少该解释的情况下，专家组在就美国国防部采购合同的性质得出结论时，无法提供合理且充分的解释。

关于美国国防部采购合同的目的，欧盟认为，专家组没有考虑一项证据，该证据表明美国打算并鼓励美国国防部的承包商从原始研究、开发、测试和评估计划项目的工作中获得商业利益，这一点反映在"国防部决定终止其先前的政策，即回收'与产品相关的、投资于临时费用的合理份额，以及/或者在出售产品且/或技术转让时，对相关技术发展做出贡献的合理价格"。上诉机构指出，欧盟在其财政资助的主张中并未特别依赖该观点，专家组在其利益分析中审查了欧盟的证据。上诉机构认为，专家组并不认为美国国防部有可能收回对商业化技术的任何潜在投资，即使该政策得以实施，且与欧盟在执行程序中所质疑的特定的美国国防部采购合同的性质和功能建立了充分的联系。

鉴于上述情况，上诉机构认为，专家组未能在《争端解决谅解》的第11条的语义下，就《补贴与反补贴措施协定》中第1.1条（a）项（1）规定的财政资助进行客观的评估，未充分考虑欧盟的证据和观点，并且没有为其裁决结论提供合理和充分的解释。

欧盟进一步辩称，在评估美国国防部采购合同是否限于《补贴与反补贴措施协定》第1.1条（b）项所指的范围内为波音公司带来利益时，就像根据《补贴与反补贴措施协定》第1.1条（a）项（1）进行的有关财政资助的分析一样，"专家组存在同样的错误"。上诉机构回顾了专家组的结论——即使对美国国防部采购合同利益的评估，仅侧重于由研发产生的知识产权的分配，而不考虑交易的其他条款，它也不会将欧盟以私人合作研发协议的形式提出的证据视为适当的基准。在得出这一结论时，基于上诉机构认为专家组未能根据《争端解决谅解》第11条对该事项进行客观评估的同样错误，专家组推翻了欧盟关于私人合作研发安排下的知识产权分配的证据。

因此，出于同样原因，上诉机构指出，专家组错误地认为，根据《补贴与反补贴措施协定》第1.1条（b）项，美国国防部采购合同下的知识产权分配并未带来利益。

关于欧盟有关完成法律分析的请求，上诉机构回顾称，此前它在专家组有关证据的分析中发现了一些不足。此外，对于完成分析至关重要的、支持诉讼方主张的相关证据的多个方面仍然存在争议。上诉机构指出，确定基于美国国防部采购合同向波音公司提供的资金和渠道是否构成具有类似于股权注入特征的合作协议涉及多方面的分析，不仅需要考虑美国国防部采购合同的目的和性质，也要考虑其实际和潜在效果。在专家组没有足够的根据事实的裁决，并且记录中的事实仍有争议的情况下，上诉机构无法完成法律分析，也无法确定美国国防部采购合同是否涉及《补贴与反补贴措施协定》第 1.1 条（a）项（1）所指的财政资助。

3.1.3 欧盟有关专家组基于《补贴与反补贴措施协定》第 1.1 条（a）项（1）（ii），对海外销售公司 / 域外收入税收减免的裁决的主张

欧盟请求上诉机构推翻专家组的裁决。该裁决认为欧盟未能证明，在执行期届满后，美国继续按照海外销售公司 / 域外收入的措施以税收减免的形式向波音公司给予或维持补贴。欧盟辩称，专家组的裁决是基于其对《补贴与反补贴措施协定》第 1.1 条（a）项（1）（ii）的错误解释，因为专家组要求欧盟证明波音公司通过海外销售公司 / 域外收入的税收减免，构成了税收放弃形式的财政资助。上诉机构指出，要使《补贴与反补贴措施协定》第 1.1 条（a）项（1）（ii）下的税收被视为"放弃（foregone）"，政府必须放弃增加税收的权利。该决定必须侧重于政府的行为，而非合格纳税人对税收减免的享用。但是，上诉机构澄清说，这并不意味着与合格纳税人享用现有税收减免有关的证据在确定政府是"放弃"还是"未收取"税收收入时也能成为相关证据。

上诉机构注意到，专家组没有就美国政府是否已放弃了收取税收的权利作出决定，而是侧重于分析波音公司是否享用了海外销售公司 / 域外收入税收减免。因此，上诉机构认为，专家组在根据《补贴与反补贴措施协定》第 1.1 条（a）项（1）（ii）决定该项目下的税收是否"放弃"时，未能侧重于政府的行为，故错误地解释了该条款。由于这一错误，上诉机构推翻了专家组的裁决，该裁决认为欧盟未能证明，在执行期届满之后，美国继续按照海外销售公司 / 域外收入税收减免的形式向波音公司给予或维持补贴，其理由是欧盟未能证明这些税收减免涉及《补贴与反补贴措施协定》第 1.1

条（a）项（1）（ii）所指的财政资助。

上诉机构推翻专家组的裁决后，转而考虑欧盟有关完成法律分析的请求，并认为在执行期限届满后，美国继续给予或维持被禁止的海外销售公司 / 域外收入补贴，且因此未能根据《补贴与反补贴措施协定》第 7.8 条 "撤销补贴"。上诉机构注意到美国的主张，它颁布了取消对波音公司海外销售公司 / 域外收入补贴的立法（《预防税收增加与调整法案》）。因此，上诉机构的分析重点在于，通过颁布《预防税收增加与调整法案》，美国是否已停止为波音公司提供支撑海外销售公司 / 域外收入补贴的财政资助，并是否随后撤销了给予波音公司的这些补贴。

在分析过程中，上诉机构根据专家组记录中的信息认定，《预防税收增加与调整法案》第 513 节并未取消 2006 年 5 月 17 日之前的纳税年度中进行的某些合格交易的海外销售公司 / 域外收入税收减免。但是，上诉机构注意到，尽管欧盟在专家组阶段提交了证据，证据显示波音公司已进行此类合格交易，并因此有资格获得海外销售公司 / 域外收入税收减免，但专家组并未就波音公司根据《预防税收增加与调整法案》第 513 节获得这些减免的资格的范围做出结论。因此，上诉机构认为，在后执行时期，由于波音公司仍有权根据《预防税收增加与调整法案》第 513 节获得海外销售公司 / 域外收入税收减免，美国并未停止提供财政资助，也因此未撤销《补贴与反补贴措施协定》第 7.8 条所指的给波音公司的海外销售公司 / 域外收入税收补贴。

3.1.4 欧盟根据《补贴与反补贴措施协定》第 2.1 条（c）项与专家组有关专向性裁决的主张

3.1.4.1 专家组关于工业收益债券的裁决

欧盟主张，如果专家组不遵循 "应考虑……实施补贴计划的时间长度"（即 1979 年以后）的规定，而将其对威奇托市工业收益债券补贴项目的专向性的评估限于 "实施期结束后" 的时间段（即 2013 年起），则专家组在《补贴与反补贴措施协定》第 2.1 条（c）项中对 "不成比例的大量补贴" 一词的解释和适用有误。上诉机构指出，第 2.1 条（c）项并未明确表明如何确定与评估不成比例有关的时间长度，但是对专向性的正确理解必须允许将第 2.1 条（a）至（c）项中的原则同时应用于补贴的各种法律和事实方面。同时，根据第 2.1 条（c）项进行的分析通常将侧重于授权机构的书面文件、明确表示的作为或声明以外的证据，因此专家组也可以从有关补贴的结构和运作、案件的情况以及当事方提供的证据中得出与评估不成比例的适当时间段。上诉机构认为，第 2.1 条（c）项的第三句没有规定专家组必须以特定方式考虑其因素在整体分析中的相关性。尽管专家组在评估专向性时必须考虑"补贴计划实施的时间长度"，但评估不成比例的时间基准不一定是所讨论补贴计划的整个持续时间。可能会发生这种情况，尤其是在执行监督程序中，对补贴项目进行了修改，这取决于所讨论的补贴项目的特征和功能以及所采取的合规措施的实施和性质。

鉴于上述情况，上诉机构裁决，专家组在得出存在不成比例的大量补贴的相关时期是"实施期结束后"的结论时，对《补贴与反补贴措施协定》第 2.1 条（c）项的解释不存在错误。

关于专家组的法律适用，上诉机构指出，专家组依靠执行监督程序的功能，裁决补贴不再是事实上的专向补贴，但对此做法却没有提供任何解释。专家组没有解释在执行监督程序中鉴于案件的特定情况或所涉补贴的性质和功能，保证它可以根据与原始程序不同的时间进行评估。同时，上诉机构回顾称，本案中的补贴措施包括在 1979 年至 2007 年之间每年向波音发放工业收益债券，因此已定期和分阶段地支付。此外，工业收益债券被用于购买财产，并在接下来连续十年获得减税。专家组认识到这种安排，并在分析中考虑了工业收益债券补贴的十年有效期。此外，美国在执行监督程序的沟通过程中提出威奇托市"自 2007 年以来未向波音公司提供任何工业收益债券"。在这方面，专家组得出结论，"通过在实施期结束后大幅减少波音公司收到的补贴方案的比例，美国使该措施符合《补贴与反补贴措施协定》"。美国的减税额也不断减少并且 2017 年"波音公司将获得2007 年通过工业收益债券发行而购买的项目财产的单一税收减免。"总而言之，上诉机构裁决，尽管专家组可以更好地解释时间长度的选择，以评估波音公司是否使用过多比例的工业收益债券来确定存在事实上的专向性，但在执行监督程序中的特定情况下，尤其是考虑到工业收益债券补贴的性质和运作方式以及所称采取的相符措施的性质，专家组有效利用和选择的时间长度并无不妥。

但是，上诉机构提请注意专家组对于补贴的预期分配与实际分配之间比较的分析和裁决。专家组指出，从 2002 年起，波音和精神航空公司收到了已发行工业收益债券总额的32%，这远低于原始程序中的69%。考虑到工业收益债券计划的可用性在一定程度上仅限于有能力和意愿对某些商业或工业财产进行投资的实体，专家组不认为，波音和精神航空公司收到的已发行工业收益债券总额的 32% 表明补贴的实际分配与预期分配不符，假设工业收益债券计划是依照《补贴与反补贴措施协定》实施的。上诉机构首先着重指出，在评估不成比例的过程中，调查针对的是补贴的分配是否符合其资格条件，而不是《补贴与反补贴措施协定》。上诉机构随后提及其在原始程序中的表述，尽管事实上并非所有威奇托市的企业都会在任何给定的时间希望享受工业收益债券在房地产开发方面的利益，但它"仍然会期望在 1979 年至 2005 年这 25 年间，这种利益分配会在威奇托市的不同经济部门之间产生更广泛的分配"。上诉机构指出，波音公司和精神航空公司在 2002 年至 2012 年期间共收到工业收益债券总额的 32%，这一事实本身并不能回答根据资格条件确定的补贴的预期分配与实际分配之间是否存在差异这一问题。差异的存在尤其取决于威奇托市经济体系内经济活动的多样化程度，这与第 2.1 条（c）项第三句的第一个因素是相一致的。但是，专家组没有进行任何此类评估，也没有提供解释为何波音和精神航空公司在比原始程序短得多的时间内收到工业收益债券总额的32%，没有揭示出补贴的预期分配与实际分配之间存在差异。

鉴于上述情况，上诉机构裁决，专家组在适用《补贴与反补贴措施协定》第 2.1 条（c）项时存在错误，因为没有足够的理由得出补贴的实际分配"与按照《补贴与反补贴措施协定》实施的工业收益债券计划的预期分配相符"的结论。因此，上诉机构推翻了专家组的裁决，该裁决认为欧盟未能证明威奇托市通过工业收益债券提供的减税措施，属于《补贴与反补贴措施协定》第 1 条和第 2 条含义内的专向补贴。

关于欧盟要求完成法律分析的请求，上诉机构指出，虽然有能力进行所需投资的企业可以获得工业收益债券项目，且自 2002 年以来发行给波音和精神航空公司的工业收益债券所占的百分比从原始程序来看有所降低，但没有记录在案的具体信息能评估补贴的实际分配是否与它在资格条件下的预期分配不符。此外，关于是否有任何原因可以解释补贴的实际分配与预期分配之间存在差异，尚未有任何记录在案的数据涉及可能从工业收益债券补贴或威奇托市经济多样化中受益的公司所占的百分比。在专家组没有足够的事实裁决或专家组记录在案的不存在争议的事实的情况下，上诉机构无法完成法律分析。

3.1.4.2 专家组关于经济发展债券的裁决

第一，欧盟声称专家组在对第 2.1 条（c）项第二句"有限数量的某些企业"一词的解释中存在错误。在欧盟看来，专家组裁决，"有限数量的某些企业"使用了航空枢纽债券，因为它们仅授予波音一个企业，而授予三家企业的经济发展债券并非如此"有限"，这反映了对"有限数量"的解释是指"一个"或至少"少于三个"。专家组裁决，"针对南卡罗来纳州经济的多样化程度和经济发展债券计划的期限，为什么向宝马（BMW）、绿宝石项目和波音公司这些数量有限的公司授予经济发展债券收益的使用权，欧盟没有提供任何理由"，但欧盟证明了，南卡罗来纳州通过航空枢纽债券收益提供的用以补偿波音公司在建造双子座设施和基础设施方面的部分，属于第2.1条（c）项的专向性补贴。

上诉机构回顾称，应根据第2.1条（c）项第三句中的因素确定有限数量的群体的含义，这些因素包括但不限于要求专家组考虑到"授权机构管辖范围内经济活动的多元化程度，以及补贴计划实施的时间长度"。如果这两个因素构成该条款下的法律审查的一部分，那么欧盟将在初步证明案件时提供证据。此外，如果专家组的评估是从第2.1条（a）项和（b）项到第2.1条（c）项的顺序进行的，则专家组根据（c）项进行的分析通常会以根据第2.1条（a）项和（b）项审查的相关立法框架为基础。根据法律上有资格获得补贴的条件，只能向遵守某些最低投资和就业要求的公司发行经济发展债券。专家组根据第2.1条（c）项提出的问题是，尽管因采用第2.1条（a）项中的原则而出现了非专向性，但是否有理由相信，由于补贴计划正在被有限数量的某些企业使用，补贴实际上可能具有专向性。

上诉机构指出，专家组没有详细说明拒绝欧盟关于有限数量的某些企业使用经济发展债券补贴诉请的理由。但是，欧盟也没有给出具体理由来支持其观点，而美国则表示宝马、绿宝石项目企业和波音公司是南卡罗来纳州最大的雇主之一。上诉机构认为，专家组的结论反映了一种理解，即仅将补贴授予三家公司并不一定表明该补贴由如第2.1条（c）项第二句第一个因素所指的"有限数量"的某些企业所使用。上诉机构指出，补贴的接受者并非全部来自同一经济部门。此外，没有迹象表明，根据补贴计划的资格要求以及南卡罗来纳州内的经济活动的多样化或补贴实施的时间长度，补贴的实际分配情况与预期分配不同。很可能只有少数几家公司准备进行必要的投资并创造所需数量的工作，因此能够满足获得经济发展债券补贴的法律条件。因此，上诉机构对专家组观点的理解是，在本案的情形下，欧盟未能证明经济发展债券补贴被用于有限数量的某些企业。此外，专家组对航空枢纽债券的论证是基于无可争议的事实，即"航空枢纽债券在该计划存在近三十年的时间里只发行给波音公司"。这是"毫无疑问"

的，因为专家组阶段的证据表明，只有波音才能满足从航空枢纽债券收益中受益的要求，即成为《南卡罗来纳州法》所定义的"航空枢纽设施的运营人"。因此，在上诉机构看来，专家组是根据《南卡罗来纳州法》中的特定措词做出的关于航空枢纽债券的裁决，该措词似乎实际上将这些债券的资格限制在具有波音特定身份的企业中。

鉴于上述情况，上诉机构裁决，专家组对《补贴与反补贴措施协定》第2.1条（c）项中"有限数量的某些企业"一词的解释不存在错误，其隐含地将"有限数量"一词解释为到"一个"或"少于三个"实体。

第二，欧盟诉称，专家组错误地解释《补贴与反补贴措施协定》第2.1条（c）项中的"某些企业"包括城市和公立大学等公共实体，然而"某些企业"仅包括私人实体，即商业公司或参与商业交易和业务的公司。欧盟还诉称，专家组在将其提供给公共实体的经济发展债券纳入其专向性分析时，在适用第2.1条（c）项时存在错误。在上诉机构看来，"企业"一词的定义表明"企业"可以解释为从事某些商业或商业性质活动的实体。对"一个企业或行业或一组企业或行业"的提及还表明该条款主要涉及实体进行的活动的类型，并不一定根据实体是公有还是私有来限制实体的范围。关于所有权并非对"企业"定义的决定性因素的理解得到第2.1条（c）项的第三句中的支持，该句要求应考虑到"授予机构管辖范围内经济活动的多样化程度"。考虑到相关背景，上诉机构注意到，《补贴与反补贴措施协定》第1条中列出了补贴的定义，它是根据政府给予补贴的具体行为来描述财政资助的类型，而不是接受资助的实体的活动或性质。因此，上诉机构认为，应根据有关实体的所有相关特征，包括其在有关市场中的活动的性质和目的，以及开展这些活动的背景，来确定第2.1条（c）项所指的一些企业或行业是否构成"某些企业"。实体的所有权可能是一个相关因素，但并不能确定该实体是否符合《补贴与反补贴措施协定》第2条的规定为"企业"的决定性因素。

关于专家组对"某些企业"一词的分析，上诉机构回顾称，自从南卡罗来纳州的立法于2002年通过并在法律中授权发行经济发展债券以来，此类债券已发行给宝马、绿宝石项目和波音公司，以及某些公共实体，例如格林维尔市、默特尔比奇市和三叉戟技术学院（Trident Technical College）。专家组认为：确切地说，除了私营实体外，经济发展债券可以而且已经发行给公共实体，即两个城市和一所公立大学，这一事实表明，该计划不仅限于第2.1条（c）项含义内的"某些企业"。在上诉机构看来，在所有这些实体都是"某些企业"的情况下，对公共实体和私人实体都给予补贴的事实可能与事实上的专向性评估有关。但是，专家组在发表这一声明时，没有就所涉三个公共实体是否应被视为"企业"进行评估和得出结论，但仍然认为这三个实体与其对事实专向性的分析有关。在这方面，上诉机构强调，《补贴与反补贴措施协定》所指的专向性概念涵盖构成"某些企业"的实体，这些实体是根据《条款》第 2.1 条（a）项至（c）项的原则确定的。因此，在专家组确定补贴是否专向于"某些企业"的情况下，上诉机构没有发现补贴接受者的相关性超出了"企业"的定义。随之而来的是，如果发现补贴是针对"一个或一组企业或行业"的，则该补贴也已授予不属于"企业"定义的某些其他实体的事实与确定专向性无关。同时，上诉机构指出，专家组在陈述"公共实体"关于事实专向性评估的前，已经就"某些特定企业补贴计划的使用"和"某些企业的主要使用"等因素得出了结论。因此，上诉机构不认为专家组拒绝欧盟"经济发展债券补贴是第 2.1 条（c）项所指的专向补贴的"主张取决于它关于三个公共实体的相关性的声明。因此，专家组的某些错误并没有使专家组的最终裁决无效，该裁决指出欧盟未能证实南卡罗来纳州通过经济发展债券提供的补贴是《补贴与反补贴措施协定》第 2.1 条（c）项所指的专向性补贴。

第三，欧盟辩称，专家组错误地解释了第 2.1 条（c）项第二句"某些企业主要（predominant）使用"这一因素中的"主要"一词，因为这涉及在同一分项中一个完全不相同的概念，即"对某些企业不成比例的大量补贴"这一因素中的"不成比例"一词。欧盟认为，基于这种错误的区分，专家组认为欧盟的证据不足或与确定"主要使用"的存在无关。上诉机构回顾称，鉴于（c）分项中其他因素，"主要"一词应解释为根本上与某些企业使用补贴的发生率或频率有关。同时，第 2.1 条（c）项第二句中列出的各种因素的侧重点不同，并不意味着在这些因素下进行的分析必须依赖完全不同的证据组合。这是因为，补贴计划是否主要或大部分是针对"某些企业"是一个需要基于个案回答的问题，应考虑到有关补贴计划的特殊特征和案件的现行情况，以及《补贴与反补贴措施协定》第 2.1 条（c）项第三句中的因素。此外，确定第 2.1 条（c）项中的哪些因素与专向性分析有关是"根据什么理由认为补贴事实上可能是专向的"，专家组应"保持对……的适用性开放"，并且实际上可能根据案件的情况，关于专向性的结论可能依赖于对其中一个、几个或全部要素的评估。

上诉机构指出，专家组并未对"主要使用"一词的含义形成自己的理解，并且没有搞清楚在当前情况下，哪些证据可能与确定经济发展债券计划主要或最常被某些企业使用有关。上诉机构同意欧盟的意见，即根据性质的不同，表明"某些企业主要使用［补贴计划］"和"对某些企业的补贴不成比例"的证据可能存在重叠。同时，"对某些企业的补贴不成比例"，具体取决于专向补贴计划的性质、功能和实际分配、其他相关事实情况，以及《补贴与反补贴措施协定》第2.1条（c）项第三句中的因素评估。因此，有关获得补贴的企业数量，某些企业获得的金额以及这些企业获得补贴的频率的证据可能是互补的，并且视情况而定，这些证据指向存在事实上的专向性是基于第2.1条（c）项中的一个或另一个因素。上诉机构注意到，该补贴被授予相对少的企业，并且金额数量相对大，并不频繁。在这种情况下，关于某些企业是否理所当然地主要使用了补贴计划的问题，不仅要考虑到波音公司和其他企业获得补贴的频率或频率，还应考虑到经济发展债券的价值。只有这样，才有可能回答有关补贴是主要还是大部分由某些企业使用的问题。

鉴于上述情况，上诉机构认为，专家组在《补贴与反补贴措施协定》第2.1条（c）项中对"某些企业主要使用"和"给予某些企业不成比例的大量补贴"的因素的解释是错误的。因此，上诉机构推翻了专家组的裁决，该裁决认为欧盟未能证实南卡罗来纳州通过经济发展债券收益提供的补贴是《补贴与反补贴措施协定》第2.1条所指的专向性补贴。

关于欧盟要求完成法律分析的请求，上诉机构认为，专家组没有发现任何证据或专家组记录中无争议的事实足以评估某些企业是否主要使用了经济发展债券补贴。上诉机构无法完成对欧盟有关经济发展债券补贴计划具有事实上的专向性（因为根据《补贴与反补贴措施协定》第2.1条（c）项在考虑补贴具有事实上的专向性时应考虑的因素：某些企业主要使用补贴）的上诉法律分析。

3.1.5　欧盟有关专家组关于美国南卡罗来纳州附加公司所得税抵免裁决的主张

欧盟请求上诉机构推翻专家组的裁决，该裁决认为欧盟未能证明，通过附加公司所得税抵免提供的补贴是指《补贴与反补贴措施协定》第2.2条规定的专向性补贴，并认为欧盟未能证明美国未根据《补贴与反补贴措施协定》第7.8条撤销这项补贴。欧盟声称，在发现多县工业园区补贴不"仅限于指定地理区域内的某些企业"时，专家组在适用《补贴与反补贴措施协

定》第 2.2 条时存在错误，并基于此得出了错误的结论，认为欧盟未能证明
美国没有按照《补贴与反补贴措施协定》第 7.8 条取消这项补贴。此外，欧
盟辩称，专家组的行为与《争端解决谅解》第 11 条不符，因为专家组认为，
多县工业园区补贴不是指《补贴与反补贴措施协定》第 2.2 条规定的专向性
补贴，这一结论并非是基于对事实的客观评估。

上诉机构认为，当补贴仅限于位于"授予机构管辖范围内的指定地理
区域"内的"某些企业"，则该补贴是指《补贴与反补贴措施协定》第 2.2 条
规定的专向补贴。这种情况是指，当补贴的获取方式显性或隐性地限于在
市场中从事经济活动的实体，这些实体的总部、分公司或工厂位于授予机
构管辖范围内的"指定地理区域"，或实体建立在该区域。"指定地理区域"
是指或多或少具有确定范围或特征的确定的地理区域、空间或地点。根据
第 2.2 条，地理区域的标识可以是显性的也可以是隐性的，只要可以从所讨
论的补贴措施的文本、设计、结构和操作中清楚地区分相关区域即可。

上诉机构指出，专家组的裁决表明，该补贴仅适用于位于多县工业园
区的纳税人，因为《南卡罗来纳州所得税法》第 12 节 6 款 3360 项的规定，
只有位于多县工业园区的纳税人才有资格获得附加公司所得税抵免。鉴于
对获得补贴的明确限制，上诉机构不支持专家组的意见，即因为当前不在
多县工业园区中的企业在将来可能会成为该区的一部分并在之后有资格获
得补贴，或者因为现有的多县工业园区的版图可能会缩小或扩展，可能会
建立新的多县工业园区，多县工业园区补贴不是指《补贴与反补贴措施协
定》第 2.2 条规定的专向性补贴。因此，上诉机构认为，专家组在阐述多县
工业园区补贴仅提供位于该区内的企业"不能被视为构成第 2.2 条规定的
限制"时，未能正确适用第 2.2 条。因此，上诉机构推翻了专家组的裁决，
即欧盟未能证明，通过附加公司所得税抵免提供的补贴是《补贴与反补贴
措施协定》第 2.2 条规定的专向补贴。在基于专家组未能正确适用第 2.2 条
从而推翻专家组的裁决后，上诉机构认为没有必要根据《争端解决谅解》第
11 条进一步审查专家组评估的客观性。

在考虑欧盟关于完成法律分析的请求时，上诉机构回顾了其结论，即
《南卡罗来纳州所得税法》第 12 节 6 款 3360 项对获得多县工业园区补贴施
加了限制。在审查此限制是否涉及第 2.2 条含义中的"位于指定地理区域
内的某些企业"这一问题时，上诉机构指出，《南卡罗来纳州所得税法》第
12 节 6 款 3360 项本身并未事先决定建立在南卡罗来纳州的多县工业园区
的地理区域。但是，上诉机构发现，可以从建立多县工业园区的文件中辨

别出特定的多县工业园区（例如查尔斯顿—科利顿多县工业园区）的地理区域。因此，上诉机构认为，所讨论的补贴措施指定了"地理区域"，企业必须位于该区域才能获得补贴。因此，上诉机构完成了法律分析，并认为根据《南卡罗来纳州所得税法》第12节6款3360项，通过附加公司所得税抵免提供给波音公司的补贴属于《补贴与反补贴措施协定》第2.2条规定的专向性补贴。

3.1.6　原始参照期的持续不利影响

欧盟请求上诉机构推翻专家组的裁决，在执行期结束前产生了民用大飞机订单，但在执行期结束后仍未交货的情况下，补贴不能继续造成大幅价格抑制和重大销售损失等不利影响。欧盟辩称，专家组未能正确解释《补贴与反补贴措施协定》第7.8条，因为它从采取适当措施消除不利影响的义务中排除了和原始参照期内的特定交易有关的不利影响。欧盟还声称，专家组未能正确适用《补贴与反补贴措施协定》第7.8条，并与《争端解决谅解》第11条不相符，因为专家组错误地认为销售损失和价格抑制只存在于订购民用大飞机时，而不存在于最终飞机交付之前的整个合同期内。

上诉机构认为，根据《补贴与反补贴措施协定》第6.3条（c）项所认定的构成大幅价格抑制或重大销售损失基础的特定交易或一组交易的情况，它不认为这些特定现象必须限于交易或一组交易首次发生的那一刻。关于价格抑制，例如，在某些情况下，将来某些付款条件将继续反映出价格受到抑制。关于销售损失，上诉机构承认，如果将这种现象理解为仅限于申诉成员的供应商"未能达成"销售的时刻可能有更充分的理由。但是，上诉机构指出，可能有一些影响交易完成的要素，或者涉及期权或购买权形式的后续交易可能表明持续销售损失现象。但是，上诉机构强调，以价格抑制或销售损失为形式的最初不利影响结论所依据的交易要素在多大程度上能够表明不利影响的持续存在，在很大程度上取决于这些基础交易的性质、时间和范围。

上诉机构指出，特别是在民用大飞机行业中，原专家组指出，鉴于民用大飞机生产和销售的特殊性，价格抑制和销售损失的现象"并没有在订购民用大飞机过程中"，但"应理解为从获得民用大飞机订单（或订单丢失）之时开始，并一直持续到交付（或不交付）飞机的时间（包括该时间）为止"。上诉机构认为，尽管在订购民用大飞机时，价格抑制或销售损失的程度会被首先体现出来，但是这些现象的后果可能会继续受到从订购到交货期间的各种因素的影响。同时，在民用大飞机市场中出现价格抑制和销售损失现象的所有情况下，认为该现象在从订单到交货的整个时间段内表现程度都相似是不适合的。因此，上诉机构不认为可能有任何关于价格抑制或销售损失的最初调查结果在订单发生后仍然存在的情况的一般性指导。

根据这一理解，上诉机构认为，对于依赖于发现大幅价格抑制和大量销售损失的民用大飞机订单的未完成交货，是否仍然可以为在后执行时期发现的这种影响提供依据这一问题，专家组采取了过于僵化的态度。上诉机构认为，在 2004 年至 2006 年之间，发现与导致了价格大幅下跌或重大销售损失的原始订单有关的、在 2012 年 9 月之后仍未交割的货物，其本身而言未必会对在后执行时期内的大幅价格抑制或重大销售损失的存在有决定性的作用。但是，与此同时，上诉机构不支持专家组的建议，该建议认为这类证据永远不能构成关于这种影响的持续存在的结论基础。

上诉机构还认为，专家组对《补贴与反补贴措施协定》第 7.8 条的论证没有说服力。专家组担心欧盟的主张将导致追溯性救济，其前提是，根据欧盟的理论，美国使自己合规的唯一手段是撤销原始订单。但是，第 7.8 条并未具体规定为了消除不利影响哪些"步骤"是"合适的"，这表明它涵盖了一系列可能的措施。虽然欧盟并未解释美国可以对未交付的飞机采取何种行动来消除目前的不利影响，但这并不意味着这种消除是不可能的，也不支持专家组的明显假设，即消除这种影响的唯一方法必须是追溯撤销原始订单。

更重要的是，上诉机构认为，专家组的做法一方面导致它未能正确区分"目前的不利影响"与"过去发生的事件的后果或表现形式"或"过去不利影响的持续表现或影响"。如果在后执行时期产生的不利影响被证明是由尚未到期的补贴引起的，它们本身就是不利影响，而不是原始不利影响的结果。在这方面，上诉机构认为，没有理由断然将有关后执行时期的交货数据排除在外，只要此类证据与其他证据一起证明在后执行时期内持续存在价格抑制或销售损失。最初的调查结果指出，尽管与未完成交付货物有关的证据本身不太可能对民用大飞机销售之后很长时间产生的不利影响具有决定性的作用，但没有确凿依据来排除此类证据在证明该案件时的潜在相关性。

因此，上诉机构认为，专家组错误地解释了《补贴与反补贴措施协定》第 7.8 条，因为专家组从一开始就排除了对美国是否未采取适当措施消除补贴的不利影响的调查，这是与交易有关的证据，这些交易的订单在原始参照期内产生，但在后执行期内交付仍未完成。因此，上诉机构推翻了专家组对第 7.8 条的解释及其在报告第 9.332 段落中的陈述，即在后执行阶段依靠飞机交付作为严重侵害持续存在的证据，"与第 7.8 条的解释不符"。

欧盟还请求上诉机构推翻专家组的裁决，裁决认为欧盟关于持续不利影响的主张未被证据支持和/或与原始程序中的调查结果相矛盾。欧盟辩称，专家组的行为违反了《争端解决谅解》的第 11 条，因为它偏离了原始程序中关于 200—300 座型民用大飞机市场的现有调查结果，该市场现在只关注独立飞机模型。欧盟进一步认为，专家组在根据《补贴与反补贴措施协定》第 5 条和第 6.3 条的规定，评估在后执行时期是否对 A330 进行了持续的价格抑制时，没有进行适当的虚拟事实分析，从而存在错误。

上诉机构指出，尽管原专家组对 200—300 座型民用大飞机市场的每个严重侵害现象做出了最终调查结果，但这样做的证据基础仅涉及 A330 和 A350 的原始参照期，而不涉及 A350XWB。在评估不利影响在后执行期间的持续时间内继续存在的程度时，这是一个相关考虑因素，并且至少似乎不支持欧盟的主张，该主张认为专家组在执行监督程序中收集与特定民用大飞机模型有关证据的方法与原专家组的方法不同。上诉机构进一步指出，欧盟主要依靠以下事实，即 A350 的订单已转换为 A350XWB 的订单，并且在执行期结束时后者的某些订单仍未交付。上诉机构表示，专家组有理由考虑到，自原始参照期以来，与相关民用大飞机市场有关的事态发展仅使原专家组的调查结果无法转换到后执行时期。因此，上诉机构认为，专家组并未在有关 200—300 座型民用大飞机市场方面，因"违反原始程序中通过的调查结果"而与《争端解决谅解》第 11 条不符。

欧盟进一步诉称，专家组在根据《补贴与反补贴措施协定》第 5 条和第 6.3 条的规定，评估在后执行时期是否对 A330 进行了持续的价格抑制时，没有进行适当的虚拟事实分析，因而存在错误。上诉机构认为，专家组的解释是适当的，即在审查大幅重大价格压抑的主张时，"仅靠价格趋势数据是不够的"，并且"也有必要提出虚拟事实的论据，表明在没有补贴的情况下，价格会更高"。上诉机构还解释称，专家组本会认为"实际的"和"虚拟事实的"情况是相同的，因为在执行期结束时，无论有无补贴，787 机型都可能投放于民用大飞机市场，并与 A350XWB 竞争。有鉴于此，上诉机构认为，专家组的观点，即鉴于 787 机型和 A350XWB 的技术优势，A330 本无法像以前那样有如此高的价格，并不反映未能进行适当的虚拟事实分析的失误。上诉机构还注意到，专家组指出了驳回欧盟主张的其他理由。因此，上诉机构裁定，专家组在根据《补贴与反补贴措施协定》第 5 条和第 6.3 条的规定，评估在后执行时期是否对 A330 进行了持续的价格抑制时，没有进行适当的虚拟事实分析这一行为并不存在错误。

在基于《争端解决谅解》第 11 条或《补贴与反补贴措施协定》第 5 条和第 6.3 条均未发现专家组存在错误的情况下，上诉机构维持专家组的另一项认定，即"欧盟的主张未被证据支持且 / 或与原始程序中的调查结果相抵触"。

3.1.7　技术效应

欧盟要求上诉机构推翻专家组的裁决，该裁决认为欧盟未能通过技术因果机制来确定 2007 年前的航空研发补贴是在后执行期造成不利影响的真正实质性原因。欧盟辩称，专家组在得出这一结论时，在适用《补贴与反补贴措施协定》第 5 条、第 6.3 条和第 7.8 条方面存在若干法律错误，并且未根据《争端解决谅解》第 11 条对该事项进行客观评估。

上诉机构首先评估了欧盟的根本关切，即专家组在评估 2007 年前航空研发补贴是否存在不利影响时是错误的，因为它的分析仅限于 787 机型拟上市日期，而没有考虑这些补贴对 787 机型的交付时间的影响。欧盟基于"《补贴与反补贴措施协定》第 5 条，第 6.3 条和第 7.8 条的适用存在错误"，以及"专家组的行为不符合《争端解决谅解》第 11 条规定的义务"的异议进行上诉，质疑专家组在这方面的分析。

尽管诉讼方对专家组提出虚拟事实问题的方式没有异议，但他们不同意原审程序中关于在执行监督程序中应进行的虚拟事实分析类型的裁决的范围和意义。在审查了原专家组和上诉机构报告中的某些关键段落之后，上诉机构注意到，2007 年前的航空研发补贴的技术效应是对 787 机型技术发展的加速效果。上诉机构还指出，"启动"的概念在原审程序中特别重要。就 2004 年至 2006 年原审参照期而言，投放市场是主要的加速事件，使原专家组能够得出由 787 机型补贴引起的不利影响的结论。787 机型首次交付的任何加速都发生在 2004—2006 年参照期之后，这是其加速投放市场的结果。事实上，原专家组和上诉机构承认，波音通过 2007 年前的航空研发补贴，加速了其对 787 型飞机的首次交付，其能够"从 2008 年开始交付 787 型飞机"。

上诉机构注意到专家组和诉讼方的明显意见，即原审程序中的裁决已经解决了以下问题：在执行监督程序中，对技术效应声明的分析是否应着重于787机型投放市场的时间，或者这种分析是否还应考虑到2007年前的航空研发补贴的加速效应对787机型首次交付时间的影响。上诉机构认为，原审程序中的有关虚拟事实问题与执行监督程序中有争议的问题不同。原专家组不需要检查由2007年前的航空研发补贴引起的加速效应是否在特定时间点仍然存在。相反，原专家组的任务涉及以下问题：2007年之前的航空研发补贴是否会通过加速787机型技术的发展而引起技术效应；如果是，那么这种加速效应是否会严重损害2004年至2006年参照期内欧洲共同体的利益。因此，在上诉机构看来，原专家组有充分理由裁决"美国国家航空航天局的航空研发补贴在一定程度上加快了技术开发过程，因此使波音公司有优势将其技术推向市场"。因此，分析围绕着2007年前的航空研发补贴是否加速了787机型的技术开发过程，而不是持续了多长时间的问题。

相比之下，在执行监督程序中，专家组的审查集于以下问题：原审专家组发现的2007年前的航空研发补贴的加速效应是否仍在后执行期存在；如果存在，在后执行期内，这种加速效应是否会严重损害欧盟的利益。在这种情况下，上诉机构不清楚为什么专家组在处理欧盟在执行监督程序中的技术效应主张时，会受到原专家组采用的方法的约束，因为原专家组处理的是一个不同的虚拟事实问题。

在上诉机构看来，很明显，专家组的结论仅基于关于787机型投放市场的虚拟事实的预计时间。因此，专家组的虚拟事实分析最终没有考虑到关于787机型的虚拟事实首次交付的预计时间。欧盟坚持认为787机型在市场上存在的概念（专家组在提出虚拟事实问题时提到了这一因素）不仅涉及波音产品的发布，而且还涉及承诺将产品交付给客户的时间以及实际交付的时间。对于上诉机构而言，专家组虚拟事实问题的核心内容确实与787机型被视为"投放市场"的时间有关。因此，上诉机构认为，摆在面前的关键问题是专家组是否将对2007年前的航空研发补贴的加速作用的分析限制在787机型的发布时间上，来适当地解决虚拟事实问题，以及该虚拟事实问题的正确适用是否还需要考虑对787机型首次交付时间的加速影响。

上诉机构指出了大型民用飞机行业的某些特征，从而阐明了这一问题。上诉机构特别指出，大型民用飞机公司是通过长期合同出售给客户的，长期合同通常涉及飞机在几年内的交错交割。每个购买合同的条款和条件在下订单时确定，并且包括许多不同的要素，例如飞机规格、净价、折扣、非价格优惠和融资安排。此外，大型民用飞机采购合同既提供了基本的机身价格，又规定了该价格的上调，以考虑订购时的价格谈判和飞机交付之间的时间间隔。

上诉机构进一步指出，专家组的虚拟事实分析是一项更广泛的调查的一部分，该调查旨在确定 2007 年前的航空研发补贴是否在后执行期继续造成第 5 条和第 6.3 条含义中的严重侵害。在大型民用飞机市场中，价格抑制和销售损失的市场现象不仅限于订购大型民用飞机时发生的情况，故该现象可能会持续到大型民用飞机交付为止。因此，在大型民用飞机市场的背景下，要确定在后执行期是否仍存在根据本争端所涉争议的第 6.3 条所述的严重侵害形式，需要评估 2007 年前航空研发补贴的任何加速效应是否也对 787 机型实施后首次交付的时间产生了影响。在这方面，上诉机构指出，除非另有说明，否则其对"787 机型的首次交付"的提及既涵盖了承诺的首次交付，也涵盖了实际的首次交付。

此外，上诉机构认为，如果 2007 年前的航空研发补贴对 787 机型的开发阶段（在投放市场之前或之后）产生影响，从而影响了与执行期结束有关的 787 机型的首次交付时间，那么评估这架飞机的首次交付时间，对于确定在后执行期是否仍然存在加速效果尤其合适，并且可以归因于 2007 年之前的航空研发补贴。对于上诉机构而言，如果没有影响到第一次交付 787 机型的时间的加速效果，则专家组应该说明为什么会这样，而不是从一开始就排除对这一问题的考虑。

除了上述考虑之外，上诉机构还认为，在专家组阶段有一些迹象表明，它应该评估后执行期是否仍然存在欧盟所称的严重侵害的形式。这一评估中应研究如果没有 2007 年前的航空研发补贴，787 机型的首次交付是否会在执行期结束后发生。首先，原专家组和上诉机构认为，2007 年前的航空研发补贴的技术效应加速了 787 机型的发布和承诺的首次交付。此外，上诉机构认为，专家组应该明白，双方都提出了与 787 机型投放市场和首次交付有关的活动和时间估计的观点。

由于上述原因，上诉机构没有被"专家组仅根据其对原专家组裁决的理解，就其关于欧盟的技术效应索赔的结论就足够了"的观点说服。由于未能通过虚拟事实分析来得出评估 2007 年前航空研发补贴的加速效果是否不仅对 787 机型的发布产生影响，而且对 787 机型首次交付的时间也产生了影响，因此上诉机构认为专家组没有正确评估虚拟事实问题，即在后执行期内，是否仍存在 2007 年前的航空研发补贴的加速效应。为此，上诉机构认为，专家组在适用《补贴与反补贴措施协定》第 5 条和第 6.3 条以及由此导致的在第 7.8 条时存在错误。上诉机构推翻了专家组的裁决，该裁决认为欧盟未能证明与波音 787 机型的技术开发有关的 2007 年前的航空研究与开发补贴的加速作用一直持续到后执行期；以及认为欧盟因此未能证明后执行期内，2007 年前的航空研发补贴存在原审中的补贴技术效应。

欧盟还要求上诉机构撤销专家组关于 2007 年之前的航空研发补贴对 787-9/10、777X 和 737MAX 的溢出技术效应的分析。上诉机构认为，专家组关于欧盟有关溢出技术效应的主张的结论很大程度上取决于其较早的裁决，即有关 2007 年前航空研发补贴对 787 机型的原始补贴技术效应的结论。上诉机构推翻了专家组对原始补贴技术效应的分析，因此推翻了专家组的裁决，该裁决认为欧盟未能证明在后执行期 2007 年前的航空技术研发补贴对 787-9/10、777X 和 737MAX 的溢出技术效应是否存在。由此，上诉机构还推翻了专家组关于欧盟未能通过技术因果机制证实 2007 年前的航空研发补贴是造成 A350XWB 和 A320neo 在后执行期任何形式的严重损害的真正实质性原因的裁决。

上诉机构回顾说，除了上述对错误适用《补贴与反补贴措施协定》第 5 条、第 6.3 条和第 7.8 条的上诉之外，欧盟还提出了多项主张，对专家组的裁决表示质疑，裁决认为欧盟未能确定该技术 2007 年前航空研发补贴的影响一直持续到后执行期。上诉机构已经推翻了专家组关于 2007 年前航空研发补贴的加速影响的最终结论，因此，上诉机构表示，它无需考虑欧盟的其他诉求和观点。

在推翻了专家组的裁决之后，上诉机构转向评估欧盟对上诉机构完成法律分析的要求，并裁定 2007 年前的航空研发补贴导致：（i）后执行期对 787 机型的原始补贴技术效应；（ii）在后执行期内，对 787-9/10、777X 和 737 MAX 的溢出技术效应。

欧盟坚持认为，在确定 787-8 机型的最低虚拟事实研发时限时，应使用"长达十年"的虚拟事实时限。欧盟表示，这可能导致投放市场日期推迟到 2012 年（比 787 机型的实际投放市场晚八年），并且使承诺首批交付可能延迟到 2016 年（比承诺的 787 机型首批交付晚八年）。此外，考虑到 787 机型实际交付的延迟，导致 787-8 机型的虚拟事实首次交付要延迟到 2019 年。欧盟在上诉中辩称，上诉机构"只需要确认……没有提供未撤销补贴的 787 机型的首次交付将被推迟到 2012 年之后，即在执行期结束之后"。但是，上诉机构并不认为完成工作会像欧盟所描述的那样直接。确实，上诉当事双方对进行 787 机型的虚拟事实分析的相关时间估计提出了质疑。结果，在没有 2007 年前的航空研发补贴的情况下，对于波音 787 机型的投放市场、承诺的首批交付或实际的首批交付所需的时间，没有任何争议的事实。此外，专家组没有发现任何明确的日期，如果没有 2007 年前的航空研发补贴，波音公司将在确切日期之前将 787 机型投放市场。因此从专家组的裁决来看，不清楚 787 机型的虚拟事实投放市场日期是在 2006 年、2010 年左右还是在这些日期之间的某个时间。此外，由于专家组没有研究加速效应对 787 机型首次交付时间的影响，因此自然没有指明在没有这些补贴的情况下 787 机型何时首次交付。专家组也没有任何实质性评估的结论，即是否会对投放市场后的研发产生加速效应，而这种加速效应可能会影响虚拟事实中的首次交付 787 机型的时间。

因此，上诉机构认为没有依据来评估承诺的 787 机型首次交付是否会在执行期结束之前或之后进行。如果虚拟事实中投放市场将在 2006 或 2007 年进行的情况下，承诺的首次交付将在 2010 年或 2011 年进行，即在实施期结束之前。相反，如果虚拟事实中 787 机型的投放市场定在 2010 年，则承诺首次交付这架飞机将在 2014 年。同样，由于在虚拟事实中 787 机型的投放市场的时间不确定，因此，关于 787 机型投放市场时间的不确定性很多。实际上，在虚拟事实中投放市场如果在 2006 年发生的情况下，并假设 787 机型实际投放市场与实际首次交付之间存在七年的时间间隔，787 机型的实际首次交付可能在 2013 年，即 2012 年 9 月执行期结束后不久。或者，在虚拟事实性投放市场将在 2010 年之前进行的情况下，787 机型的实际首次交付在这些假设下，交付可能会在截至 2017 年的某个日期发生。根据基于不同的虚拟事实投放日期而产生的这些截然不同的结果，上诉机构认为哪些交易将成为严重损害分析的对象存在很大的不确定性。

因此，鉴于专家组缺乏足够的事实裁决，以及专家组记录中的无争议事实，上诉机构裁定，在后执行期内，它无法完成关于 2007 年前的航空研发补贴是否仍然具有加速效用的法律分析。

3.1.8　价格效应

对于某些补贴是否通过价格因果机制造成了不利影响，欧盟和美国对专家组分析的不同方面进行上诉。上诉机构审议了：（1）欧盟关于专家组在分析附加税补贴影响时采用的因果关系标准的主张；（2）美国关于专家

组对附加税补贴额相对重要性评估的主张;(3)欧盟关于专家组对不附加
条件补贴影响的相关分析的主张。

3.1.8.1　欧盟有关专家组因果关系标准的主张

欧盟对专家组的裁决进行了上诉,该裁决认为为了证明附加税补贴会
通过价格因果关系机制造成大量销售损失,必须不存在任何可能导致波音
公司成功获得这类销售的非价格因素。欧盟认为,在指出必须"不存在任
何能解释波音公司成功获得销售的非价格因素"时,专家组并未适当地将
上诉机构在完成原审程序中的法律分析的方法提升为适用于评估因果关系
的法律标准。在欧盟看来,这种理解有悖于《补贴与反补贴措施协定》第5
条和第6.3条,因为对原因和结果之间是否存在真正实质的关系的评估并
不需要确定补贴是造成这种影响的唯一原因。

欧盟提出的问题是,尽管专家组对法律标准的阐述是正确的,但专家
组却要求为确定因果关系,欧盟必须证明没有其他潜在的不利影响的原因,
从而采用了不正确的法律标准。为了支持其观点,欧盟指出专家组的反复
陈述,即为了证明所讨论的促销活动对价格特别敏感,必须"不存在任何能
解释波音公司成功获得销售的非价格因素"。上诉机构注意到,该陈述源自
上诉机构在原审程序中的分析。在这份分析中,上诉机构表示,当波音公
司面临降低价格以确保民用大飞机在特定促销活动中的出售的特殊压力,
并且没有其他非价格因素可以解释波音公司成功出售或压低空客公司的价
格时,该促销活动将被视为对价格特别敏感。

欧盟坚持认为,专家组依赖于上诉机构的陈述是错误的,因为在试图
完成原审程序中的法律分析时,上诉机构无法完成关于促销活动的法律分
析,因为这些促销活动的专家组记录显示没有能够解释促销结果的非价格
因素。但是,上诉机构指出,当它解释说只有在"没有其他非价格因素能解
释波音公司"在对价格特别敏感的促销活动中的"成功"时才能建立因果
关系时,它指的是那些非价格因素在与价格相关因素进行权衡和平衡时的
作用。只有在随后的分析中,上诉机构才认识到,如果提出了任何非价格
因素,这将需要对这些因素进行非归因性分析,并在其因果关系分析中权
衡和平衡价格和非价格因素,这将需要新的事实性裁决。因此,尽管欧盟
关于上诉机构最终只有在美国没有提出任何非价格因素的情况下才能够完
成分析的主张是正确的,这是由于这些非价格因素的作用和相关性存在争
议性这一事实,因此没有无争议的事实或其他的专家组裁决可以作为上诉
机构完成分析的依据。为此,上诉机构推翻了欧盟的观点,该观点认为专

家组错误地将上诉机构在完成法律分析的方法提升为适用的法律标准。相反，专家组依靠的是上诉机构的反映适当法律标准的推理。

此外，在审查了专家组报告正文中包含的有关促销活动证据的非机密摘要，以及专家组报告的 HSBI 附录中更详细的解释后，上诉机构认为没有证据能支持以下观点，即专家组采用了一种因果关系方法，借此拒绝考虑在提出任何非价格因素的情况下补贴是否会造成不利影响。相反，专家组的论证反映了在确定每个促销活动对价格敏感和不敏感的程度时，对价格因素和非价格因素的权衡和平衡。这对上诉机构意味着专家组实际上评估了非价格因素是否削弱了价格因素在解释波音公司成功获得销售中的作用，而非一旦发现非价格因素后拒绝评估任何促销活动。上诉机构进一步指出，在三项促销活动中——2011 年的达美航空、2013 年的冰岛航空和 2013 年的加拿大航空——美国提出了价格以外的其他特殊因素，在解释为什么波音公司获得了销售时，这些因素据称削弱了补贴的影响。但是，专家组在这些促销活动中发现，波音公司似乎面临着降低价格以确保销售的特别压力，而且没有非价格因素可以解释波音公司获得销售成功的原因。特别是，专家组针对冰岛航空 2013 年的销售活动确定的非价格因素（被认为是不会降低价格的因果要素），与针对其他促销活动确定的非价格因素相同，专家组认为在这类促销活动中，非价格因素减轻了价格的作用。这向上诉机构表明，专家组没有采纳这样的法律标准，即要求不得有其他非归因因素，并且要求补贴必须是造成不利影响的唯一原因。

因此，上诉机构认为，专家组对法律标准的理解正确地反映了价格和非价格因素之间的权衡和平衡，从而得出关于促销活动是否特别对价格敏感的结论，如此可以证明附加税收补贴是《补贴与反补贴措施协定》造成严重侵害的真正的实质性原因。因此，上诉机构认为，专家组在确定适用的因果标准时，对第 5 条和第 6.3 条以及基于此对该协定第 7.8 条的解释不存在错误。

3.1.8.2　美国关于专家组对附加税补贴额相对重要性评估的主张

美国请求上诉机构推翻专家组的裁决，该裁决认为有关单通道民用大飞机市场的有争议的附加税补贴的影响（即华盛顿州营业与开业许可的税率降低），是《补贴与反补贴措施协定》第 6.3 条（c）项所指的重大销售损失和《补贴与反补贴措施协定》第 6.3 条（a）项和（b）项所指的阻碍威胁。为了确定补贴是否真正和实质性地导致了空客公司在 2007 年至 2015 年之间错失了五次特定的、专家组已确认为对价格特别敏感的促销活动，美国对专家组评估附加税补贴额的相对重要性的两个方面提出了质疑。首先，美国声称，根据《补贴与反补贴措施协定》第 5 条和第 6.3 条的规定，专家组存在错误，或者说，在估计补贴对每架 737MAX 或 737NG 的影响约为 199 万美元时，专家组的行为与《争端解决谅解》第 11 条不符。美国注意到，专家组的估计是基于一个不恰当的假设，即波音公司能够将收到的与其所有民用大飞机销售有关的补贴的收益汇总起来，并将这些收益仅用于对价格特别敏感的促销活动。其次，美国辩称，即使专家组的估计是正确的，在做出以下结论时，即补贴是空客公司在 5 个对价格特别敏感的促销活动中损失的真正实质性原因，专家组根据《补贴与反补贴措施协定》第 5 条和第 6.3 条的规定仍然存在错误，且／或行为与《争端解决谅解》第 11 条不符，因为专家组尚未确定每架飞机的补贴额是否充足到能解释空客公司和波音公司净价的全部差异。

关于专家组对每架飞机估计的补贴额，上诉机构支持美国的观点，即专家组的估计假设了波音公司能够利用其所有民用大飞机销售产生的附加税补贴的收益，来降低仅在对价格敏感的促销活动中的民用大飞机的价格。但是，上诉机构不支持美国的以下观点，即这种假设必然与上诉机构在原审程序或专家组在执行监督程序中讨论的附加税补贴的性质相抵触。上诉机构解释说，尽管对单独销售给予补贴的事实表明所受补贴方能降低每笔单独销售的价格且该笔销售仍能获得同样的边际利润，这并不意味着受补贴方在每种该特定情况下都会这样做。相反，就本案而言，上诉机构认为，专家组涉及有关补贴期限、民用大飞机市场竞争的双寡头情况、价格和非价格因素在不同促销活动中的不同意义，以及单独销售活动情况的裁决，都支持了专家组的主张，即波音公司会受到极大的诱惑，将民用大飞机多次销售产生的附加税补贴的收益用于价格敏感的促销活动。

此外，上诉机构强调，《补贴与反补贴措施协定》第 5 条（c）项和第 6.3 条未要求专家组量化补贴确切的每单位影响，以便在补贴与申诉的不利影响之间找到真正实质性因果关系。因此，上诉机构不同意专家组对每架飞机的补贴额的估计违反了《补贴与反补贴措施协定》第 5 条和第 6.3 条。相反，上诉机构认为，专家组对每架飞机补贴额的评估提供了一个有用的估计，即波音在使用相关税收补贴的情况下，能够在多大程度上降低其价格，以建立必要的因果关系。上诉机构驳回美国根据《争端解决谅解》第 11 条提出的其他主张，指出比起专家组对《争端解决谅解》第 11 条所指事实的评估的客观性，专家组按照《补贴与反补贴措施协定》第 5 条和第 6.3 条对每架飞机的补贴额的评估适用的法律标准比专家组按《争端解决谅解》第11条项下对事实评估的客观性要求更适当。

关于是否要求专家组确定每架飞机的补贴额，解释空客公司和波音公司净价的全部差异，以得出销售损失的裁决，上诉机构回顾称，评估补贴与诉称的严重侵害之间是否存在必要因果关系的一种方法是借助虚拟事实分析。上诉机构解释说，如果申诉方试图通过补贴对受补贴公司价格的影响来证明销售损失，那么适当的虚拟事实检验可能需要比较在相关特定销售中使用补贴所带来的降价程度和可能改变该销售结果的价格差异程度。但是，上诉机构不支持这一主张，即在进行这种比较时，必须由专家组来确定前者的数额超过后者的数额。这是因为，例如，当价格实际上是客户决定购买受补贴公司的产品而非竞争公司产品的唯一决定因素时，要求以补贴解释受补贴公司的全部定价优势可能等同于过分严格的要求，即补贴是受补贴公司赢得销售的唯一原因。

此外，特别是在民用大飞机市场，竞争飞机在座位数和飞行距离等方面都存在差异，上诉机构特别指出，净价差异不能成为判断补贴是否是对特定的促销活动产生真正实质性结果的唯一指标。在这种情况下，上诉机构指出，专家组有关销售损失的裁决不仅基于与净价差有关的证据，而且还基于与空客公司或波音公司的要约的净现值的差额有关的证据，这类要约可以改变竞争激烈的促销活动结果。基于此，上诉机构不支持美国的主张，该主张认为专家组的错误裁决是因为其结论并非基于以下发现：每架飞机的补贴额超过了空客公司和波音公司在五次促销活动中提供的净价差额。上诉机构还审理了美国就专家组对五次促销活动的逐一分析提出的更具体的观点，并驳回了美国的这些观点。

因此，上诉机构裁定，美国未能证明，专家组根据《补贴与反补贴措施协定》第5条和第6.3条的裁定存在错误，或与《争端解决谅解》第11条的规定不符。专家组认为补贴是造成空客在五次销售活动中产生销售损失的真正和实质性原因，并因此导致了后执行期《补贴与反补贴措施协定》第6.3条（c）项所指的重大销售损失，以及《补贴与反补贴措施协定》第6.3条（a）项和（b）项所指的阻碍威胁。因此，上诉机构维持了专家组的裁决，即欧盟已证明，在后执行期，附加税补贴在单通道民用大飞机市场——涉及2014年迪拜航空、2013年冰岛航空和2013年加拿大航空的促销活动——造成了《补贴与反补贴措施协定》第5条（c）项和第6.3条（c）项所指的重大销售损失，以及对空客公司单通道民用大飞机进口到美国以及出口到阿联酋造成《补贴与反补贴措施协定》第 5 条（c）项和第 6.3 条（a）项及（b）项所指的阻碍威胁。

3.1.8.3 欧盟关于专家组对不附加条件补贴（Untied Subsidies）的分析有关的主张

欧盟要求上诉机构推翻专家组的裁决，该裁决认为欧盟未能通过价格因果机制确定"不附加条件补贴"（包括各种州和地方现金流量补贴以及 2006 年后的航空研发补贴）在后执行期确实是造成不利影响的真正实质性原因。在欧盟看来，专家组错误地解释和适用《补贴与反补贴措施协定》第 5 条和第 6.3 条，并要求为了证明不附带条件补贴会造成不利影响，欧盟必须将美元从不附带条件补贴追溯到大型民用飞机销售的实际降价。欧盟进一步诉称，专家组未能根据《争端解决谅解》第 11 条对该事项进行客观评估，因为它偏离了上诉机构在原审程序中的裁决。

上诉机构指出，与已附加条件税收补贴不同，不附加条件补贴不是以每单位大型民用飞机的生产或销售为条件，而是增加了波音公司的营业外现金流量。因此，问题在于，在什么情况下可以通过价格因果机制发现以额外现金形式向波音公司提供补贴的不利影响。上诉机构指出，在原诉讼中，它认为因果关系的法律标准可以基于其对竞争条件、补贴幅度和是否与相关的大型民用飞机生产有真正的联系等若干因素的评估而建立。但是，专家组不接受这种方法足以确定补贴是造成不良影响的真正原因。相反的是，按照其采用的标准，专家组还需要对补贴向波音公司提供额外现金的方式进行解释或提供证据，这将改变其针对特定大型民用飞机计划的定价策略。因此，专家组似乎采用了一项法律标准，该标准要求维持这种因果关系，就必须证明所涉及的补贴实际上改变了波音公司针对特定大型民用飞机计划的定价行为。

上诉机构不认为其在原始程序中采用的法律标准支持专家组的观点，该观点认为为了确定不附加条件补贴通过价格因果机制造成不利影响，必须认定补贴实际上是更改了波音针对特定大型民用飞机计划的大型民用飞机定价行为。对于上诉机构而言，这相当于要求不附加条件补贴是降低大型民用飞机价格的唯一原因或唯一的实质原因，这是一种过高的因果标准。相反，上诉机构指出，在原始诉讼中，发现某些不附加条件补贴造成了巨大的销售损失，因为它们"增强了波音因附加条件税收补贴而享有的定价灵活性"。

此外，上诉机构指出，因为专家组拒绝了欧盟对上诉机构在不附加条件补贴与波音公司定价行为之间表现出真正联系做法的依赖，所以它没有审查出欧盟在不附加条件补贴与某些相关大型民用飞机计划之间建立的所谓联系是否存在。因此，尽管专家组承认"降低生产者固定成本的补贴可能会影响价格"，但专家组从未审查欧盟的观点和证据，以评估这些声称的联系是否符合上诉机构在审查威奇托市 IRB 减税时制定的标准。专家组指出，不应将"上诉机构在特定情况下所说的话"解释为提出一种经济理论或法律裁决，即"不附带条件补贴，通过其对接受者定价行为的影响，应被认为是造成严重侵害的真正原因"。在这种情况下，专家组没有考虑这些执行监督程序中的情况如何导致与原审程序不同的结果。

因此，上诉机构认为，专家组根据《补贴与反补贴措施协定》第 5 条和第 6.3 条的规定，要求欧盟证明不附加条件补贴实际上导致了波音大飞机销售价格的下降，从而确定补贴通过降低波音大飞机价格造成了不利影响是错误的。因此，上诉机构推翻了专家组的裁决，该裁决认为欧盟未能通过价格因果机制证实在后执行期，《补贴与反补贴措施协定》第 5 条（c）项和第 6.3 条所指的不附加条件补贴会造成严重损害。推翻了这一裁决之后，上诉机构没有分析解决专家组的行为是否符合《争端解决谅解》第 11 条的规定。

关于欧盟要求完成对不附加条件补贴的法律分析的请求，上诉机构回顾称，在原审程序中，它采用"累计"方法来完成对不附加条件补贴的影响的法律分析。上诉机构还指出，在执行监督程序中，欧盟要求上诉机构裁决：不附加条件补贴通过价格因果关系促成不利影响，就像在原审程序中发现不附加条件补贴促成不利影响一样。在此基础上，上诉机构转而考虑专家组是否有足够的事实裁决和记录中的无可争议的事实，以认定不附加条件补贴的影响"补充"了附加税补贴的影响，而附加税补贴已被认定是造成单通道民用大型飞机市场不利影响的真正且实质性原因，从而在单通道大型民用飞机市场中造成《补贴与反补贴措施协定》第 5 条和第 6.3 条所指的不利影响。

上诉机构指出，在这种情况下，有关不附加条件补贴的因果法律标准要求对竞争条件、补贴的规模以及补贴与相关大型民用飞机生产之间是否存在足够的联系进行评估。上诉机构回顾称，在原审程序中，它发现威奇托市工业收益债券减税与波音生产 737NG 之间存在必要的联系，因为这些工业收益债券专门针对并用于增强波音在威奇托市的制造设施，这些设施参与了 737NG 的生产和组装操作。这与其他相关考虑因素一起，支持了上诉机构的结论，即威奇托市工业收益债券提高了波音因附加税补贴而享有的定价灵活性，从而在《补贴与反补贴措施协定》第 5 条和第 6.3 条的含义内造成了不利影响。上诉机构还回顾称，关于原审诉讼中其他有争议的补贴，它无法完成法律分析，是因为原专家组记录表明这些补贴不是针对737NG 以外的专向产品或受益飞机，而是与波音公司的一般成本有关，或者因为没有专家组调查结果或无可争议的事实表明已经收到或将要收到与737NG 相关支出的补贴。

为了确定它是否可以在执行监督程序中完成法律分析，上诉机构审议了专家组是否有足够的调查结果或无可争议的事实，从而确定了欧盟声称影响波音单通道大型民用飞机价格的 4 项无附加条件补贴之间的必要联系。上诉机构在审查了专家组关于这些补贴的设计、操作和适用的记录之后，得出结论，认为专家组没有任何具体的裁决或无可争议的事实表明这些补贴中的任何一项都是与相关大型民用飞机的生产有关的，或者，将增强波音对这些大型民用飞机的定价灵活性。因此，上诉机构发现其无法完成法律分析。

3.1.9　其他上诉主张

上诉机构还指出，它没有分析处理欧盟和美国的一些其他的主张，因为它认为没有必要这样做。

首先，欧盟主张，专家组在认为"只有当讨论中的两种产品在同一市场竞争时，受补贴产品才能对另一种产品造成严重损害"时，错误地理解了《补贴与反补贴措施协定》第 5 条、第 6.3 条和第 7.8 条，因为它与大幅价格抑制、价格下跌和销售损失等损害现象有关。欧盟坚持认为，上诉机构应解释第 6.3 条（c）项，以便在受补贴产品和类似产品不在同一市场竞争的情况下，以大幅价格抑制、价格下跌或销售损失的形式发现不利影响。欧盟表示，在要求撤销该专家组的裁决时，它试图使上诉机构在完成法律分析时，能够在 787-8/9 和 A350XWB-900 竞标的情况下审查到重大销售损失。即使专家组把这些竞争产品放在两个单独的产品市场中，也是如此。上诉机构注意到专家组的裁决，即这些市场之间没有明显的区别，并且根据情况，某些比较大的中型飞机可能会对比较小的大型飞机施加重要的竞争限制。无论如何，鉴于其他上诉主张的处理，以及未被要求考虑欧盟关于完成双通道民用大飞机市场法律分析的请求的事实，上诉机构未考虑 787-8/9 与 A350XWB-900 民用大飞机之间的任何潜在竞争关系，因此没有分析解决欧盟主张的所有错误裁决。

其次，欧盟还主张，专家组认为合计和累计补贴是集体评估多重补贴不利影响的仅有两种方法时，错误地解释了《补贴与反补贴措施协定》第5条、第6.3条和第7.8条。欧盟补充说，它寻求推翻专家组的解释，因为在欧盟看来，这对于上诉机构完成法律分析至关重要。上诉机构回顾称，它先前曾发现"至少可以采用两种方法对多重补贴措施的影响进行集中评估，即合计和累计。"上诉机构表明，正如该措词所暗示的那样，它并未排除存在其他方法来集中评估多重补贴的影响。

但是，上诉机构指出，它无法得出结论认为不附加条件补贴是造成不利影响的真正原因，而根据欧盟提议的对多重补贴的集中评估方法，这一要求本是必要的。因此，鉴于其对其他上诉主张的处理，上诉机构未被要求考虑采用任何其他此类方法来对补贴进行集中评估，因此没有分析解决欧盟主张的所有错误裁决。

最后，上诉机构注意到，美国还提出其他主张，即有关专家组对某些美国政府合同的利益和专向性分析、专家组对某些南卡罗来纳州措施的利益分析以及有关对 A330 的重大价格抑制的裁决。上诉机构解释说，鉴于其对其他上诉主张已经处理，尚未触发审查上述每项主张的条件。

3.2 上诉机构报告：《韩国—放射性核素的进口禁令及测试和认证要求案》（ WT/ DS495/AB/R ）

该争端涉及韩国针对 2011 年 3 月日本福岛第一核电站事故采取的以下四项措施：（1）2011 年对日本非渔业产品（牲畜除外）实行的附加测试要求；（2）2012 年对来自日本 1 个县的阿拉斯加狭鳕鱼（Alaska pollock）和 5 个县的太平洋鳕鱼（Pacific cod）实行的特定产品进口禁令；（3）2013 年对日本的渔业和畜牧产品实行的附加测试要求；（4）2013 年对来自日本 8 个县的 28 类渔业产品实行的"全面进口禁令"。

在专家组审理中，日本主张所有被韩国质疑的措施均不符合《实施卫生与植物卫生措施协定》（简称《SPS 协定》）的第 2.3 条、第 5.6 条和第 7 条以及附件 B（1）和 B（3）的规定。日本还主张，2011 年和 2013 年的附加测试要求不符合《SPS 协定》第 8 条以及附件 C（1）(a)、(c)、(e) 和 (g) 的规定。韩国要求专家组驳回日本的所有主张。

专家组注意到韩国提到了其根据《SPS 协定》第 5.7 条所采取措施的临时性质，因此专家组开始对这一规定进行分析。专家组裁定，争议措施不符合第 5.7 条的所有要求，因此不属于第 5.7 条的范围。

关于韩国的措施是否比《SPS 协定》第 5.6 条的规定存在更多贸易限制，专家组审查了日本建议的替代措施，即仅检测铯（caesium）含量，并拒绝接受铯含量超过每公斤 100 贝克勒尔（Bq/kg）[①] 的任何食品。专家组认为，该替代措施在技术和经济上皆可行，贸易限制相比韩国的措施要宽松得多，并且能够达到韩国的适当保护水平。专家组随后审查认为，2011 年实施的附加测试要求和针对具体产品的进口禁令，其对贸易限制并没有超过必要限度，但在专家组成立时却超过了必要限度，因而不符合第 5.6 条。专家组还审查认为，韩国在 2013 年通过了附加测试要求和全面进口禁令（除禁止从福岛和茨城进口太平洋鳕鱼），其对贸易的限制超过了适当保护水平，因此不符合第 5.6 条。

关于在《SPS 协定》第 2.3 条第 1 句中规定的条件相同或类似的情况下，韩国的措施是否任意或不合理地歧视成员，专家组首先评估了日本是否和其他成员存在类似的情况。专家组审查认为，根据第 2.3 条，应进行比较的相关条件是：对于某些放射性核素，"日本和世界其他地区的产品是否具有类似的受污染可能性……以及污染程度是否低于韩国规定的允许辐射级"。根据专家组委托获得的专家意见和来自日本及其他来源的食品受污染水平的数据，专家组审查认为，日本和其他成员在关于 2013 年实行的某些措施以及维持所有争议措施方面，存在类似情况。专家组进一步审查认为，韩国措施中的歧视性待遇与韩国保护其国民免受食用受污染食品而产生风险这一监管目标没有合理联系。因此，专家组审查认为，韩国在 2013 年实行的某些措施和维持所有争议措施中，存在情形相似的任意或不合理的歧视。最后，关于韩国的措施是否在第 2.3 条第 2 句下构成对国际贸易的变相限制，根据专家组对任意或不合理的歧视的认定，专家组审查认为，韩国的措施"同样构成对国际贸易的变相限制"。

关于《SPS 协定》第 8 条和附件 C 下规定的有关控制、检查和批准程序的义务，专家组审查认为，日本未能证明韩国通过和维持 2011 年和 2013 年附加测试要求的行为不符合附件 C（1）(a)、(c)、(e) 和 (g) 以及第 8 条。特别是关于附件 C（1）(a)，专家组审查认为，日本未能根据这一规定，证

[①] 贝克勒尔（法语：Becquerel，符号为：Bq），简称贝克，是放射性活度的国际单位制导出单位，用于衡量放射性物质或放射源的计量单位，表现了放射源在某一时刻的放射性活度。——译者注

明日本进口产品和韩国国内产品可以被推定为"类似"。

关于《SPS 协定》第 7 条和附件 B 规定的透明度义务，专家组首先审查认为，附件 B（1）要求 SPS 法规公布包含足够多的内容，以便利害关系成员了解"适用于其货物的条件（包括具体原则和方法）"。专家组随后审查认为，由于韩国公布这些措施的方式并没有使日本能够了解它们，因此韩国的行为不符合附件 B（1）的规定。关于附件 B（3），专家组审查认为，由于韩国的卫生与植物检疫措施咨询点对日本的第 1 项请求作出了不完整的答复，且没有对日本的第 2 项请求作出答复，因此韩国的行为不符合这一规定。

3.2.1　《SPS 协定》第 5.6 条："以更严格的贸易限制来实现"韩国的适当保护水平

韩国对专家组裁定韩国在以下方面违反了《SPS 协定》第 5.6 条的规定提出了上诉：（1）实行全面进口禁令（除对福岛和茨城的太平洋鳕鱼的禁止）和 2013 年附加测试的要求；以及（2）维持韩国的所有措施。韩国对专家组的裁决提出异议，该裁决与日本提出的为实现韩国适当保护水平的替代措施有关，韩国辩称专家组实际上适用了不正确的适当保护水平。韩国辩称，特别是在最初接受韩国的适当保护水平之后，专家组随后未考虑其适当保护水平的其他要素，包括将食品中的放射性污染维持在合理可达到尽可能低的剂量原则（as low as reasonably achievable，ALARA），并适用了 1 毫西韦特[①]/年的定量标准作为韩国的适当保护水平，即低于 1 毫西韦特/年辐射剂量限值，该限值为处于正常环境中的水平。日本答复认为，专家组正确地确定并适用了韩国的适当保护水平。

根据第 5.6 条，申诉方必须证明替代措施：（1）在考虑到技术和经济可行性后是合理可行的；（2）达到成员的适当保护水平；以及（3）对贸易的限制明显低于有争议的 SPS 措施。《SPS 协定》中的附件 A（5）将"卫生或植物检疫保护的适当水平"定义为"为保护成员领土内的人类、动物或植物的生命或健康而建立的保护水平，且应由制定卫生或植物检疫保护的成员制定适当的保护水平"。

韩国在上诉中提出的主要问题是，专家组在评估日本提出的替代措施时是否适用了不正确的适当保护水平。上诉机构注意到，在为分析而设定

---

① 　西韦特（Sv），剂量当量的标准国际单位。——编者注

相关的适当保护水平时,专家组指出必须确定日本提及的替代措施是否达到以下保护水平:

为了使韩国消费者食用品中的放射性水平维持在正常环境中——在没有重大核事故辐射的情况下的水平——即低于 1 毫西韦特 / 年的辐射剂量限值,从而保持食品中的放射性污染符合"尽可能的低剂量原则"。

上诉机构注意到,由韩国阐述并得到专家组接受的关于适当保护水平的表述,包括涉及韩国消费者所消费食品中放射性水平的定性和定量方面,即:(1)正常环境中存在的水平;(2)合理可达到尽可能低的剂量原则;(3)定量的暴露剂量为 1 毫西韦特 / 年。上诉机构重新考虑了专家组的分析,并指出,尽管专家组承认了韩国的适当保护水平包括的几个要素,但在专家组分析的整个过程中,各种陈述反映出其主要侧重于低于 1 毫西韦特 / 年的暴露剂量,这是日本质疑的替代措施是否符合韩国适当保护水平的一个决定性指标。

虽然《SPS 协定》第 5.6 条和附件 A(5)均不排除成员的适当保护水平包含多个要素,但上诉机构认为,专家组没有明确解决是否所涉的每一个要素代表了韩国适当保护水平的不同组成部分,以及这些要素如何作为韩国整体适当保护水平的一部分来相互影响。此外,专家组没有解决韩国适当保护水平的质的方面是否完全由 1 毫西韦特 / 年的剂量限制构成,致使达到低于该定量门槛剂量的替代措施必然可以达到以"合理可达到尽可能低的剂量原则"为代表的质的方面的保护水平,并维持食品中的放射性处于"正常环境"的水平。上诉机构还认为,专家组关于"低于"或"显著低于" 1 毫西韦特 / 年的暴露剂量的裁定与相关适当保护水平的其他要素没有明确对应。此外,上诉机构不认为专家组所接受的多方面适当保护水平的实现情况是自动从专家组关于拟议替代措施的"保守"意见中产生的。

上诉机构回顾称,专家组必须根据记录中的全部论点和证据来确定被诉方的适当保护水平,其中可能包括实际适用的卫生与植物检疫措施所反映的保护水平的证据。如果专家组认为被申诉方的适当保护水平与被申诉方陈述的适当保护水平不符,则专家组必须清楚地解释其已确定被申诉方的适当保护水平是什么,以及其决定的理由和证据基础。尽管专家组的某些陈述可能会遭受质疑,即"合理可达到尽可能低的剂量原则"或正常环境中存在的放射性水平是否可以作为适当保护水平的有实际意义的一部分,然而专家组却没有解决这个问题,也没有就此作出任何裁决。最终,专家组接受了韩国对相关适当保护水平的表述,并以此作为日本的替代措施需要达到的保护水平。

上诉机构的结论是，虽然专家组接受韩国提出的多层面的适当保护水平（multi faceted ALOP），但其分析侧重于 1 毫西韦特 / 年这一定量要素。专家组就日本的替代措施得出结论，但尚不清楚它是否考虑了替代措施能否满足其确定的韩国适当保护水平的所有要素。专家组的裁决有效地使处于"正常环境"中的"合理可达到尽可能低的剂量原则"和放射性水平这两个元素从属于低于 1 毫西韦特 / 年的剂量暴露的定量要求。

上诉机构因而裁定，专家组错误地适用了《SPS 协定》第 5.6 条来裁定日本提出的替代措施达到了韩国的适当保护水平。因此，上诉机构推翻了专家组关于该争议的裁决。

3.2.2　《SPS 协定》第 2.3 条："在情形相同或相似的成员之间"任意或不合理的歧视

专家组裁定韩国在以下方面的行为不符合《SPS 协定》第 2.3 条的规定：（1）实行全面进口禁令（除对福岛和茨城的太平洋鳕鱼的禁令）和 2013 年附加检测要求；以及（2）维持韩国的所有措施，韩国对此裁决提出上诉。韩国对专家组关于第 2.3 条第 1 句的解释和适用提出质疑，该条涉及日本领土与其他成员之间是否存在"类似情形"，以及韩国的措施是否造成任意或不合理的歧视。特别是专家组根据第 2.3 条，对必须加以比较的条件的范围做出了解释。韩国对此提出质疑，辩称专家组采用了的标准，仅将产品中存在的风险视为相关条件。同时韩国强调了日本环境和生态条件的相关性、福岛核电站的现状，以及与放射性核素扩散和污染有关的因素，并辩称专家组不适当地侧重于商品的受污染程度，而忽略了其他相关条件。日本认为，专家组正确地裁定了日本食品和其他来源的产品之间普遍存在的类似情况，并辩称专家组考虑了所有相关因素，且对这些因素作了适当的说明。

根据第 2.3 条第 1 句，申诉方有责任证明一项措施在情形相同或相似的成员之间，包括在成员自己领土和其他成员的领土之间构成任意或不合理的歧视。因此，第 2.3 条规定了一个基本事项，要求证明各成员之间存在"情形相同或相似的条件"。上诉机构称，根据第 2.3 条第 1 句，查明有关条件并评估这些情形是否相同或类似，通常将为分析提供一个良好的起点。在这方面，与所讨论的 SPS 措施追求的特定目标和处理的与风险相关的"情形"关系到第 2.3 条对成员之间是否存在情形相同或相似的分析。

关于专家组根据第2.3条对有关"情形"的解释,上诉机构认为,专家组正确地认识到,一项措施的规制目标应为确定第2.3条下的有关情形提供依据。上诉机构同意专家组的结论,即第2.3条中所指的情形可解释为"不仅包括在出口或进口成员的领土内,也包括在产品中被发现的情形"。然而,由于专家组得出第2.3条允许将"国际贸易中产品存在的风险作为相关情形"加以考虑这一结论,这不会给予第2.3条下的所有其他相关情形适当的权重,因此上诉机构不同意该结论。虽然第2.3条下的分析可能包括对来自不同成员产品中存在的情形的考虑,但对第2.3条的适当解释应在一定程度上考虑其他相关的、有可能影响所涉产品的情形,如领土情形(包括生态和环境情形)。因此,针对第2.3条的分析需要考虑不同成员的所有相关情形,包括可能尚未在产品中体现出来,但根据监管目标和所涉特定卫生与植物检疫措施风险,与之相关的领土情形。

因此上诉机构裁定,当专家组得出第2.3条允许将"国际贸易中产品存在的风险作为有关情形"加以考虑的结论时,专家组对该条的解释存在错误。因为上诉机构认为,专家组得出了在第2.3条下的相关"情形"的范围可能仅限于"产品中存在的风险"的结论。

关于专家组对第2.3条的适用,上诉机构指出,专家组为第2.3条确定的"有关情形"涉及"来自日本和世界其他地区的商品是否会有类似的受到某些放射性核素的污染可能性",以及"受污染程度是否会低于韩国的允许辐射级"。

上诉机构审议了专家组对"放射性污染源"的评估,包括"人造放射性核素的主要释放"和福岛核电站事故前全球环境的污染。上诉机构注意到,专家组在关于过去释放的放射性核素的裁决中,一般都提到了受污染的可能性,但没有说明任何受污染程度,也没有对不同领土的相对受污染可能性加以区分。上诉机构认为,专家组关于"受放射性核素污染的可能性"的结论,没有考虑任何具体来源或相对程度,这似乎与专家组关于全球污染源的一些附加观测相抵触。上诉机构援引了专家组的各种陈述,陈述指出了特定的释放事件可能会增加具体地理位置或领土内食品受污染的可能性。

对上诉机构来说,虽然专家组论证的各个方面似乎表明放射性核素在全球范围内不同地区的扩散并不均匀,但在专家组关于环境污染的结论中没有根据领土加以区分,因为它涉及食品污染的相对可能性。上诉机构还认为,专家组关于环境污染的裁定,以及它对福岛核电站周围领土条件相对于其他领土的一般性评估，没有反映出专家组认定的影响不同地区受放射性核素污染的因素。

随后，上诉机构审议了专家组根据日本提供的数据对"食品中放射性核素水平"的评估，以及专家组对日本产品与其他来源产品受到污染的可能性的比较。上诉机构指出，专家组对日本食品的评估侧重于不同时间段内不同产品的实际受污染水平，而非潜在污染水平，并且侧重于韩国对相关放射性核素的"允许辐射级"。

关于专家组对日本和其他来源的食品受污染可能性的比较，上诉机构认为，专家组的分析反映了专家组对全球放射性核素污染的概括性描述与它对具体事件和地点相关条件的观察之间的矛盾。上诉机构认为，在专家组就日本产品和非日本产品是否存在"情形相似"的比较结论中，这一明显差距在专家组的论证中并未解决，这反映了专家组只关注食品中是否存在污染，而没有考虑到其影响污染可能性的地域条件差异。

上诉机构回顾称，专家组确定了要比较的相关"情形"是受到相关放射性核素的"污染可能性"，以及"污染程度是否低于韩国的允许辐射级"。专家组没有明确表示，基于低于某一允许辐射级的污染水平的相似性，必然相当于一般受污染的类似"潜在"性。相反，专家组将这些作为相关"情形"的综合要素提出，鉴于第2.3条，这些要素需要被证明是相似的。虽然"受到污染的可能性"似乎涉及程度问题，但考虑到韩国的规制目标，上诉机构认为，专家组在第2.3条下对"情形"进行的比较，是基于食品样品中放射性核素的实际浓度水平与每种放射性核素对应的定量耐受水平进行的有效比较。

因此，上诉机构同意韩国在上诉中的主张，即专家组在适用第2.3条时存在错误，其只注重产品试验数据，而没有根据第2.3条的意思适当说明日本和世界其他地区的情形是否相似。

所以，上诉机构裁定，专家组在解释和适用第2.3条时错误地裁定日本与其他成员之间存在类似的情形。因此，上诉机构推翻了专家组对此争议的裁决。鉴于专家组关于存在第2.3条意义范围内的"情形相似"的裁决被推翻，上诉机构认为，没有必要再审理韩国提出的关于对任意或不合理歧视存在错误裁定的主张，以及韩国的措施是否构成对国际贸易的变相限制。

3.2.3 《SPS 协定》第 5.7 条：临时措施

在上诉中，韩国对专家组裁定韩国的措施不符合《SPS 协定》第 5.7 条的要求提出质疑。首先，韩国主张，专家组无权根据第5.7条作出裁决，同时还错误地适用了《争端解决谅解》第6.2条、第7条和第11条。其次，韩国主张，专家组在裁定韩国的措施不符合第5.7条这一规定的要求中，对第5.7条的解释和适用存在若干错误。韩国主张，特别是专家组将第5.7条规定的举证责任分配给韩国，存在错误。韩国还主张，专家组在以下方面的裁决存在错误：（1）有关特定产品的进口禁令、全面进口禁令和2013年附加测试要求的相关科学证据"并不充分"；（2）全面进口禁令和2013年附加测试要求并不是基于现有的相关信息而实施的；（3）韩国没有在合理时间内审查其措施。

上诉机构回顾称，《争端解决谅解》第7条和第11条分别涉及专家组的职权范围和职能。上诉机构还回顾称，设立专家组的请求书中确定的措施和主张构成"提交争端解决机构的事项"，这是根据《争端解决谅解》第7.1条规定的专家组职权范围的基础。根据该条款，除非双方另有约定，否则专家组应具有以下职权范围："按照（争端各方引用的适用协定名称）的有关规定，审查（争端方名称）在……文件中提交争端解决机构的事项，并提出调查结果以协助争端解决机构提出建议或作出该协定规定的裁决。"上诉机构还提及《争端解决谅解》第7.2条，根据该条规定，专家组应解决争议各方引用的任何一项或多项涵盖协定中的相关规定。关于《争端解决谅解》第11条，上诉机构指出，这一规定还涉及了专家组审议的"事项"。

上诉机构认为，如《争端解决谅解》第7.1条和第11条所述，专家组的任务是根据当事方引用的涵盖协定的相关规定，来审议相关"事项"，并作出可协助争端解决机构提出建议或作出涵盖协定所规定的裁决。上诉机构指出，各当事方可参照WTO的一项规定作为相关上下文，以解释专家组审议的"事项"中确定的其他WTO条款。上诉机构认为，在这些情况下，虽然《争端解决谅解》第7.2条要求"专家组应处理争端各方引用的任何涵盖协定的有关规定"，但专家组无需就争议措施是否与仅作为解释背景而引用的条款一致作出裁决。

在该争端中，日本在设立专家组的请求书中没有根据《SPS协定》第5.7条提出关于不符性的主张。相反，正是韩国在专家组阶段的反驳观点，促使了专家组根据第5.7条来审查韩国采取的措施。因此，上诉机构认为摆在其面前的问题是，鉴于韩国提及第5.7条，专家组就韩国的措施与第5.7条每一项要求的一致性作出的裁决是否是正确的。

专家组的记录显示，韩国未在专家组阶段主张其采取的措施具有正当性或将被免除《SPS 协定》第 2.3 条、第 5.6 条、第 7 条和第 8 条以及附件 B 和附件 C 所载的义务，因为根据《SPS 协定》第 5.7 条，这些措施具有临时性。韩国也没有主张，根据第 2.3 条和第 5.6 条，临时措施和确定性措施有两套义务。相反，上诉机构认为，在专家组阶段，韩国的主要观点是，一种特定情况，即：所谓缺乏科学证据来评估有关消费某些来自日本的食品的风险，与日本根据第 2.3 条和第 5.6 条评估提出的主张相关。鉴于韩国仅将第 5.7 条作为上下文依据，上诉机构认为，在审查韩国的措施是否与第 2.3 条和第 5.6 条一致时，专家组被请求审查这是否与有关科学证据被诉称的不足相关。此外，上诉机构认为，专家组被请求审查第 5.7 条是否为解释本争端中《SPS 协定》所涉的某些条款提供了相关上下文。对上诉机构来说，韩国依据第 5.7 条作为其他主张的上下文，使专家组无权就韩国的措施是否与第 5.7 条一致作出裁决。

鉴于韩国在专家组阶段提到第 5.7 条，上诉机构得出结论认为，专家组就韩国的措施是否与第 5.7 条一致做出的裁定已经超出了其授权范围，从而不符合《争端解决谅解》第 7.1 条和第 11 条的规定。为此，上诉机构认为，专家组根据《SPS 协定》第 5.7 条得出的裁决是无实际意义的，并且不具有法律效力。专家组根据《SPS 协定》第 5.7 条作出的裁决被认为无效后，上诉机构认为没有必要对韩国诉称专家组以上裁决存在错误这一主张做进一步审查。

3.2.4　专家组对证据的处理

韩国和日本在上诉中均主张，专家组在评估韩国的措施是否与《SPS 协定》第 2.3 条和第 5.6 条一致时，对证据的处理有误。韩国主张，专家组考虑了在韩国主管机关采取措施时没有得到的证据或者在专家组成立时不存在的证据，因此违反了《争端解决谅解》第 11 条。日本主张争议措施与第 2.3 条和第 5.6 条的要求不符，专家组在评估其主张时，未考虑专家组建立后与情况有关的证据，因此在其另一项上诉中，日本主张，专家组错误地解释和适用了《争端解决谅解》第 3.3—3.4 条、第 3.7 条和第 11 条以及《SPS 协定》第 2.3 条和第 5.6 条的规定。

上诉机构注意到，韩国和日本在上诉中对错误裁决的诉请，与专家组对这一争端事实适用《SPS 协定》第 2.3 条和第 5.6 条规定相关。上诉机构回顾称，其已推翻了专家组在第 2.3 条和第 5.6 条下得出的不符性的裁决。鉴于当事方对错误裁决的诉请是关于上诉机构已经推翻了的专家组裁决，上诉机构认为没有必要进一步审查这些关于错误裁决的诉请。

3.2.5　专家组对专家的遴选

韩国对专家组作出的任命两名专家的决定提出上诉。韩国主张，根据《争端解决谅解》第 11 条，专家组在未考虑韩国的正当程序权利的情况下任命这两名专家是错误的。韩国辩称，专家组本应发现有客观依据得出结论认为这些专家的独立性或公正性可能会受到影响，或者对他们的独立性或公正性存在合理怀疑。

上诉机构注意到，韩国对错误裁定的诉请涉及专家组对《SPS 协定》第 2.3 条、第 5.6 条和第 5.7 条的适用。涉案的两位专家对专家组提出的大多数问题作出了答复，并且专家组在评估韩国措施是否与第 2.3 条、第 5.6 条和第 5.7 条一致时依靠这些答复。上诉机构回顾称，上诉机构推翻了专家组在第 2.3 条和第 5.6 条下做出的裁决，并认定专家组在第 5.7 条下得出的裁决没有实际意义，不具有法律效力。因此，上诉机构认为没有必要进一步审查韩国提及的针对这些专家存在错误裁定的诉请。

3.2.6　《SPS 协定》附件 B（1）：公布

韩国对专家组的以下裁定事项提出上诉，即《SPS 协定》附件 B（1）要求 SPS 法规的公布应包含足够的内容，以便利害关系成员了解"适用于其货物的情形（包括具体原则和方法）"。韩国主张，专家组在解释附件 B（1）时，规定了本条款未包括的额外义务，这是错误的。韩国还就专家组对这一争端所涉措施适用附件 B（1）的若干方面提出上诉。韩国主张，尤其是专家组错误地裁定：（1）宣布全面禁止进口的新闻通稿（press releases）没有包括该措施覆盖的全部产品范围；（2）宣布 2011 年和 2013 年附加测试要求的新闻通稿没有包括使日本能够了解将适用于其货物的条件的足够内容；（3）韩国没有指明，利害关系成员本可以知道去某些网站上寻找每项争议措施的信息。此外，韩国主张专家组在《争端解决谅解》第 11 条下错误地裁定无法知道在韩国宣布有关措施的当天韩国提供的网址是否可用，以及当天可获取哪些内容。日本主张应驳回韩国在上诉中的错误主张。

《SPS 协定》的附件 B（1）要求各成员确保能迅速公布所有已通过的 SPS 法规，使利害关系成员能够熟悉这些法规。上诉机构认为，为了使利害关系成员能够并有途径熟悉已通过的 SPS 法规，附件 B（1）出版物必须可供利害关系成员查阅，并包含足够的信息，包括已通过的 SPS 法规的商品范围和要求。为使利害关系成员了解已通过的 SPS 法规，附件 B（1）出版物中必须包含的信息的确切内容和数量将取决于所涉的具体 SPS 法规。

上诉机构同意专家组的意见，即专家组提到的"情形"是指已通过的 SPS 法规的要求。然而，上诉机构修改了专家组的裁决，该专家组裁决认为，在所有情况下，附件 B（1）要求其出版物包括适用于产品的"具体原则和方法"。相反，上诉机构裁定，附件 B（1）出版物是否需要包括"具体原则和方法"，只能根据每个案件的具体情况来确定，例如所涉的 SPS 法规的性质、涵盖的产品以及所涉及的 SPS 风险的性质。

关于发布全面进口禁令的问题，上诉机构同意专家组的意见，即宣布这项措施的新闻通稿没有包括禁令规定的全部产品范围。上诉机构回顾称，存在争议的新闻通稿主要涉及的是"所有渔业产品"。上诉机构注意到，韩国向 WTO 发出的全面进口禁令的通知中包括藻类，并且韩国在上诉中确认，其通知准确描述了全面进口禁令的产品范围。上诉机构同意专家组的意见，即全面进口禁令涵盖通常属于"渔业产品"以外类别的产品。因此，与专家组的观点类似，上诉机构认为，该新闻通稿没有以使日本了解这项禁令的方式来公布全面进口禁令。因而上诉机构裁定，专家组适用附件 B（1），对韩国未公布全面进口禁令的全部产品范围的行为不符合附件 B（1）和《SPS 协定》第 7 条规定的裁决不存在错误。

关于公布 2011 年和 2013 年的附加测试要求，上诉机构同意专家组的意见，即认为这些措施的新闻通稿中没有包括能引发附加测试的铯（和 2011 年新闻通稿中的碘）水平的信息；待测试的特定放射性核素；能导致产品被拒收的放射性核素的最高水平；以及 2013 年新闻通稿中有关额外放射性核素所需的测试程序和地点，因而不能使利害关系成员了解有关的 SPS 法规。因此，上诉机构认定专家组的下列法律适用没有错误，即依据附件 B（1）裁定，韩国没有公布足够的信息使日本能够了解 2011 年和 2013 年附加测试的要求，这不符合《SPS 协定》附件 B（1）和第 7 条的规定。

关于 SPS 争议措施的可获得性，上诉机构回顾称，已通过的 SPS 法规的发布必须可供有利害关系成员查阅。如果发布已实施的 SPS 法规的方式阻止了利害关系成员查找和访问该法规，则此类发布不能称作是为了使利害关系成员能够熟悉 SPS 法规。上诉机构注意到了日本在专家组阶段的主张，即发布争议措施的新闻通稿一般不为人所知，并且日本了解这些措施的能力因登载新闻通稿的各政府主管机关网站地址而受到阻碍。上诉机构认为，鉴于日本提出的情况，应由韩国提供一些证据或进行解释，来表明利害关系成员本来可以在韩国指定的网站上查阅 SPS 争议措施的信息。这同时可以表明，这些网站是韩国发布某些产品的 SPS 法规的惯常平台。然而，韩国没有向专家组提供一个明确的解释来说明利害关系成员是否能够找到和查阅这些新闻通稿。因此，上诉机构裁定专家组的关于韩国没有表明利害关系成员可以在韩国指定的网站上查阅有关 SPS 措施的信息的裁定没有错误。

韩国还主张，根据《争端解决谅解》第 11 条，专家组错误地指出韩国没有提供网页存档版来记载涉案措施的新闻通稿。上诉机构注意到，专家组的记录载有证据，可以表明韩国提供的政府网站上新闻通稿的发表日期。专家组没有处理这一证据，而且在分析中也没有提及。对于上诉机构来说，由于未考虑这些证据，专家组不可能在《争端解决谅解》第 11 条下履行对该事项进行客观评估的义务。此外，上诉机构注意到，虽然专家组含蓄地进一步审查确认有关韩国的新闻通稿发表日期，但它从未向争端双方寻求有关资料。上诉机构认为，由当事方来猜测专家组需要什么样的证据，这对专家组来说是不够的。因此，在本案中，在日本没有对发布日期提出异议的情况下，专家组本不应让韩国预期自己将被要求提交网页存档版来证明新闻通稿在政府网站上的发布日期。相反，在专家组认为有必要掌握这类证据的情况下，它本应向争端双方寻求证据，然后作出适当的推断。基于这些原因，上诉机构审议认为，专家组裁定其在韩国宣布每项涉案《争端解决谅解》措施当天无法知道韩国提供的网址是否可用以及当天提供了哪些内容，这与《争端解决谅解》第 11 条不符。

上诉机构解释道，它认为专家组的行为不符合《争端解决谅解》第 11 条的裁决，只涉及专家组最终裁定韩国没有按照《SPS 协定》附件 B（1）公布具有争议的 SPS 措施的依据之一。因此，上诉机构指出，专家组关于与附件 B（1）不符的最终裁定没有受到影响。

3.2.7 《SPS 协定》附录 B（3）：咨询点

韩国在上诉中主张专家组在裁决中错误地解释和适用了《SPS 协定》附件 B（3），该专家组裁决指出，由于韩国的 SPS 咨询点对日本的第 1 项请求作出了不完整的答复，并且没有对日本的第 2 项信息请求作出答复，因而韩国的行为不符合 B（3）这一规定。日本辩称，韩国的主张应该被驳回。

上诉机构指出，附件 B（3）的介绍性条款规定，每一成员“应确保设立一个咨询点来负责答复利害关系成员提出的所有合理问题,并提供有关文件"。上诉机构认为,咨询点某次不作出答复本身不会自动导致其不符合附件 B(3)规定的义务。咨询点是否以及在多大程度上实际提供了答复和文件,与在附件 B(3)下的评估无关。相反,它是对附件 B(3)所指的"是否存在一个咨询点,来负责答复利害关系成员提出的所有合理问题以及提供有关文件"的评估。这项评估需要检查所有相关因素,包括咨询点收到的问题总数、问题的回答比例和程度、所寻求和收到的信息的性质和范围,以及咨询点是否一再未能答复。因此,上诉机构裁定,针对附件 B(3)的解释,专家组错误地裁定一个咨询点单次不作出答复将导致其不符合附件 B(3)。因此,上诉机构推翻了专家组的相关裁决。

关于专家组对附件 B(3)的适用,上诉机构注意到,专家组仅限于对韩国咨询点回应日本提出的两项请求进行了分析。对于上诉机构而言,这并不构成对所有相关因素的充分必要审查以确定韩国是否违反附件 B(3)的规定。特别是,专家组没有评估:(1)日本的第二次请求所要求的资料范围和性质;(2)在一段时间内,韩国咨询点总共收到了多少份请求以及问题得到答复的比例;以及(3)咨询点是否再次没有作出答复。因此,上诉机构裁定,专家组错误地适用附件 B(3)以评估韩国是否违反该条款。因此,上诉机构推翻了专家组对此争议的裁决。

3.2.8 《SPS 协定》第 8 条和附件 C(1)(a):同类推定

日本对专家组的裁决提出上诉,该裁决认为在《SPS 协定》附件 C(1)(a)项下,日本未能证明进口产品和国内产品就其主张的目的可以被推定为"同类"。在日本看来,专家组在表达同类推定的条件并裁定受 2011 年和 2013 年附加测试要求的日本进口产品和韩国产品不能被推定为"同类"时,错误地解释和适用了附件 C(1)(a)。

最初,上诉机构回顾称,附件 C(1)(a)要求各成员在关于检查和确保执行 SPS 措施的任何程序方面,保证"此类程序的实施和完成不受到不当迟延,且对进口产品实施的方式不严于国内同类产品"。上诉机构接着强调指出,日本的上诉侧重于附件 C(1)(a)第 2 款中的同类要求,特别是就日本根据该条款提出的不一致诉求而言,专家组不推定日本进口产品和韩国国内产品为"同类"。

上诉机构回顾称,根据 1994 年《关税与贸易总协定》和《服务贸易总协定》,以往一些专家组认为,当一项措施完全根据产品(或服务和服务提供者）的来源进行区分时，申诉方并不一定需要根据用作评估相似性的分析工具的传统标准来确定同类性。相反，这些专家组裁定，在这种情况下，可以被推定为同类。上诉机构还提到了其在阿根廷—金融服务案中的裁决报告，该报告印证了《服务贸易总协定》第2.1条和第17.1条中同类推定的做法。

上诉机构认识到，这是争端中专家组第一次在《SPS协定》背景下讨论同类推定问题。上诉机构进一步指出，在其分析中，专家组接受了这样一种观点，即原则上，如果一种程序完全根据原产地来区分产品，则为了附件C（1）（a）的目的，可以推定为同类。然而，上诉机构难以接受专家组可以在没有进一步分析的情况下根据《SPS协定》进行推定。正如上诉机构所强调的，SPS措施在《SPS协定》的附件A（1）中被定义为保护人类、动物和植物的生命或健康免受某种风险抑或防止或限制虫害造成损害的措施。上诉机构认为，根据附件A（1），产生了一个问题，即检查和确保执行SPS措施的程序是否能够完全根据产品的原产地来区分产品，也因此是否可以根据附件C（1）（a）的上下文进行同类推定。上诉机构指出，专家组没有审查这一问题。

然而上诉机构认为，没有必要就专家组的意见得出结论，即不必根据附件C（1）（a）进行同类推定。上诉机构同意专家组的意见，即2011年和2013年的附加测试要求并没有仅仅根据原产地来区分日本和韩国的产品。上诉机构认为，基于本案的特殊情况，专家组无论如何都难以进行日本和韩国产品的"同类"推定，因此是否可以根据附件C（1）（a）进行同类推定无关紧要。

然后，上诉机构转而审查是否应根据日本在上诉中的观点维持其初步评估，这些观点质疑专家组的裁决，该观点认为争议措施并没有仅根据原产地区分日本和韩国的产品。最终，上诉机构没有被日本的观点所说服。因此，关于这一争议，上诉机构认为，专家组驳回进行同类推定的决定不存在错误，这再次确认了上诉机构的观点，即针对日本上诉中提出的存在错误裁决的诉请，没有必要考虑是否可以在附件C（1）（a）项下进行同类推定。

因此，上诉机构裁定，专家组拒绝就附件C（1）（a）为目的进行日本进口产品和韩国国内产品"同类"推定，没有错误。所以，上诉机构支持专家组对此争议的裁决。

3.3 上诉机构报告:《美国—对中国特定产品的反补贴 措施—中国诉诸于〈争端解决谅解〉第 21.5 条案》 (WT/DS437/AB/RW)

该争端涉及美国对一系列中国产品征收反补贴税,以及促使征收这些税收的美国商务部调查和决定。

在专家组审理中,中国对美国商务部调查和决定的几个方面提出了质疑。原专家组审理认为:(1)美国商务部对公共机构的决定,与《补贴与反补贴措施协定》第 1.1 条(a)项(1)不符;(2)美国商务部关于政府拥有多数股权的实体为公共机构的推定,与《补贴与反补贴措施协定》第 1.1 条(a)项(1)不符;(3)美国商务部关于专向性的决定与《补贴与反补贴措施协定》第 2.1 条(c)项不符;(4)美国商务部就出口限制展开的两项调查与《补贴与反补贴措施协定》第 11.3 条不符。与此同时,原专家组审理认为,美国商务部并未违反以下规定:(1)《补贴与反补贴措施协定》第 14 条(d)项或第 1.1 条(b)项,关于决定授予利益时拒绝中国国内私营价格;(2)《补贴与反补贴措施协定》第 2.1 条(c)项,关于未确定潜在的补贴计划;(3)《补贴与反补贴措施协定》第 12.7 条,关于未依据记录在案的可获得事实。原审程序中,上诉机构驳回了专家组的原始裁定,该裁定认为美国商务部并未违反以下措施:(1)《补贴与反补贴措施协定》第 14 条(d)项或第 1.1 条(b)项,并裁定美国商务部不得拒绝中国国内私营价格;(2)《补贴与反补贴措施协定》第 2.1 条(c)项,但无法完成该方面的法律分析;(3)《补贴与反补贴措施协定》第 12.7 条,但无法完成该方面的法律分析。

为遵守争端解决机构的建议和裁定,美国商务部修订了 12 项有关反补贴税的决定,并维持相关关税不变。在执行争议中,中国对美国的执行措施提出质疑包括:(1)美国商务部根据《乌拉圭回合协定法》(Uruguay Round Agreements Act)(第 129 节)作出的初裁和终裁决定;(2)《公共机构备忘录》本身作为普遍与预期适用的措施,同时作为与第 129 节程序相关的争议诉讼措施;(3)美国商务部在太阳能电池板调查中对反补贴税的终裁决定;(4)反补贴税令后续的若干定期及日落复审;(5)美国在涉案程序中征收、评估和(或)收取现金和反补贴税的所有"指示和通知",及其在此过程中的持续行为(ongoing conduct)。

专家组作出的一些裁决未被上诉。关于中国根据《补贴与反补贴措施协定》第32.1条提出的诉请，专家组审理认为，中国并未证明美国依据第129节实施的关于石油管材、管线管、压力管和太阳能电池板的行为不符合《补贴与反补贴措施协定》第32.1条的规定。此外，专家组审查认为，中国并未证明美国依据第129节实施的关于热敏纸的行为不符合《补贴与反补贴措施协定》第2.2条的规定；并且在两次镁砖产品的行政复审中，中国并未证明美国的行为不符合《补贴与反补贴措施协定》第11.3条和第12.7条。专家组进一步审理认为，中国并未证明美国的热敏纸、压力管、管线管、厨房搁板、石油管材、钢绞线、镁碳砖、无缝碳钢、印刷图形和铝型材等的日落复审不符合《补贴与反补贴措施协定》第21.3条。最后，专家组审理认为中国并未证明涉案反补贴税令下的实施、评估和收集反补贴税和保证金的"持续行为"不符合WTO规则。这里的WTO规则指《补贴与反补贴措施协定》的第1.1条（a）项（1）、第1.1条（b）项、第2.1条（c）项、第2.2条、第11.3条、第14条（f）项，以及《补贴与反补贴措施协定》的第19.1条、第19.3条、第19.4条。

专家组同时作出了几个裁决，之后被提起上诉。尤其是美国对执行专家组的以下裁决提出上诉：（1）根据涉案反补贴税令发出的若干行政复审和日落复审均属于专家组的职权范围；（2）由于《争端解决谅解》第21.5条规定的普遍与预期适用的规定，美国商务部的《公共机构备忘录》"其本身（as such）"可以被诉；（3）美国依据第129节所实施的关于石油管材、太阳能电池板、压力管和管线管的行为与《补贴与反补贴措施协定》第1.1条（b）项和第14条（d）项不符，其理由为美国商务部"未能解释政府对市场的干预是如何导致相关投入的国内价格偏离市场决定价格"，也未能"就基准确定中拒绝国内价格提供合理和充分的解释"；以及（4）美国依据第129节所实施的关于压力管、管线管、草坪梳理器、厨房搁板、石油管材、钢绞线、无缝管、印刷图形、铝型材、高压钢瓶和太阳能电池板的行为与《补贴与反补贴措施协定》第2.1条（c）项不符，其未能对存在相关补贴计划的结论作出充分解释。

中国对专家组的裁决提出了上诉：（1）根据《补贴与反补贴措施协定》第1.1条（a）项（1），对公共机构的决定不需要指明政府职能与涉案特定财政资助之间存在特定程度或联系性质；（2）美国商务部对公共机构的决定并不是仅基于政府对实体的所有权或控制权，除此之外还有更多依据；（3）《公共机构备忘录》并没有在实质上限制美国商务部按照第1.1条（a）项

（1）行事的自由裁量权；以及（4）如果有证据表明价格扭曲，而不仅是有证据表明政府"有效地决定"供应国商品销售价格的情况下，调查主管机关可能会拒绝接受国内现有价格。

3.3.1　专家组职权范围：《争端解决谅解》第 21.5 条

美国请求上诉机构推翻专家组的裁决，该裁决认为某些措施，包括随后的几次审议属于专家组的职权范围。美国认为，专家组错误地认定这些措施符合一系列先前争议中所适用的标准，即在性质、时间和效果方面与所宣称采取的合规措施之间有充分紧密的联系。

上诉机构回顾称，根据《反倾销协定》和《补贴与反补贴措施协定》处理执行监督程序中的职权范围时，专家组和上诉机构在性质、时间和效果方面都着重于后续审议与宣称采取的合规措施之间的联系。上诉机构指出，专家组已经从"性质""时间"和"效果"方面评估了争端中相关措施与争端解决机构的建议和裁定之间的联系。基于以上三个因素的考虑，专家组裁定，对于《争端解决谅解》第 21.5 条而言，美国商务部的初始决定（依据《乌拉圭回合协定法》第 129 节所作决定）与行政和日落复审决定的相互影响，反映出一种特别紧密的关系。因此，专家组得出结论认为，随后进行的审议属于专家组的职权范围。

上诉机构认为，美国对专家组基于"表面审查"的关于涉案措施后续审议与宣称的合规措施之间关系的裁定，以及对争端解决机构的建议和裁定的抗辩，没有法律依据。根据美国提出的对专家的具体裁决错误的质疑，上诉机构审议了专家组的分析并得出结论。其认为，专家组根据其在性质、时间和效果上的关系标准，已正确评估了相关措施属于第 21.5 条程序中其职权范围。因此，上诉机构维持了专家组的裁决，即根据《争端解决谅解》第 21.5 条规定，关于太阳能电池板调查的后续审议和最终决定属于专家组职权范围之内。

3.3.2　公共机构：《补贴与反补贴措施协定》第 1.1 条（a）项（1）

在上诉中，中国对执行专家组裁决提出质疑，该裁定认为美国商务部在第 129 节关于调查中的公共机构决定并非基于《补贴与反补贴措施协定》第 1.1 条（a）项（1）下的不当法律标准提出质疑。尤其是中国对专家组关于第 1.1 条（a）项（1）的解读表示异议，即并非"在所有情况下，要求确定的政府职能与有关的特定财政资助之间存在某种程度或性质的联系"。

在中国看来，专家组的解释与上诉机构在先前的争端中的报告不符，特别是与美国—反倾销和反补贴税案（中国）（DS379）和美国—碳钢案（印度）（DS436）不符。中国立场的要点是，调查主管机关仅仅根据某个实体与政府之间具有足够紧密的关系以确定构成一个公共机构是不够的。该调查主管机关还必须确定，相关实体在从事 WTO 规则规定的特定受调查行为时正在行使政府职能。这里的 WTO 规则指《补贴与反补贴措施协定》第 1.1 条（a）项（1）（i）至第 1.1 条（a）项（1）（iii）或第 1.1 条（a）项（1）（iv）的第 1 节规定。作为回应，美国认为专家组已经正确解释了第 1.1 条（a）项（1）。对于美国而言，公共机构相关问题的审查不是受调查行为是否为政府行为，而是从事该行为的实体是否为政府实体。因此，总体而言，调查主管机关只需确定相关实体与政府有足够密切的关系，以裁定该实体构成一个公共机构。此外，在口头听证会上，美国请求上诉机构适用在先前争端中被驳回的美国立场，即公共机构的定义是："政府有效控制的任何实体，因此当该实体在输送经济资源时，它就在转移公共资源"。

上诉机构在对第 1.1 条（a）项（i）进行解释时参考了之前的案例，认为该条所指的公共机构是指拥有、行使或被授予行使政府权力的实体，是否为公共机构取决于在特定案件中是否符合这些中的一个或多个特征，公共机构由哪些部分组成，这取决于相关成员法律秩序中，哪些职能或行为通常归类为政府性质的职能或行为，以及 WTO 成员内部实体的分类和功能。此外，上诉机构回顾称，公共机构的调查必须根据具体情况进行，并适当考虑到相关实体的核心特征和职能与政府的关系，以及经营所在国现行的法律和经济环境。根据每个案件的具体情况，与公共机构调查有关的证据可能包括：（1）证明某实体实际上正在行使政府职能的证据，尤其是在此类证据表明，该实体存在持续而系统做法的情况下；（2）与被调查实体经营所在部门有关的政府政策范围和内容方面的证据；（3）政府对实体及其行为实施有效控制的证据。上诉机构提醒称，在进行公共机构调查时，调查主管机关必须评估并适当考虑实体的所有相关特征，并审查与该评估有关的所有类型的证据。参考上诉机构在美国—碳钢案（印度）的报告，上诉机构不同意美国将公共机构理解为"政府有效控制的任何实体，因此当该实体在输送经济资源时，它就在转移公共资源"。在上诉机构看来，这将混淆公共机构判定的证据要素和公共机构的定义。

基于对第 1.1 条（a）项（1）的解释，上诉机构驳回了中国关于公共机构审查的重点是行为涉及构成财政资助的观点，相反，上诉机构裁定审查的关键在于从事这种行为的实体、其核心特征以及其与政府的关系。上诉机构指出，这符合狭义的"政府"和"公共机构"在性质上都是"政府"的事实。正如狭义的政府的作为或不作为可以被认为是由某一成员采取的措施一样，公共机构的任何作为或不作为都可以直接归因于某一成员，而不论其作为或不作为本身的性质如何。一旦确定某实体为公共机构，则该实体的所有行为应归因于第 1.1 条（a）项（1）所述的有关成员。上诉机构承认，实体的行为或惯例可能构成与公共机构审查有关的证据。然而，上诉机构提醒说，对此类证据的评估旨在回答核心问题，即该实体本身是否具有成为公共机构资格的核心特征和功能。上诉机构补充说，虽然一个实体的行为可能构成评估其核心特征的相关证据，但调查主管机关并不一定要专注于该相关实体可能参与的每个行为，也不必关注每一此类行为是否与一个特定的"政府职能"有关。

同样，上诉机构也驳回了中国的主张，即为了"实质控制"一个实体，政府必须对声称构成财政资助的特定行为实施控制。正如上诉机构所注意到的，中国描述的调查类型更类似于调查主管机关根据第 1.1 条（a）项（1）（iv）第 2 句进行评估的调查，政府或公共机构是否"委托或指示"私人机构执行（i）至（iii）所列的行为之一。上诉机构认为，接受中国的主张会过度模糊公共机构审查与"委托或指示"审查之间的区别。上诉机构还认为，其此前关于中国国有商业银行的第 1.1 条（a）项（1）的适用不能支持中国的主张。

因此，上诉机构维持执行专家组对第 1.1 条（a）项（1）的解释，认为未要求必须在某一确定的政府职能与所讨论的特定财政资助之间建立特定程度或性质的联系。上诉机构还支持专家组的结论，即中国未能证明，美国商务部因为基于不正确的法律标准在相关第 129 节程序中的公共机构决定与第 1.1 条（a）项（1）不符。上诉机构指出，中国提出了许多其他诉请，主要针对美国商务部基于第 129 节的调查中关于公共机构的决定。由于这些额外的诉请，以上诉机构推翻专家组对第 1.1 条（a）项（1）的解释为条件，因而上诉机构不对他们进行审查。

在上诉中，中国还对执行专家组关于《公共机构备忘录》"其本身"并未与《补贴与反补贴措施协定》第 1.1 条（a）项（1）不符的结论提出质疑，因为该备忘录依据的法律标准不恰当。中国主要的观点是，《公共机构备忘录》中规定的分析框架允许美国商务部查找发现某些中国公司是公共机构，而无需调查这些实体在从事所谓的财政资助时是否在履行政府职能。上诉机构指出,中国的主张在很大程度上与它就专家组对第 1.1 条(a)项(1)的解释提出上诉的理由相同。上诉机构维持了专家组的解释,即第 1.1 条(a)项(1)并未规定明确的政府职能与有争议的特定财政资助之间存在特定程度或性质的联系,因此上诉机构认为没有必要进一步审查中国对专家组关于《公共机构备忘录》结论的质疑。上诉机构也认为没有必要进一步审查当事方关于《公共机构备忘录》的争论:(1)是否可作为措施本身或作为普遍或预期适用的规则被质疑;(2)是否在实质上限制了美国商务部做出公共机构决定的自由裁量权。

3.3.3 利益:《补贴与反补贴措施协定》第 1.1 条(b)项和第 14 条(d)项

在上诉中,美国和中国根据《补贴与反补贴措施协定》第 1.1 条(b)项和第 14 条(d)项对专家组的不同裁决提出异议。美国辩称,专家组错误地认为美国"未能解释……政府对市场的干预如何导致所涉投入的国内价格偏离市场确定的价格",并且"未能对其在基准确定时拒绝采用国内价格作出合理和充分的解释"。与之相对应,中国寻求审查专家组的结论,即"如果存在价格扭曲的证据,而不仅仅是在有证据表明政府'有效地决定'了相关商品的价格的情况下,调查主管机关可能会拒绝接受国内价格"。

关于《补贴与反补贴措施协定》第 1.1 条(b)项和第 14 条(d)项的解释,上诉机构回顾了其在美国—软木 IV 案的裁决,即根据第 14 条(d)项确定政府提供的产品的报酬是否"不足",需要选择一个基准,必须将其与政府提供的产品的价格相比较,并且为进行利益分析而选择基准的工具不必完全不受扭曲或不受任何政府干预。在这方面,上诉机构指出,"第 14 条(d)项并未明确提及'完全'市场,即'不受政府干预的市场'或'公平市场价值'",并且因此该规定"并未以任何方式确定将要用作基准的'市场'条件"。同时,第 14 条(d)项中的指南"不要求在任何情况下都在提供国的市场中使用私人价格",而是要求"用于计算利益的所选方法必须相关或涉及或与供应国的通行市场条件有关,并且必须反映价格、质量、可获性、适销性、运输和其他买卖的条件"。上诉机构指出,在美国—软木 IV 案中,作为某些产品的提供者,政府在市场上的主导地位是上诉中唯一提起的情形,没有排除在其他情况下可能诉诸国外价格的情形。

随后,在美国—反倾销和反补贴税(中国)中,上诉机构澄清说,"价格扭曲"的概念是分析第 14 条(d)项是否应诉诸国外价格的核心。上诉机构强调指出,允许调查主管机关拒绝国内私营价格是因为存在价格扭曲,并非是因为政府本身作为主要供应商这一事实。重要的是,"由于政府在有关产品市场中的作用,拒绝以国内价格为基准的决定只能根据具体情况具体分析,并根据特定调查中的相关证据决定,而不能抽象地决定"。

　　总之,上诉机构表示,根据第 14 条(d)项,在选择适当的利益基准时的核心问题是政府干预是否会导致价格扭曲,从而有理由诉诸国外价格,抑或是私营企业和(或)政府相关实体的国内价格是否由市场决定的,从而可以作为确定利益存在的基础。因此,允许调查主管机关拒绝国内价格的原因是发现了政府干预市场造成的价格扭曲,而不是政府干预市场本身。因此,调查主管机关在进行必要的分析时,必须采取的行动将因案件的情况、所调查市场的特征以及申请人和答辩人提供的信息性质、数量和质量而有所不同,包括调查主管机关寻求的其他此类信息,以便其可以基于记录在案的肯定证据作出决定。上诉机构强调,在任何情况下,调查主管机关必须在其决定中对其结论的依据提供合理和充分的解释,并且只有在其认定并正确解释了为什么国家出现价格扭曲后,才有必要根据第 14 条(d)项适用替代基准进行利益分析。

3.3.3.1　专家组对《补贴与反补贴措施协定》第 14 条(d)项的解释是否存在错误,即审查认为诉诸国外价格并不限于政府"有效地确定"(effectively determines)所涉产品价格的情况

　　中国请求上诉机构修正专家组关于美国的行为不符合《补贴与反补贴措施协定》第 1.1 条和第 14 条(d)项的结论的依据,并确认专家组裁决的不一致,因为美国商务部并未确定中国国内相关投入品(inputs)的价格是由政府决定的。中国辩称,尽管专家组正确地裁定"调查主管机关必须证明[政府干预和价格扭曲之间的]因果关系,以便驳回根据第 14 条(d)项提供的国内基准",但专家组"必须解决从逻辑上讲什么是'市场'价格"。中国认为:"根据对第 14 条(d)项的正确解释,调查主管机关只能在'非常有限'的情况下拒绝可用的国内价格,政府政策或行为在法律上或事实上可以有效地确定产品在国内销售时的价格。"

　　上诉机构注意到专家组的裁决,即"调查主管机关不仅可以在有证据表明政府'有效地确定'所涉商品价格的情况下拒绝使用国内价格,也可以在有价格扭曲迹象的情况下拒绝使用国内价格"。专家组认为,"价格扭曲的存在……可能会妨碍将财政资助的条件与市场条件进行适当的比较。当政府是产品的唯一或主要提供者时,可能会发生这种情况,但在其他情况

下这种比较不可能发生或无关紧要"。因此,专家组认为,"调查结果有助于确定适当的基准,包括一项特定调查中是否合理使用国外基准,将取决于每个案件的事实"。上诉机构同意专家组的意见,并回顾称,根据第14条(d)项,进行的调查在确定适当的利益基准方面的重点是国内价格是否因政府干预市场而扭曲。上诉机构认为,不同类型的政府干预措施可能会导致价格扭曲,因此,在政府角色如此重要以至于它可以有效地确定商品价格的情况下,有必要诉诸国外价格。

上诉机构进一步同意专家组的意见,即在政府是唯一或主要供货商以及其他同样造成不可能或不相关比较的情况下,价格扭曲的存在……"很可能会妨碍将财政资助的条件与市场条件进行适当比较"。上诉机构并未排除无法直接或有效地确定国内价格的政府干预类型可能会对这些价格产生类似的扭曲影响,以致它们不再代表适当的基准。上诉机构认为,在这种情况下,只要调查主管机关确定存在政府干预造成的价格扭曲,就有必要诉诸国外价格。因此,上诉机构不同意中国的以下主张,即"专家组和上诉机构已确定有可能证明使用国外基准的三种情况"仅限于"在法律上或事实上,政府有效地确定被销售产品的价格",即政府(1)以行政方式设定价格;(2)是该产品的唯一供应商;(3)拥有并行使作为产品提供者的市场权利,以使私营供应商的价格与政府确定的价格保持一致。

同时,上诉机构指出,根据第14条(d)项,尽管进行调查的核心是私营企业和政府相关实体的国内价格是否扭曲的问题,但"价格扭曲"的概念并不等同于任何政府干预对价格造成的影响。因此,上诉机构不同意中国的观点,该观点认为专家组在当前争议中的解释方法应基于以下前提:"基于第14条(d)项下的任何政府政策或行为均可能构成'价格扭曲',并且调查主管机关必须确立的唯一事实"是政策或行为对该涉案产品的国内价格产生了专家组所称的"直接影响"。与此相反,(上诉机构认为)必须在考虑到所审查市场的特征以及记录在案的信息的性质、数量和质量的情况下,逐案确定国内价格是否扭曲。与第14条(d)项的规定相符,只有当调查主管机关适当履行其义务,调查清楚国内价格是否能反映供应国的现行市场状况并发现价格扭曲的情况下,才能诉诸国外价格。

因此,上诉机构裁定,专家组驳回中国关于美国违反《补贴与反补贴措施协定》第1.1条(b)项和第14条(d)项行事的主张,不存在错误,即拒绝使用国内价格无需首先审查有关争议的投入品价格是否由中国政府有效确定。

3.3.3.2　专家组在解释和适用《补贴与反补贴措施协定》第 14 条（d）项时是否存在错误

关于第 14 条（d）项的解释，美国辩称，专家组"仅通过寻找一种价格分析，具体而言能证明'国内价格'与'市场确定的价格'之间的'偏差'的价格分析，来审查美国商务部的决定"。美国辩称，专家组错误地认为"内部价格的扭曲使诉诸国外基准合法化，只有在所评估的商品的价格与同一国家的市场确定的价格之间存在差异，才能明显看出来"。美国认为，专家组把第 14 条（d）项下的法律标准误解为要求进行价格比较分析或量化价格扭曲，这样一来，要解释国内价格被扭曲的原因，在每种情况下都需要显示两个不同价格点之间的偏离程度，或量化差异。

上诉机构指出，为了达到第 14 条（d）款的适当基准，调查机构必须进行的特定类型分析，在这方面足够的证据的类型和数量将必不可少且取决于许多因素，其中包括案件的情况和市场的特点。但是，在所有情况下，调查主管机关必须在其报告中确定并充分解释政府干预造成的价格扭曲可能存在不同的方法，以此来证明价格实际上是扭曲的，例如定量评估、价格比较方法或虚拟事实分析。根据具体情况，基于充分解释的定性分析还可以适当地确定政府干预实际上如何导致价格扭曲。在这方面，上诉机构认识到，不论是政府直接调控价格，还是间接影响价格从而导致价格扭曲，政府以多种形式参与市场可能会造成扭曲的价格效应。对上诉机构而言，政府干预对价格直接影响的证据（例如行政定价或政府居于市场供应商的主导地位）可能是有根据的，价格扭曲的可能性之大使其他证据显得次要。政府干预对价格的间接影响的证据也可能与确定价格扭曲有关，但要确定这种政府干预与价格扭曲之间的联系可能需要更详细的分析和解释，以说明政府干预是如何导致价格扭曲的。

此外，上诉机构指出，尽管调查主管机关对政府干预是否造成价格扭曲以及如何发生的分析将根据案件的情况而有所不同，但它必须充分考虑申诉方和被诉方提供的观点和证据以及记录在案的所有其他信息，为此，它对特定市场价格如何由于政府干预而实际扭曲的裁定将基于积极证据。因此，独立于调查主管机关选择的方法，上诉机构不得不了解并分析利害关系方提出或调查主管机关收集的方法、数据、解释和支持性证据，以确保其裁决价格扭曲由记录在案的证据和解释得到支撑，而不会减少或产生矛盾。专家组的作用是通过深入审查并根据有关方面提出的事实和解释，对利害关系方的解释进行合理而深入的评估，以评估调查主管机关对决定的解释是否合理充分。具体来说，专家组必须审查主管机关对实际上政府干预如何导致所涉市场价格扭曲的解释，是否能充分解决记录在案数据的性质和复杂性，以及根据其他各方提供的方法、数据以及对该数据的解释是否充分。无论如何，调查主管机关必须就实际上政府干预如何导致国家价格扭曲提供合理和充分的解释。

在美国—碳钢案（印度）报告的第4.155段的第1句中，上诉机构指出："尽管基准分析首先考虑了所涉商品的国内价格，但当这些价格无法由市场决定时，依靠这些价格是不合适的"。美国不同意专家组对同一段后续句子中对上诉机构陈述的理解，即"由于政府干预市场而使国内价格偏离市场确定的价格时，拟议的国内价格不会反映出供应国的通行市场状况"。上诉机构认为，这些陈述共同构成上诉机构对第14条（d）项的一部分解释，并反映了以下理解，即调查主管机关可以选择不同的方法来证明政府干预对国家价格的直接或间接影响。但是，调查主管机关需要提供合理且充分的解释，说明价格是由市场决定的，还是由于政府干预而导致价格扭曲的。因此，上诉机构不认同"由于政府干预市场而使国内价格偏离市场确定的价格时，拟议的国内价格不会反映出供应国的通行市场状况"的陈述，正如美国暗示的那样，这只是价格可能无法由市场决定的一个例子。上诉机构也不赞同专家组将此陈述解读为要求在确定每个案例中是否存在价格扭曲时使用单一类型的分析。

上诉机构注意到专家组的意见，即"考虑到政府干预往往会影响到任何市场上产品的供求，并且'基于第14条（d）项下调查主管机关考虑某一基准而非所在国私人价格的可能性非常有限'，因此要想拒绝将国内价格作为基准就必须得到相关支持，该支持主要指的是对政府干预如何扭曲所涉投入品价格的合理充分解释"。专家组认为，"如无直接影响所涉产品价格的证据或所涉产品价格为何扭曲的充分说明，仅凭政府广泛干预经济的证据，是不足以证明不存在'市场确定'的商品价格并以此来确定政府提供商品的报酬的充分性的决定的合法性"。通过备选方案"对所涉商品的价格有直接影响的证据"或"对所涉商品的价格如何扭曲的充分解释"，专家组的说明与上诉机构得出的结论是一致的，即尽管可能存在不同的方式证明价格扭曲的存在，但是调查主管机关必须选择一种能够确定政府干预导致国内价格实际扭曲的方法。上诉机构强调指出，尽管如此，不论其裁定是否基于政府干预对国内价格产生直接或间接影响的证据，调查主管机关应对每种情况下的价格扭曲裁定提供合理和充分的解释。

　　上诉机构进一步同意专家组的结论，即"调查主管机关必须解释政府干预市场如何导致所涉投入偏离市场确定价格"，但要澄清以下内容：调查主管机关必须找出由于政府干预导致的价格扭曲。专家组的推理与上诉机构的解释一致，只要调查主管机关在其报告中为了构建有关价格扭曲实际上是政府干预市场造成进行了必要的分析，就可以通过在不同情况下适用不同的方法来确定由于政府干预而导致的价格扭曲的存在。如果调查主管机关解释了所涉商品的价格如何因此受到扭曲，专家组关于"直接影响"以及对价格产生更间接影响的其他形式的声明，确认该政府采取的各种形式的干预可能导致价格扭曲，同时要认识到在每种情况下，都需要先解释政府干预是否以及实际上如何导致价格扭曲，然后才能得出无法依靠某些国家价格的结论。上诉机构得出结论认为，专家组不需要在所有情况下进行单一类型的定量或价格比较分析。

　　因此，上诉机构裁定，专家组驳回中国关于美国违反《补贴与反补贴措施协定》第 1.1 条（b）项和第 14 条（d）项行事的主张，即没有首先审查有关价格构成是由中国政府实际确定而拒绝使用国内价格不存在错误。

　　关于专家组对第 14 条（d）项的适用，美国辩称专家组"专注于一种特定的价格分析，并将美国商务部所提供的有关部门价格如何不是由市场决定的解释和证据排除在审议范围之外"，以及"已经采取了错误的分析方法……进一步的错误是，认为美国商务部的解释未能对价格是否由市场决定这一问题进行回复"。具体而言，在美国看来，专家组未能认识到审查价格并不是证明价格扭曲的唯一方法，对市场确定的价格的强调突出表明，对"通行市场状况"的审查时假定存在"运行中的市场"，并且如果没有这种市场，内部价格就不能作为衡量补偿是否充分的基准。此外，美国辩称，专家组提出了一些错误的意见，即审查美国商务部是否考虑了国内和政府相关的价格，是否在独立基础上分析特定的投入品市场，以及是否认真调查并征求了相关事实。

　　上诉机构指出，从专家组对美国商务部分析的描述中可以明显看出，美国商务部评估了中国政府干预国有投资企业（state-invested enterprises, SIEs）以及中国钢铁行业的诸多因素。美国商务部从该分析中得出的结论是："出于基准分析的目的，不能认为中国国有投资企业在国内市场上生产的钢铁投入品的价格是'市场决定的'。"反过来，摆在专家组面前的问题是，美国商务部是否在其书面决定中提供了合理充分的解释，以说明记录在案的证据是如何在事实上认定由于政府干预投入品市场而导致价格扭曲，以及这种解释如何支持其决定适用国外价格。专家组强调，不能仅仅依靠"政府广泛干预经济的证据"，而必须确保"对政府干预如何扭曲有关投入品的价格给出合理充分的解释，来支持拒绝国内价格作为基准的决定"。因此，上诉机构理解专家组的首要任务是确定政府干预市场是如何导致价格扭曲的实际发生。为此，专家组参考《基准备忘录》（Benchmark Memorandum）和美国提交的材料中的各种声明，审议了美国商务部的决定。

在上诉机构看来，专家组认为美国商务部的决定不够充分，而且存在问题。具体而言是在缺乏对政府干预如何导致所涉4个投入品市场价格扭曲的具体和重点评估的情况下，无法将中国整个钢铁和太阳能级多晶硅行业的价格用作利益基准。美国的主张对于专家组的结论至关重要，即美国认为"不需要美国商务部分析相关投入品的具体价格，以确定中国钢铁和多晶硅行业的国有投资企业和私人价格不是市场决定的"。专家组还强调，"《基准备忘录》中收集和总结的信息侧重于政府对整个中国经济以及整个钢铁行业的干预，而不是针对特定的投入品市场"。这种理解与专家组的结论是一致的，即"美国商务部甚至未试图为其决定提供合理充分的解释，该决定认为由于中国国内投入品市场的政府普遍干预而导致钢制圆坯和方坯（石油管材）、不锈钢卷（压力管）、热轧钢（管线管）和多晶硅（太阳能电池板）的国内价格扭曲，因此价格不受市场决定"。

在上诉机构看来，美国商务部认为其对中国总体经济及其整个钢铁行业的"普遍政府干预"的理由同样适用于涉案的特定投入品市场，因为钢铁行业"必然包括所有类型的钢铁投入品"，而无需进一步分析或解释各种形式的政府干预实际上如何导致所调查的特定投入品市场的价格扭曲。除了提及"在这3个案例中的记录表明在相关调查期间这3种产品存在出口限制"这一事实外，美国商务部没有对所涉及的4个投入品市场进行任何具体评估。因此，根据其结论，即由于政府干预使中国整体及整个钢铁行业的工业企业的决策过程受到扭曲，美国商务部似乎已得出一个普遍的推论，即所涉特定市场的价格同样受到扭曲。

此外，专家组驳回了以下观点，即"政府干预市场必然导致所涉商品价格扭曲的假设足以支持这样的结论——有关投入品的国内价格可能被拒绝作为基准"。专家组随后得出结论："第129节程序的记录以及美国的观点清楚地表明，美国商务部认为没有必要证明中国政府的行为如何影响所涉投入品的国内价格。"因此，上诉机构理解专家组一直关注美国商务部在

《基准备忘录》中的分析重点，即政府普遍参与了国有投资企业的总体决策及整个钢铁行业的决策，而不是具体地影响有关投入品的定价决策，并导致对现有价格的扭曲。在这项分析中，没有充分评估各种形式的政府干预措施（无论是单独采取还是共同采取）如何影响中国钢铁市场，特别是所涉投入品市场的价格，以及它们实际上是如何导致所有国有投资企业和市场中这些投入品的私营价格的扭曲，而非一般性的市场扭曲。

因此，上诉机构不同意美国的以下主张，即认为专家组从其考虑中排除了美国商务部提供的解释和证据，"固定在一种特定的价格分析上，以此证明相关部门的价格是如何由非市场决定的"，以及认为专家组"错误地将美国商务部的解释描述为未能对价格是否由市场决定这一问题进行回应"。相反，上诉机构理解专家组的裁决，即美国商务部没有充分分析或解释《基准备忘录》中描述的广泛的政府干预实际上是如何导致中国特定投入品市场内价格的扭曲，以及针对受美国商务部质疑的每项决定的特定产品的扭曲。因此，专家组将美国商务部的分析理解为更一般性的政府干预和"市场扭曲"之一，而不是具体由这些政府干预导致的相关投入品市场的"价格扭曲"。

上诉机构注意到，专家组对美国商务部是否未考虑有关投入品价格的证据分析支撑了以下结论："美国商务部未能解释政府干预市场是如何导致所涉投入品的国内价格偏离市场确定的价格的。"在这方面，美国辩称："专家组认定美国商务部自动拒绝接受政府价格，缺乏正当理由"，而"美国商务部提供了为何驳回'与政府相关的价格'的大量解释"和"不是因为来源而是性质拒绝这些价格"。上诉机构回顾称，根据适用的审查标准，尽管调查主管机关在选择确定价格扭曲的方法方面有自由裁量权，但它还需要分析当事方提出的替代方法、观点和证据，以便评估其方法是否能正确确定政府干预直接或间接导致的价格扭曲。最终，考虑到这些替代观点、解释和证据，调查主管机关的结论必须是充分推理和充分解释的。反过来，"如果对事实的某种替代解释是合理的，并且根据这种替代解释，调查主管机关的解释似乎不充分，那么调查主管机关的解释就是不合理或不充分的"。因此，对于上诉机构而言，专家组在本案中的任务是根据当事方提交的证据和观点以及合理的替代解释的依据，审查美国商务部在最终决定中适用的方法，以及在考虑到这些替代解释的情况下，根据所依据的证据得出的结论是否适当且充分。

就专家组的裁决而言，"调查主管机关基本忽略了《"我的钢铁"报告》

（Mysteel Report）"①，美国认为，"'我的钢铁'的价格恰恰是美国商务部在《基准备忘录》中进行分析的对象——也就是说，美国商务部称，由于记录在案的大量政府干预，中国的价格被扭曲，上述价格也在其中"。上诉机构回顾称，美国商务部在《基准备忘录》中的理由是基于中国钢铁行业普遍存在的政府干预，而不是中国政府行使市场支配力来确定价格扭曲，因此问题的关键是政府是否可以有效地确定相关投入品市场的价格。上诉机构不同意美国的意见，该意见认为专家组"未考虑市场决定定价的核心问题"。相反，上诉机构理解专家组的审查结论，美国商务部拒绝接受国内价格（包括"我的钢铁"的价格）是基于其认为的普遍政府干预和整个钢铁行业市场扭曲的结果，而这并没有合理而充分地解释政府广泛干预和"市场扭曲"导致特定投入品市场的"价格扭曲"。

上诉机构进一步指出，美国商务部并未质疑奥多弗教授（Ordover）的价格调整分析框架的合理性。该框架在有关中国政府提交给美国商务部的尚存争议的《乌拉圭回合协定法》第129节程序的价格信息文件中列出，但它否决了其相关性，主要是因为在执行监督程序中适用了不同的方法。美国商务部特别指出："在《基准备忘录》中，中国政府对钢铁行业的整体干预表明，市场信号在整个钢铁行业中受到长期持续的政府干预的影响而扭曲"，并且"在这种情况下，奥多弗教授基于反托拉斯的'指标'（indicia）的存在与否并不能特别说明市场扭曲的指标"。美国商务部还指出，奥多弗教授的方法并不是"确定政府是否可以影响市场的唯一框架"。然而，上诉机构注意到这一事实，替代框架并不是唯一的框架：根据该替代框架和价格数据，这一事实并不能回答美国商务部在第129节程序及其结论中适用的框架是否仍然成立。相反，上诉机构同意专家组的意见，即"与第14（d）条下的分析表面有关的资料提交调查主管机构时，它必须考虑这一信息，如果它判定这不是证据或与其分析无关，则应解释这一结论"。

在这方面，上诉机构注意到中国的观点，认为"《"我的钢铁"报告》中的定价数据反映了这样一种主张，即市场因素（而非政府干预）是中国钢铁价格波动的原因。此外，奥多弗报告强调"中国钢铁业整体上呈现'高度分散'，相关调查中所涉及的特定钢铁市场也是如此"；"这使国内市场竞争激烈且难以控制"。同一份报告还记录了"调查期间中国钢铁行业的私营投资

---

① Mysteel（我的钢铁），是一家从事信息服务、网上交易、网上分销、网上采购、网站建设、解决方案等，专注于钢铁业的电子商务公司。——译者注

迅速增长"的一些主要实例，表现为"私人对大规模产能扩张的投资以及对现有中国钢铁企业的投资"。因此，即使美国商务部的分析并非主要基于国有投资企业在中国钢铁市场中的市场份额或基于价格一致的理念，似乎其他替代解释和记录中的定价数据可能仍与审查所涉投入品市场中是否确实存在价格扭曲有关。然而，鉴于价格数据和其他解释，美国商务部的决定并没有解释，为何其对整个钢铁行业得出的结论必然适用于所有特定的投入品。

因此，上诉机构认为，专家组的分析并未反映某一特定的价格分析方法是认定价格扭曲的唯一途径，或者如美国所说，专家组"忽略了美国商务部处理'我的钢铁'证据的背景"。事实上，专家组认识到确定一个适当的基准以认定是否属于第 14 条（d）项规定的低于足够补偿，《补贴与反补贴措施协定》并没有规定一种具体的分析模式，同时，专家组认为，记录在案的价格数据与是否已经按照美国商务部自己的方法充分确定和解释价格扭曲的存在这一问题有关。但是，正如专家组所注意到的，"该备忘录中的《基准备忘录》或《辅助基准备忘录》，以及压力管、管线管、石油管材、线束和太阳能电池板的最终基准决定，均未提及《"我的钢铁"报告》中列出的相关投入品的价格"。

美国还对专家组的意见表示反对，该意见认为"美国商务部未能考虑有必要对所涉投入品的具体市场进行详细分析"。上诉机构回顾了其裁决，在《基准备忘录》的分析中，美国商务部没有对所涉及的 4 个投入品市场进行具体评估，并从中得出总体推断，认为所有特定投入品市场的价格都被扭曲，这是基于中国国有投资企业和钢铁行业整体上的决策过程受到政府干预的结论。但是，中国政府记录在册的"我的钢铁"的价格是针对所涉的三类钢铁投入品的。中国认为："在记录上没有证据表明，中国政府采取的任何计划或政策指示私营或政府相关供应商将这些投入品出售给特定实体或以特定价格出售。"因此，上诉机构认为，正如专家组所注意到的那样，美国商务部有必要在其分析中考虑到该数据，并审查其对结论的影响程度，该结论指出中国钢铁行业，特别是 3 类特定投入品市场中存在价格扭曲。

美国还提及其商务部的结论，"尽管美国商务部要求中国政府提供信息，以确定热轧钢，钢圆和不锈钢卷市场的结构，包括在该市场进行生产的生产商的身份和国家所有权水平，但中国政府的答复并不完整，因此对于这种分析而言是不可靠的"。因而，美国商务部裁定，"必要的特定投入品市场分析的信息没有记录在案"。此外，除了认定中国钢铁行业作为一个整

体外，美国商务部还依赖于"所涉特定钢铁投入品的其他事实"。上诉机构
回顾称，"在可能的情况下，调查主管机关在反补贴调查中使用'可获得事
实'必须考虑到利害关系争端方提供的所有经证实的事实，即使这些事实
可能不构成该争端方被要求提供的全部信息"。但是，根据现有可获得事
实，美国商务部没有考虑中国提供的"我的钢铁"价格中的3类具体投入品
的价格。因此，上诉机构认为，中国对美国商务部要求提供信息的不完整
答复，不能作为不评估已提交的、记录在案的价格的理由。因此，尽管美国
商务部有权选择其方法来认定国内价格是否扭曲，但考虑到"我的钢铁"中
的价格数据和奥多弗报告的替代性陈述，仍有必要在决定中解释为何适用
该方法以及为何得出的结论是有效的。

　　此外，关于国内私营价格，美国辩称："在考虑了中国记录在案的原始
调查提交的进口价格数据之后，美国商务部得出结论，认为它无法使用"，
并且美国商务部实际上在适当的情况下使用了中国价格，例如在压力管调
查中。正如上诉机构所注意到，美国商务部在原审程序中使用或拒绝接受
中国提供的某些进口价格数据，并不排除美国商务部审查有关第129节程
序记录上的证据和解释的必要。因此，美国的观点与专家组得出的结论无
关，在第129节程序过程中，美国商务部未能在压力管、管线管和石油管材
调查记录中充分解释其拒绝国内价格的原因。

　　美国进一步质疑专家组裁定的依据，该裁定认为没有任何记录表明，
美国商务部考虑了以下可能性，即"无法区分国有投资企业供应商和私营
供应商的价格信息仍可能与对所涉投入品的足够报酬进行分析有关"。上
诉机构指出，在最终基准决定的"其他问题的评估"中，美国商务部注意到
私有价格和国有投资企业价格可能会保持一致，但认为"在129节程序中
进行这样的价格分析既没有必要，也不可行"。上诉机构表示，尽管美国商
务部可能不会因为这些数据的来源而拒绝接受，但还是未接受他们，因为
在解决是否可能进行价格一致性分析的问题时，美国商务部已经得出了以
下结论：长期以来持续不断的政府干预扭曲了整个钢铁行业的市场信号，
以至于国内行业中没有任何潜在的基准可被视为涉及任何投入品的"市场
基础"。后一个结论是单独得出的，并在谈到"我的钢铁"价格之前，美国
商务部还在进一步讨论是否可能对价格一致性进行分析。但是，上诉机构
回顾称，美国商务部先前关于整个钢铁行业存在价格扭曲的结论是基于政
府对《基准备忘录》的诱导性干预，本身不能构成拒绝"我的钢铁"数据相
关性的充分依据。

　　此外，美国商务部认为，"无论是现有的记录证据还是可能的价格证据，都不能就私营供应商是否能为其价格与主要政府投入提供者所收取的价格保持一致的问题提供更多可供检验的见解"。正是在这种情况下，美国商务部提及了之前的价格证据，并指出价格证据是有限的，特别是因为大多数数据（包括"我的钢铁"价格）并未区分国有投资企业和私营供应商。因此，美国商务部认为，在没有足够的数据区分这两组价格的情况下，无法对私营价格是否与国有投资企业价格保持一致进行分析。上诉机构指出，尽管奥多弗报告的基本原理和相关的"我的钢铁"价格数据与美国商务部在《利益备忘录》中适用的方法有所不同，但这些指标与钢铁行业和相关要素市场有关。因此，它们构成了相关信息，这可能会引起对美国商务部审查的质疑，即国内所有价格（包括所涉要素的私营价格）都被扭曲了。因此，上诉机构没有理由不同意专家组的意见，即"鉴于适当的基准价格可能来自各种潜在来源，包括私营或与政府相关的实体"，因此未区分国有投资企业供应商和私营供应商的价格信息，无论如何都可能与分析要素市场的充足补偿问题有关。

　　上诉机构认为，在解决是否有可能分析价格一致性这一问题时，美国商务部在最终基准决定中拒绝接受记录在案的价格数据，主要是基于其先前在《基准备忘录》中的结论关于中国的所有国内钢铁价格均受到政府干预而扭曲。即使美国商务部可能没有"自动排除与政府相关的价格"，或由于价格原因它也没有去分析此定价数据是否受到扭曲，也没有考虑数据和支持性解释是否会影响《基准备忘录》中的结论。上面的结论是指，由于适用于所涉特定投入品，中国钢铁行业的政府相关价格和私营价格均受到扭曲。在这方面，正如专家组所注意到的，美国否认了中国对"我的钢铁"报告的"特别强调"（heavy emphasis），称这些"数据最终没有说明这些价格是否反映了国家对该行业持续干预的影响"。在上诉机构看来，专家组似乎认为，美国商务部没有充分解释"为什么它认为记录在案的价格数据与第14条（d）项所述的供应国的通行市场状况不相关"，并拒绝了此信息的相关性，主要是因为奥多弗报告和"我的钢铁"定价数据的依据与美国商务部在所涉决定中适用的基本原理（rationale）不同。因此，在专家组得出结论认为不能依据国内价格作为利益基准之前，美国商务部没有充分利用记录的价格数据和替代解释。因此，美国商务部继续使用原审调查中的替代基准。

　　最后，美国主张，专家组关于太阳能电池板调查不符的裁决是不连贯的，缺乏支持理由。美国对专家组的结论表示质疑，即"在美国商务部看来，没有关于中国多晶硅国内价格的公平交易的相关信息。据此，可以将其视为适当的基准，以确定在第 14 条（d）项所指的范围内是否以低于足够补偿的价格提供产品"。因此，专家组裁定："中国没有证明美国商务部违反了《补贴与反补贴措施协定》第 1.1 条（b）项和第 14 条（d）项的规定，未考虑该第 129 节程序中记录的国内价格。"但是，在第 1.1 条（b）项和第 14 条（d）项的总体结论中，专家组裁定"美国商务部没有解释在 129 节关于石油管材，太阳能电池板，压力管和管线管中解释政府干预市场是如何导致所涉投入的国内价格偏离市场确定价格的"。上诉机构认为，专家组关于太阳能电池板调查记录中没有相关价格信息的裁定，这并未削弱专家组先前的结论，即美国商务部没有为"其决定提供合理而充分的解释，并以此为基础，确定不能在国内价格中使用相关投入来评估充足补偿。这里所说的决定包括，政府对中国国内多晶硅投入市场的普遍干预导致国内多晶硅的价格扭曲以及对政府在相关市场中的参与的概述"。具体而言，对于上诉机构来说，即使太阳能电池板调查的记录中没有美国商务部予以考虑的价格证据，但该专家组裁定，在早期分析中，美国商务部未能解释政府对市场的干预在调查中如何导致价格扭曲。

因此，上诉机构裁定美国认为专家组在解释和适用《补贴与反补贴措施协定》第 14 条（d）项时存在错误的主张不成立，认定美国商务部未能解释在第 129 程序节中关于石油管材、太阳能电池板、压力管和管线管的政府干预市场是如何导致所涉投入的国内价格偏离市场决定的价格。此外，上诉机构裁定，美国未能证明在压力管、管线管和石油管材的程序中，专家组认定美国商务部未考虑记录在案的价格数据的裁决是错误的。

3.3.4　专向性：《补贴与反补贴措施协定》第 2.1 条（c）项

基于对《补贴与反补贴措施协定》第 2.1 条（c）项的解读以及对美国商务部的推理和分析的审查，专家组裁定美国没有遵守第 2.1 条（c）项中的"考虑补贴计划的实施时间长度"，它未能充分解释其相关补贴计划存在的结论。专家组在此基础上认定，美国在所涉的第 129 节程序中有 11 起程序违反第 2.1 条（c）项的规定。

在上诉中，美国辩称，在本案中提出该问题时，专家组和上诉机构均未对"补贴计划的存在"作出不符的裁定，并因此主张这不是评估该措施与第 2.1 条（c）项第 3 句是否一致的适当依据。美国进一步辩称，专家组对第 2.1 条（c）项作出了不正确的解释并要求美国商务部确定一个由"完全补贴行为"构成的"系统性补贴计划"，并且执行专家组错误地解读了第 2.1 条（c）项，导致专家组未考虑美国商务部提供的推理和分析，这些推理和分析"直接回应"了执行专家组对"补贴计划"的关注。

根据其分析，上诉机构不同意美国的意见，即要求专家组将审议范围限于美国商务部对相关补贴计划的"持续时间"的审查，而不考虑美国商务部是否已在第 129 节程序中的背景下合适地确认了这些计划。在这方面，上诉机构认为，确定补贴计划存在的要求是第 2.1 条（c）项第 3 句规定的义务的一部分，该义务应考虑到补贴计划的实施时间。上诉机构补充说，在原诉讼程序中未解决美国商务部是否正确确定了相关补贴计划的问题，并且它认为没有理由不让中国在这些执行监督程序中再次提出这方面的主张，以此作为其认为美国违反了第 2.1 条（c）项规定义务的依据。

关于专家组对第 2.1 条（c）项的解释和适用，上诉机构同意专家组的意见，即"在不成文的计划中，'一系列系统的行为'的证据可能尤其重要，但仅向某些企业提供了财政资助不足以证明此类财政资助是根据第 2.1 条（c）项的计划或方案授予的"。上诉机构还认为，专家组随后对美国商务部的分析进行了适当的审查，侧重于"美国商务部所依靠的信息是否支持其系统地采取一系列行为，以证明存在提供补贴的计划或方案"。上诉机构补充说，在其论证中，专家组正确地将美国商务部未能解释"有关存在不成文补贴计划的系统性活动"，与美国商务部收到的仅表明"重复交易"的信息进行了对比。因此，上诉机构不同意美国的观点即认为专家组在分析第 2.1 条（c）项的适用标准时存在错误。上诉机构也不同意美国的观点，因为美国主张专家组根据第 2.1 条（c）项作出的裁决是基于对美国商务部专向性分析的孤立解读。相反，上诉机构理解专家组的顾虑，即美国商务部对"补贴计划"论证和参照是基于通用的属性，并未围绕专向性的认定方面充分讨论钢铁部门或投入品。出于这些原因，上诉机构维持了专家组的裁决，即依据第 129 节程序美国的行为违反了《补贴与反补贴措施协定》第 2.1 条（c）项。

3.3.5 上诉机构分庭一位成员的独立意见

3.3.5.1 公共机构：《补贴与反补贴措施协定》第 1.1 条（a）项（1）

在独立意见中，上诉机构分庭一位成员同意多数成员的以下意见：（1）驳回中国根据《补贴与反补贴措施协定》第 1.1 条（a）项（1）中对"公共机构"一词的解释；（2）支持专家组的结论，即中国未能证明美国商务部在所涉的(《乌拉圭回合协定法》)第129节程序中的公共机构决定与第1.1条(a)项(1)不符;(3)维持专家组关于中国未能证明《公共机构备忘录》与第1.1条(a)项(1)不符的结论。但是,他不同意多数成员关于不必要澄清决定某一实体为公共机构的标准的意见。

该上诉机构分庭成员认为,关于什么是"公共机构"的问题仍然不明确,这是对"先例"过分强调的一个例子。他认为,最初的错误是在美国—反倾销和反补贴税案(中国)中,将"公共机构"一词定义为"拥有、行使或被授予政府职权"的实体。他认为,这是确定公共机构的一种方法,但这并不是在特定情况下赋予概念含义的唯一方法。他认为,在随后的上诉中,上诉机构将"拥有、行使或被授予政府职权"一词视为确定一个实体是否为公共机构的必要要素,同时添加的标准似乎削弱了该要素的作用。他认为,这已经造成了混乱。该成员还注意到美国已经明确要求该上诉机构分庭澄清"公共机构"一词的含义,因此认为有必要澄清确定一个实体是否为公共机构的标准。

在这方面,该成员指出,第1.1条(a)项(1)的条文并未详述"公共机构"一词的含义,也没有要求对"公共机构"一词有单一的抽象定义或基本标准。相反,第1.1条(a)项(1)要求审查财政资源是否是由"公共机构"进行转移的,因此可以归因于政府。他认为,这种审查涉及对有关实体与政府之间关系的评估。当这种关系足够紧密时,可以根据第1.1条(a)项(1)将有关实体认定为公共机构,并将其所有行为归于相关成员。如果政府有能力控制有关实体和(或)其行为,则该实体可以被视为第1.1条(a)项(1)所指的公共机构。该成员补充说,他不认为上诉机构应更详细地阐述"公共机构"一词的含义。相反,它应该给国内主管机关留出空间来适用上述标准,只要它们的决定符合客观、合理和充分的解释以及充分的证据要求。

虽然该成员支持多数成员驳回中国对专家组结论的上诉,即美国商务部在第129节相关程序中的公共机构决定不违反《补贴与反补贴措施协定》第1.1条(a)项(1),但他表示不同意大多数成员关于确定一个实体是否为公共机构的标准,并提供在确定一个实体是否为公共机构时可能的相关标准的概括。他认为,必须根据具体情况确定有关实体是否为公共机构,同时要适当考虑相关实体的特征、与政府的关系以及该实体运营所在国家的现行法律和经济环境。就像没有两个政府是完全一样的,一个公共机构的精确轮廓和特征必然会因实体、国家以及案例而有所不同。当政府有能力控制该实体和（或）其行为以输送财政资源时，该实体可能被视为公共机构。因此，该成员得出结论，不需要调查主管机关在每种情况下确定被调查实体是否拥有、行使或被授予政府权力。

3.3.5.2　利益：《补贴与反补贴措施协定》第 1.1 条（b）项和第 14 条（d）项

上诉机构分庭一成员不同意大多数成员维持专家组裁决的决定。他指出，专家组在专家组报告中有一个独立段落，驳回了美国商务部根据 129 节程序中的基准分析，并表示："美国商务部认为没有必要证明中国政府的行为如何影响到所涉要素投入品的国内价格"；美国商务部甚至未试图为其认定国内价格由于政府的普遍干预导致扭曲而做出合理充分的解释："美国商务部概述了政府在相关市场中的参与，仅以此为基础，就确定它不能使用相关投入品的国内价格来评估补偿的充足性"。该成员补充说，尽管大多数成员表示接受不同方法——包括定性分析——可以作为国内机构解释政府干预如何导致国家价格扭曲的基础，但实际上它驳回了美国商务部进行的大量定性分析，并提出了一种观点，该观点只能解读为在所有涉及诉诸国外价格的情况下都需要进行定量分析。

然后，该分庭成员着手详细介绍美国商务部的行为，专家组驳回了这些行为，并且得到（上诉机构分庭）多数成员的赞同。例如，他指出，美国商务部在其《基准备忘录》中审查了：（1）中国政府参与了中国国有投资企业的运作；（2）详细的工业计划，指导各部门以减少公司数量并扩大生产规模；（3）政府对董事会和公司职位的任命施加控制；（4）有关受控制的并购的证据；（5）预防破产以及其他政府干预与市场运作有关的指标。在评估国有投资企业在钢铁行业中的功能时，美国商务部指出该行业是"支柱"行业，国家在其中保留了"一定程度上的强大影响力"，增加过剩产能的证据、出口限制；详细说明有利和不利的生产规模、投资、技术、产品和生产地点的"五年计划"，严格控制投资，控制国有投资企业的任命过程，阻碍了大型中小企业的破产，并优先获得资本、土地和能源。关于中国私营钢铁生产商的价格，美国商务部考察了多个因素，包括国有投资企业的重要市场份额，许多国有投资企业钢铁生产商的存在被竞争性市场力量所隔离，钢铁进口产品的出口限制，外国投资限制以及其他因素。此外，在《辅助基准备忘录》中，美国商务部提到问卷调查的答复不足，导致缺乏代表性的价格数据，并且需要部分依靠关于 3 种钢材的特定投入品市场分析的可获得事实。在最终基准决定中，美国商务部解释了为什么它无法进行价格一致性分析以进一步支持其解释，即有关基础程序中的私营钢铁投入价格被扭曲了。最后，鉴于中国政府未回应美国商务部的信息要求，关于太阳能电池板的调查美国商务部只能完全依靠可获得的事实。该成员进一步指出，《基准备忘录》和《辅助基准备忘录》以及支持美国商务部结论的基础证据长达数百页。然而，专家组在一个段落的分析中忽视美国商务部的论证和支持证据，将美国商务部的决定描述为"甚至未尝试"解释为何国内钢材价格不是由市场决定的。

该分庭成员补充说，在未对美国商务部的观点和证据进行任何评估而认定美国商务部"未能解释政府干预市场如何导致所涉投入品的国内价格偏离市场确定的价格"的情况下，专家组实际上对美国商务部提出了以下质疑：即使它已经发现这些价格已经扭曲，也没有进一步分析国内价格。在这种情况下为什么需要这样做并不清楚。但是，前提是调查主管机关充分解释了其为何认为相应的政府干预会扭曲国内价格，但该分庭成员不认可为什么应该要求美国商务部在基准分析的背景下依靠或者进一步分析这种国内价格，例如通过比较国内价格与一个假设的市场决定的基准，发现存在偏差。他指出，这样的价格可能反映了政府的干预措施，正是这些干预措施导致了美国商务部寻求反补贴。

该分庭成员开始更详细地阐明他与专家组和上诉机构多数成员的分歧。特别是他认为，只有专家组对美国商务部的分析、推理和基础证据进行有意义的审查，才能使专家组得出结论，即美国商务部是否为决定适用国外价格提供了充分的解释。然而，专家组没有进行任何此类审查。该上诉成员补充说，上诉机构多数成员认为美国商务部未能提供"充分评估政府单独或联合采取的各种形式的干预措施如何影响中国钢铁市场，尤其是所涉钢铁投入品市场的价格问题，以及它们实际上是如何导致所有国有投资企业和这些市场中这些投入品私人价格的扭曲，而非一般性扭曲的市场"。他考虑到专家组没有进行任何此类评估，并且没有对美国商务部的推理和基础证据提供实质性分析，因此他对大多数成员如何得出这一结论提出质疑。不是审议专家组的裁决以确定专家组在解释和适用第 14 条（d）项方面是否存在错误，在他看来，是多数成员对美国商务部的决定进行独立审查，并基于该审查，支持专家组基于错误法律标准，并反映出实际上没有深入美国商务部决定的裁定。这样，大多数成员似乎承担了专家组的作用，从自己对记录在案证据的分析中得出结论，而不是通过专家小组提供的，推理分析得出结论。在他看来，多数成员似乎已经超过了上诉机构的职责，该职责是审查"专家组报告中涵盖的法律问题和专家组做出的法律解释"。

此外，该分庭成员指出，专家组认识到，"调查主管机关可以根据案件的情况，对所涉产品进行……详细程度不同的市场分析"。但是，尽管如此，专家组似乎并未考虑到美国商务部的定性分析，从而得出以下结论：（1）不能认为整个钢铁行业的价格是市场决定的，并且类似的理由也适用于所讨论的特定钢铁投入品市场；（2）中国在答复美国商务部的调查表时未提供进行特定投入品市场分析所需的信息，因此也未记录在案；以及（3）美国商务部拥有原审调查记录的数据，这些数据与国有投资企业在上述三个投入品市场中的相当大的市场份额有关。该结论基于"中国钢铁行业的总体情况，其中包括中国政府在该行业的其他政策干预措施（例如，影响钢铁产品供求双方的工业政策、强制性并购、补贴、投资限制和出口限制），所有这些都扭曲了公司层面的决策，从而阻止了市场条件的存在，而市场条件是《补贴与反补贴措施协定》第 14 条（d）项规定的适当基准所必需的"。此外，美国商务部审议了记录在案的可获得证据，包括中国政府提供的价格证据，但得出结论："这一证据并不表明中国相关钢铁市场的价格适合用作确定相关调查中补偿是否足够的基准"。

此外，该分庭成员指出，专家组得出的结论是，对于所有 4 个基准的决定，在分析美国商务部是否忽视记录在案的特定投入品价格证据之前，美国商务部未能解释政府对市场的干预是如何导致相关投入品的国内价格偏离市场决定的价格的。因此，专家组对美国商务部为其国内价格偏离市场确定的价格的结论是否提供了合理充分的解释，相关分析脱离了对记录证据的讨论。这表明，专家组认为美国商务部的做法永远不会充分证明诉诸国外价格是合理的，与之前的证据无关。从专家组对与太阳能电池板有关的第 129 节程序进行的审查中可以明显看出这一点，在该程序中，中国政府并未对美国商务部的基准调查表进行回复。但是，即使在这种情况下，专家组未对美国商务部所依据的不利事实进行任何分析，也没有对裁定美国商务部没有为其拒绝国内多晶硅价格提供合理充分的解释。

在单独意见中，该分庭成员认为大多数成员支持专家组的决定有点"难以理解"。鉴于专家组没有实质审查美国商务部用来确定多晶硅价格并非由市场决定的证据，该成员认为目前还不清楚多数成员基于什么理由支持专家组的结论，也不清楚多数成员认为美国商务部需要做什么才能认定政府干预导致了价格扭曲。

该分庭成员还指出，美国商务部称中国提交的《"我的钢铁"报告》是奥多弗报告的一个例证。该报告提供了"一个评估市场价格是否因政府作为供应商的主导地位而'扭曲'的经济框架"。尽管它"没有对奥多弗教授关于'市场支配力'的分析框架在反托拉斯分析的背景下是否有用表示怀疑",但美国商务部观察到,这"不是上诉机构允许进行市场扭曲分析的唯一[分析框架];鉴于政府对钢铁行业的干预具有多方面的性质,因此在中国的钢铁行业中也没有……最相关或最具解释性"。此外,美国商务部引用了奥多弗报告中的指标和支持信息,但发现没有必要进行逐个解决。在这方面,美国商务部解释说,它不认为奥多弗教授的反托拉斯存在与否特别能说明市场扭曲的指标,例如,当市场进入和退出决定时,私营供应商继续参与市场并不是特别有力,"盈利能力"本身受到政府干预的扭曲。此外,尽管美国商务部拒绝将中国整个钢铁行业的国有投资企业和私营价格作为合适的利益基准,但它仍试图分析记录在案的相关价格数据,并发现这些数据不足以用作对确定私人价格是否与国企价格一致进行任何有意义的分析。但是,在分析中,专家组只是对美国商务部没有参考《"我的钢铁"报告》中的价格提出了异议,忽略了美国商务部在基准备忘录中关于为什么这些价格不是由市场决定的完整分析。因此,该成员认为,基于专家组认定美国商务部没有充分审查一些指标,如钢材价格随时间的波动、行业的碎片化或私人投资的存在,多数成员没有任何依据支持专家组的依据。由于这些原因,他不同意多数成员的观点,该观点认为美国商务部未能"在其决定中解释,根据"我的钢铁"定价数据和奥多弗报告的替代陈述,它采取的方法和得出的结论为何仍然有效"。对于他来说,这正是美国商务部所做的。无论如何,应该由专家组,而不是上诉机构来审议记录在案的证据,并根据美国商务部的分析进行审查。

总之,该分庭成员认为,多数成员在赞同专家组的标准时,似乎要求将分析国内价格作为诉诸替代基准的条件,即使在国内价格没有记录在案的情况下也是如此。专家组在本案中的任务是,审查美国商务部是否根据第14条(d)项决定诉诸国外价格提供了合理充分的解释。专家组没有适当地处理这个问题,也没有对美国商务部的分析及其所依据的证据进行任何实质性评估,包括世界银行报告、经济合作与发展组织的工作文件、经济调查、文章和专家意见以及立法和行政文件,只是裁定美国商务部"甚至未尝试"对拒绝国内价格和无视价格证据作出任何解释。鉴于专家组的分析有不足之处,该成员不同意多数成员维持专家组结论的决定。

3.3.5.3　专向性:《补贴与反补贴措施协定》第2.1条(c)项

分庭一成员不同意大多数成员的裁决,并回顾了第2.1条(c)项所指的一项补贴计划可以通过几种方式得到证明，包括向某些企业提供了带来利益的财政资助等一系列系统的行为"。该成员认为第 2.1 条（c）项没有依据要求调查主管机关首先证明"存在第 1.1 条所指的补贴"，其次证明"向某些企业提供这种补贴的'计划或方案'"。他进一步指出，根据第 2.1 条（c）项，专向性分析与重新确定是否存在"补贴价格"，或是否按照"政府指示"生产和提供给下游采购商无关，并且一项措施是否符合第 2.1 条（c）项的问题不需要"重新确定"补贴的存在或其组成要素。

关于专家组对美国商务部决定的审议，该分庭成员指出，在评估美国商务部是否有客观依据进行第 2.1 条（c）项所述的专向性分析时，专家组未提及美国商务部在初始调查中提供的论证和分析，除了指出"初始调查的基础文档（用于石油管材和其他调查）尚未提交到执行监督程序的记录中"。因此，专家组似乎排除了这样一种可能性，即潜在的补贴项目可能已经在美国商务部的公共机构、财政资助和利益分析中得到确定。该上诉成员补充说，专家组不应质疑美国商务部没有提供"关于其有关补贴计划的结论的合理充分的解释"，而是应该仔细审查美国商务部在公共机构、财政资助和利益调查方面提供的分析，以评估美国商务部是否已确定其正在调查的"补贴计划"，从而有客观依据进行第 2.1 条（c）项中的专向性分析。出于这些原因，该分庭成员认为专家组错误地裁定中国证明了美国在所涉的第 129 节程序中违反了《补贴与反补贴措施协定》第 2.1 条（c）项的规定。

3.4 上诉机构报告：《韩国—对来自日本的气动阀征收反倾销税案》（WT/DS504/AB/R）

该争端涉及韩国对源自日本进口的某些气动传动用阀（气动阀）征收最终反倾销税，而此前韩国贸易委员会及其贸易调查办公室已就此展开调查。韩国贸易委员会根据韩国两家气动阀门生产商 TPC（TPC Mechatronics Corporation）和 KCC（KCC Co., Ltd.）的申请，于 2014 年 2 月 21 日展开调查并发布了立案调查公告。2015 年 8 月 19 日，在韩国贸易委员会的最终解决方案的基础上，韩国战略和财务部长通过 498 号法令对从日本进口的气动阀征收为期五年的反倾销税，其中反倾销税率为：对 SMC 公司和其产品的出口商征收税率为 11.66% 的反倾销税；对 CKD 公司、日本丰兴（Toyooki Kogyo）有限公司和出口这两家公司产品的出口商，以及日本的其他供应商征收税率为 22.77% 的反倾销税。

日方请求成立一个专家组（以下称"日本专家组请求"），日本诉称，争议措施不符合韩国在《反倾销协定》第 3.1 条和第 3.2 条、第 3.1 条和第 3.4 条、第 3.1 条和第 3.5 条、第 3.1 条和第 4.1 条、第 6.5 条、第 6.5.1 条、第 6.9 条、第 12.2 条和第 12.2.2 条项下的义务。由于存在这些不符，日本还声称韩国的行为不符合《反倾销协定》第 1 条和 1994 年《关税和贸易总协定》第 6 条的规定。

就专家组的职权范围而言，专家组认为，日本下列诉请未能提供一份足以明确陈述问题的起诉的法律根据概要，这不符合《争端解决谅解》第 6.2 条的规定，因此不在专家组的职权范围内：

a. 日本根据《反倾销协定》第 3.1 条和第 4.1 条提出的有关国内产业定义的诉请（诉请七）；

b. 日本根据《反倾销协定》第 3.1 条和第 3.2 条提出的关于韩国调查主管机关对倾销进口产品数量的决定的诉请（诉请一）；

c. 日本根据《反倾销协定》第 3.1 条和第 3.2 条提出的关于考虑倾销进口产品对价格影响的诉请（诉请二）；

d. 除了韩国调查主管机关未能评估第 3.4 条所列的两个特定因素之外，日本根据《反倾销协定》第 3.1 条和第 3.4 条提出的关于倾销进口产品对国内产业状况影响的诉请（部分诉请三）；

e. 除了关于韩国调查主管机关是否孤立地考虑某些已知因素，并在未经充分审查的情况下，予以驳回的主张之外（部分诉请五），日本根据《反倾销协定》第 3.1 条和第 3.5 条提出的关于韩国调查主管机关未能同时考虑损害国内产业的倾销进口产品以外的一些已知因素的诉请；

f. 日本根据《反倾销协定》第 6.9 条提出的关于有义务告知利害关系方构成最终反倾销措施决定依据的基本事实的诉请（诉请十）；

g. 日本根据《反倾销协定》第 12.2 条和第 12.2.2 条提出的关于韩国调查主管机关有义务就其最终决定做出合理公告的诉请（诉请十一和诉请十二）；以及

h. 日本根据 1994 年《关税和贸易总协定》第 6 条提出的相应诉请。

同时专家组认为，以下这些日本的请求书能提供一份足以明确陈述问题的起诉的法律根据概要，符合《争端解决谅解》第 6.2 条的规定因此其在专家组的职权范围内：

i. 日本根据《反倾销协定》第 3.1 条和第 3.4 条提出的关于韩国调查主

管机关未能评估融资或投资能力以及倾销幅度大小的诉请（部分诉请三）；

j. 日本根据《反倾销协定》第 3.1 条和第 3.5 条提出，韩国调查主管机关证明因果关系时，在分析证明倾销进口产品数量、进口产品对价格的影响以及这些进口产品对国内产业的影响方面的因果关系缺乏基础的诉请。这与韩国调查主管机关的分析是否符合第 3.1 条、第 3.2 条和第 3.4 条无关且独立（诉请六）；

k. 日本根据《反倾销协定》第 3.1 条和第 3.5 条提出的关于韩国调查主管机关未能证明倾销进口产品与对国内产业的损害之间存在任何因果关系的诉请（诉请四）；

l. 日本根据《反倾销协定》第 3.1 条和第 3.5 条提出的关于韩国调查主管机关未能充分审查某些已知因素并孤立地审查此类因素的诉请（部分诉请五）；

m. 日本根据《反倾销协定》第 6.5 条和第 6.5.1 条提出的关于信息的保密处理和提供申请人要求对其信息进行保密处理的非保密摘要的诉请（诉请八和诉请九）；以及

n. 日本根据《反倾销协定》第 1 条提出的相应诉请。

专家组随后就其职权范围内审查的每一项主张作出实质性裁决。就主张 3 而言，专家组裁定，日本未能证明韩国调查主管机关由于未能评估两个经济因素，即筹资或投资能力以及倾销幅度的大小，违反《反倾销协定》第 3.1 条和第 3.4 条的规定。就筹集资金或投资的能力而言，专家组裁定日本未能提出任何事实证明韩国贸易委员会的分析有失客观，同时也不能证明一个合理和公正的调查主管机关无法像韩国贸易委员会那样评估国内工业的筹资能力。就倾销幅度的大小而言，专家组裁定韩国贸易委员会不仅列出或表明存在倾销差价，而且将其作为一项实质性事项进行评估。此外，专家组裁定日本未能证明本案中存在具体的事实情况，要求韩国贸易委员会以任何特定方式评估倾销幅度的大小。在此基础上，专家组裁定日本未能证实韩国贸易委员会在评估倾销幅度时不符合第 3.1 条和第 3.4 条的规定。

关于根据《反倾销协定》第 3.1 条和第 3.5 条提出的 3 项诉请，即诉请四、诉请五和诉请六，专家组选择首先处理日本提出的诉请六。在该方面，专家组认为日本根据韩国存在的缺陷数量、价格影响及其影响分析提出了违反第 3.5 条的"独立"诉请，即使专家组发现这些缺陷并不构成违反第 3.2 条和第 3.4 条的依据。专家组裁定，韩国调查主管机关的行为不符合第 3.1

条和第 3.5 条的规定:(1)在比较某些型号的倾销进口产品的个别交易价格与国内同类产品相应型号的平均价格时,未能确保价格的可比性(相关价格比较);(2)鉴于倾销进口产品的价格在基于,产品整体平均价格和代表型号的平均价格趋势分析期间均高于国内同类产品的价格,这一无可争议的事实时,未能充分解释其在决定因果关系时考虑倾销进口产品的抑价和低价效应。

然而,专家组裁定日本未能证明韩国调查主管机关的行为不符合《反倾销协定》第 3.1 条和第 3.5 条的规定,因为他们在考虑倾销进口品数量增加的重要性时,所谓的缺陷削弱了因果关系的认定。此外,专家组还裁定日本未能证明,倾销进口产品对国内产业的影响不符合第 3.4 条的规定,以及韩国调查主管机关所确立的因果关系不符合《反倾销协定》第 3.1 条和第 3.5 条的规定。

就诉请四而言,专家组裁定在日本"独立"因果关系的诉请(诉请六)下,日本关于数量趋势和价格趋势的观点与数量和价格影响有关的观点是相同的。因此专家组驳回了这一观点。基于同样的考虑,专家组驳回了这些观点。在谈到日本关于利润趋势的观点时,专家组裁定日本未能证明倾销进口产品与国内产业利润趋势之间缺乏相关性,一个合理且公正的调查主管机关根据韩国贸易委员会之前提出的事实和论据,不可能裁定倾销进口产品与国内产业损害之间存在因果关系。因此,专家组驳回了日本提出的诉请四。最后,就诉请五而言,专家组的结论是,日本未能证明韩国调查主管机关未能充分审查除倾销进口产品之外,其他对国内产业造成损害的已知因素,以及这些已知因素的累积影响,进而违反第 3.1 条和第 3.5 条的规定。

就诉请八而言,专家组认为,根据《反倾销协定》第 6.5 条,它面临的主要问题是,韩国贸易委员会是否对申请人提供的 38 项日本查明的资料给予了保密处理,而这些申请人并未被要求对此提出正当理由,也没有对这种资料做出客观评估,以证明保密处理。

专家组指出,《韩国海关法执行规则》第 15 条列出了在反倾销调查中有权得到保密处理的 5 类信息。此外,在有关的反倾销调查中,申请人至少提交了 3 份书面陈述的公开版本,而且某些信息已从这些文件中被删除。专家组也注意到,在书面意见的 3 个公开版本中,没有明确提到"正当理由"。修订后的信息与《海关法》实施规则第 15 条规定的类别之间也没有任何联系。同样,记录中的相关文件也没有具体说明韩国贸易委员会或其贸易调查办公室评估了申请人是否提出了正当理由。因此，专家组认为，韩国调查主管机关对申请人提供的某些资料给予了保密处理，即"没有任何证据表明申请人要求对信息进行保密处理是正当的"。基于上述原因，专家组裁定关于日本确认的 38 项资料中，韩国调查主管机关的行为不符合《反倾销协定》第 6.5 条。

关于诉请九，专家组指出，根据《反倾销协定》第 6.5.1 条，它面临的问题是，对于某些资料，韩国贸易委员会是否未要求提交方提供一份非机密的资料摘要，以寻求保密处理。

专家组注意到，申请人提交的 3 份文件（调查申请书、律师意见摘要、申请人反驳意见）的"公开"版本中，存在整个板块的信息都被删除的情况，并且没有任何说明来概括从文件中被删除的具体信息。专家组又注意到，提交的资料中存在被修正过的信息，且包括大量重要数据，例如与国内同类产品的生产和销售有关的资料，以及关于国内工业状况的各种经济指标。因此，专家组认为，"日本查明的 3 份文件的'公开'版本不能说明包含了足够详细的摘要，足以'合理地理解以机密方式提交的信息的实质内容'"。在此基础上，专家组得出结论认为，"韩国调查主管机关未能要求提供方提供有关资料的充分的非机密摘要，从而违反了《反倾销协定》第 6.5.1 条的规定"。

3.4.1 《争端解决谅解》第 6.2 条：日本的专家组请求书和专家组职权范围的充分性

在上诉中，日本辩称，上诉机构应推翻专家组的裁决，即日本关于国内产业的定义（诉请七）、倾销进口产品的数量（诉请一）、倾销进口产品的价格影响（诉请二）、基本事实的披露（诉请十）和日本关于倾销进口产品，对国内工业的影响的部分诉请（诉请三）超出了专家组的职权范围。韩国则要求上诉机构推翻专家组的裁决，即日本关于因果关系的诉请（诉请四、诉请六和诉请五的一部分）以及关于信息保密处理的诉请（诉请八和诉请九）属于专家组的职权范围。

上诉机构裁定，《争端解决谅解》第 6.2 条下的规定对于确定专家组的职权范围至关重要，因为专家组的职权范围受设立专家组请求书的管辖，并划定了专家组的权限范围，而且通过向被诉方和第三方提供关于申诉方案件性质的通知，使他们能够做出相应的答复，从而实现正当程序的目标。为了评估设立专家组的请求书是否足够精确，以满足《争端解决谅解》第

6.2 条的规定，专家组必须根据其所使用的语言全面仔细审查设立专家组的请求书。因此，设立专家组的请求书是否符合 DSU 第 6.2 条的规定，必须根据具体情况具体分析。因而，申请设立专家组的请求是否符合《争端解决谅解》第 6.2 条的要求，必须根据专家组请求的内容逐一确定。此外，在专家组审理期间争端方之后提交的陈述可能无法纠正设立专家组的请求书中的缺陷，但可以通过咨询来确认其中所用词语的含义。

上诉机构注意到，目前的争端涉及《争端解决谅解》第 6.2 条第 2 句所要求的提供一份足以明确陈述问题起诉的法律根据概要。为了满足这一要求，设立专家组的请求书必须明确地将争议措施与声称被违反的涵盖协定的条款联系起来。为此目的，上诉机构表示，查明诉称被违反的条约规定始终是有必要的，也是最低限度的先决条件，但根据案件的具体情况，仅查明诉称被违反的条约规定，可能不足以满足第 6.2 条的要求。例如，在这种情况下，一项规定不包含一项单独、明确的义务，而是多个义务，因此设立专家组的请求书可能需要具体说明该条文所载的哪些义务受到了质疑。此外，上诉机构回顾称，设立专家组的请求书只需提供申诉的法律依据，即申诉方诉请的理由，而不是支持申诉的论据。最后，上诉机构回顾了其在过去某些争端中的陈述，即《争端解决谅解》第 6.2 条所要求的对申诉的法律根据概要，"旨在简明扼要地解释申诉成员如何或为何认为有关措施违反了 WTO 的有关义务"。上诉机构强调，在这些案件中使用"如何或为何"一词并不意味着为遵守《争端解决谅解》第 6.2 条的要求而制定全新不同的法律标准。

上诉机构随后认为，一般而言，专家组根据《争端解决谅解》第 6.2 条阐述的法律标准是符合这些要求。尽管如此，上诉机构指出，对专家组而言，关于援引《反倾销协定》第 3.1 条以及《反倾销协定》第 3 条或第 4.1 条的 7 项诉请，只是转述了第 3.1 条的第一部分，或通常情况下在叙述中使用了该条的措词，其本身不足以清楚地表明问题。上诉机构注意到，专家组在确定这些诉请是否在其职权范围内时特别参考了这一论证。

然而，对上诉机构来说，日本的任何诉请都不限于仅解释《反倾销协定》第 3.1 条的措词。相反，日本还至少确认韩国违反了第 3 条或第 4 条中另一段的规定。因此，上诉机构指出，日本对《反倾销协定》第 3.1 条的解释，以及设立专家组的请求书中所载的其余表述，包括日本提及的其他有关条款，是否符合《争端解决谅解》第 6.2 条的要求，应根据每项诉请的相关情况逐个进行评估。这类情况可能包括所涉措施的性质和在设立专家组的请求书中对其加以说明的方式，以及涵盖协定据称被违反的规定的性质。因此，日本提出的 7 项诉请转述了第 3.1 条的措词，这一事实本身并不能决定设立专家组的请求书是否符合《争端解决谅解》第 6.2 条的要求。

3.4.1.1　职权范围：日本关于国内产业定义的诉请七

上诉机构注意到，专家组裁定日本关于国内产业定义的诉请七提到《反倾销协定》第 3.1 条的措词，专家组认为这不足以清楚地说明问题。然而，上诉机构表示，虽然日本的部分诉请可能包括对《反倾销协定》第 3.1 条的措词的解释，但这本身并不足以证明日本设立专家组的请求书不符合《争端解决谅解》第 6.2 条的要求。日本的诉请虽然简短，但认定《反倾销协定》第 3.1 条和第 4.1 条都是据称被违反的涵盖协定的条款。此外，上诉机构注意到了日本设立专家组的请求书在关于争议措施中涉及国内产业定义的部分，以及据称与韩国根据第 3.1 条和第 4.1 条承担的义务不符的部分。关于有关条款的性质，上诉机构裁定，第 3.1 条和第 4.1 条规定的义务得到了很好的界定，而且这些规定共同确立了一项明确的义务。例如，日本设立专家组的请求书表述中对这些条款的确认，根据《争端解决谅解》第 6.2 条的要求，清楚地将争议措施与据称被违反的涵盖协定中的条款联系起来。因此，上诉机构推翻了专家组的裁决，该裁决认为日本的诉请七不在其职权范围内。

3.4.1.2　职权范围：日本关于倾销进口产品数量的诉请一

上诉机构裁定，日本关于倾销进口品数量的诉请一除了转述第 3.1 条外，还提到了第 3.2 条，并指出它涉及"韩国对进口大幅增加的分析"。因此，它将第 3.1 条和第 3.2 条确定为诉称被违反的涵盖协定的规定。上诉机构还裁定，设立专家组的请求书中清楚地表明，这项诉请涉及争议措施的具体部分，还涉及韩国调查主管机关对倾销进口产品数量的审议，以及其诉称的与第 3.1 条和第 3.2 条存在的不符性。关于所涉条款的性质，上诉机构裁定，第 3.1 条和第 3.2 条第一句所规定的义务是不同且界定明确的，因为它要求调查主管机关根据确凿证据对倾销进口产品是否有显著增加进行客观审查。因此，上诉机构将第 3.1 条和第 3.2 条列为涵盖协定中韩国违反的条款，并具体说明第 3.2 条中的哪些要素，即对倾销进口量的审议。上诉机构裁定，日本的诉请虽然简短，但是明确地将争议措施与有关义务联系起来。因此，上诉机构推翻了专家组的裁决，该裁决认为日本关于倾销进口货物数量的诉请一不在其职权范围内。

3.4.1.3 职权范围：日本关于倾销进口产品的价格影响的诉请二

关于倾销进口产品的价格影响的诉请二，上诉机构表示，专家组已注意到设立专家组的请求书将《反倾销协定》第3.1条和第3.2条确定为被违反的条款。上诉机构注意到，专家组随后将日本的诉请分成两个不同的"要素"，以评估其与《争端解决谅解》第6.2条的一致性，即一个是关于《反倾销协定》第3.1条规定的义务，另一个涉及第3.2条规定的义务。上诉机构特别注意到，关于第一个要素，专家组依据其早先的裁决，即仅仅对《反倾销协定》第3.1条的解释通常不足以清楚地提出问题。然而，与专家组在该方面的裁决相反，上诉机构表示，考虑到每项诉请的具体情况，包括措施的性质和违反义务的性质，日本对第3.1条的解释以及设立专家组的请求书中叙述的其余部分是否符合第6.2条的要求，应逐案评估。

上诉机构随后注意到，就争议措施的性质而言，日本设立专家组的请求书中明确指出，这项诉请涉及争议措施中与韩国调查主管机关考虑倾销进口产品的价格影响有关的具体部分，更确切地说，是严重的价格下跌和抑制，以及其诉称的与第3.1条和第3.2条不符性。就有关争议条款的性质而言，上诉机构裁定，第3.2条第二句连同第3.1条规定了一项明确的义务，其核心是要求在客观审查直接证据的基础上，考虑倾销进口产品对国内价格的影响是否涵盖其中所包含的经济现象。因此，上诉机构裁定，通过确定该诉请所涉措施的相关部分，将《反倾销协定》第3.1条和第3.2条列为韩国违反涵盖协定的条款，并具体说明该申诉涉及第3.2条中的哪些要素。日本的诉请虽然简短，但显然将争议措施与有关义务联系起来。因此，上诉机构推翻了专家组的裁决，该裁决认为日本关于倾销进口产品的价格影响的诉请二不在其职权范围之内。

3.4.1.4 职权范围：日本关于倾销进口产品对国内产业影响的诉请三

上诉机构回顾称，专家组审查认为日本的诉请三的第一部分转述了第3.1条的第一部分，而在专家组来看，这一部分通常不足以清楚地呈现问题。上诉机构注意到，专家组随后着手确定诉请的第二部分——诉称中没有对"对有关国内产业状况有影响的所有相关经济因素和指数进行评估"的诉请——是否符合《争端解决谅解》第6.2条的要求。上诉机构注意到，由于《反倾销协定》第3.4条规定了在每一案件中必须评估的因素清单，专家组审查认为，设立专家组的请求书表面上明确提出了问题，指出韩国贸易委员会未能评估这些因素中的一个或多个构成违反第3.1条和第3.4条的行为。然而，上诉机构还注意到，专家组的审查结论中仍有3项诉请不属于其职权范围，具体而言包括：（1）韩国贸易委员会没有在第 3.2 条规定的数量和价格影响裁决与第 3.4 条规定的不利影响裁决之间建立逻辑联系；（2）关于第 3.4 条所列的某些因素，韩国贸易委员会未能证明倾销进口产品对了解国内产业趋势具有任何解释力；（3）韩国贸易委员会高度强调负面的相关因素，而忽视或不加解释地淡化韩国工业没有受到损害的因素。这是因为，在专家组看来，设立专家组的请求书没有表明或指出，日本关于韩国分析所调查的进口产品对国内产业的影响的诉请延伸到包括这些主张。

上诉机构认为，日本要求设立专家组的请求书将《反倾销协定》第 3.1 条和第 3.4 条确定为被违反的条款。此外，上诉机构指出，根据诉请三，日本仅对有关措施的具体部分提出质疑，该部分涉及韩国调查主管机关对被调查进口产品对国内产业的影响的分析。就所涉条款的性质而言，上诉机构认为，第 3.4 条和第 3.1 条规定了一项明确的义务，本质上要求调查主管机关根据有关所有方面的积极证据，客观审查倾销进口产品对国内产业的影响以及影响国内产业状况的有关经济因素和指标。因此，对上诉机构而言，日本的诉请三提供了一份足以明确陈述问题的起诉法律依据概要。此外，上诉机构指出，专家组认为不在其职权范围内的 3 项诉请有助于解释韩国调查主管机关违反第 3.1 条和第 3.4 条规定的明确义务。日本则不需要在其设立专家组的请求书中列入具体细节。因此，上诉机构推翻了专家组的裁决，该裁决认为这 3 项诉请不在其职权范围之内。

3.4.1.5　职权范围：日本关于因果关系的诉请四、诉请五和诉请六

就日本关于因果关系的诉请四而言，上诉机构注意到，专家组审查认为这项诉请表面上包含两个方面，第一个方面——与未能根据确凿证据进行客观审查有关——被第二个方面确认，即，韩国未能证明任何因果关系的诉请。上诉机构还注意到，专家组随后分析了关于证明第 3.5 条所确立的因果关系义务的性质，并指出设立专家组的请求书明确提出了与未能证明这种因果关系有关的问题。对上诉机构而言，专家组的分析反映了它对措施的性质和所涉义务的性质的审议，符合《争端解决谅解》第 6.2 条下的适用标准。特别是关于争议措施的性质，上诉机构指出，日本提出的诉请四具体涉及韩国调查主管机关诉称的"未能证明所调查的进口产品……对国内产业造成损害"。

关于争议条款的性质，上诉机构指出，第 3.5 条和第 3.1 条规定了多重义务。同时，上诉机构指出，日本根据第 3.1 条和第 3.5 条提出了 3 项诉请，

每一项都有其不同的范围。上诉机构认为,日本的诉请四未能根据第3.5条,特别是第二句以及第3.1条的要求,即基于客观审查和所有相关证据,在调查主管机关面前证明因果关系。因此,上诉机构认为,日本的诉请四在表述中指出了其诉求涉及第3.1条和第3.5条的哪一方面以及争议措施的有关方面,虽然简短,但明确地将争议措施与据称被违反的条款联系起来,所以日本的诉求四符合《争端解决谅解》第6.2条的要求。

关于日本提出的诉请五,上诉机构注意到,关于诉称韩国调查主管机关未能充分审查某些已知因素,专家组裁定,设立专家组的请求书就日本如何或为什么认为有关措施违反有关WTO义务作出简要解释。上诉机构认为,日本提出的诉请五具体涉及韩国调查主管机关对非归因因素的审查。尽管如上诉机构所回顾的那样,第3.5条和第3.1条规定了多重义务,但上诉机构认为,日本在设立专家组的请求书的表述中明确指出了其诉请所涉条款的哪一方面。因此,上诉机构裁定,根据《争端解决谅解》第6.2条的要求,日本的诉请五通过确定有关措施和有关条款的具体方面,明确地将争议措施与被违反的涵盖协定的条款联系起来。然而,鉴于诉讼双方都没有就专家组报告的这一方面提出上诉,上诉机构的裁决并没有涉及专家组这一裁决,该裁决认为日本根据诉请五提出的其他诉请不在其职权范围之内。因此,上诉机构裁定专家组的下列裁决不存在错误,即日本诉请五中的一部分,即关于韩国诉称未充分考虑除倾销进口产品以外的所有已知因素造成损害的诉请,在其职权范围之内。

关于日本提出的诉请六,上诉机构注意到,专家组认为这项诉请表面上足够精确,可以清楚地说明问题,即日本认为,韩国贸易委员会因果关系的认定因其数量、价格影响的某些方面而受到削弱,以及这些方面是否与《反倾销协定》第3.1条、第3.2条或第3.4条不符的影响分析。上诉机构还注意到,专家组随后根据诉请中所载"不受影响和独立"的措词审议了诉请的性质,审查认为这项诉请在性质上是独立的。专家组认为这项诉请基于3个前述事项,即:(1)韩国贸易委员会的数量、价格效应和影响分析的某些方面存在"缺陷";(2)这些"缺陷"或与第3.1条、第3.2条和第3.4条规定的义务无关,或本身不构成违反第3.1条、第3.2条和第3.4条的行为;(3)这些"缺陷"却对韩国贸易委员会因果关系的认定有足够的影响,进而得出结论认为该决定不符合第3.1条和第3.5条。

上诉机构裁定,日本提出的诉请六涉及韩国措施的一个具体方面,即韩国调查主管机关根据《反倾销协定》第3.5条的含义认定因果关系,更具体地说，在韩国调查机构的数量、价格效应以及影响分析这几个方面，有所谓的"缺乏基础"的因果关系认定。考虑到第 3.1 条和第 3.5 条规定的义务是多层次的，上诉机构裁定，日本在其诉请陈述中确定了有关条款的特定方面，即第 3.5 条第一句所述倾销进口产品与国内产业之间因果关系的证明。上诉机构还注意到，诉请的措词表明诉请"不考虑"此类"有缺陷的"数量、价格影响和影响分析是否与第 3.1 条、第 3.2 条和第 3.4 条不一致。因此，上诉机构裁定，对第 3.1 条和第 3.5 条的援引，以及诉请六对上述条款表面上的叙述，以足够精确的方式确定了日本提出的诉请六涉及第 3.1 条和第 3.5 条的部分内容，满足《争端解决谅解》第 6.2 条的最低要求。

针对韩国的观点，即专家组本身不确定日本所提出的诉请六的确切性质，并就日本诉请所依据的"前提"发展了自己的看法上诉机构裁定，专家组在韩国提到的陈述中，对韩国关于日本的设立专家组的请求书中"不受影响且不需要"一词含糊不清的观点做出回应。上诉机构认为，无论如何，对评估设立专家组的请求书是否符合《争端解决谅解》第 6.2 条的要求而言，有关诉请性质的考虑并非必不可少。这是因为，一项诉请是否与另一项诉请有关，取决于或独立于另一项诉请，并不减损《争端解决谅解》第 6.2 条的要求，即从表面上考虑设立专家组的请求书，以确定它是否为申诉提供了充分的法律依据，足以清楚地呈现问题。因此，上诉机构裁定，专家组认为日本提出的诉请六在其职权范围内，不存在错误。

3.4.1.6　职权范围：日本关于信息保密处理的诉请八和诉请九

关于日本有关信息保密处理的诉请八和诉请九，上诉机构与专家组一致认为，日本的诉请将《反倾销协定》第 6.5 条和第 6.5.1 条确定为涵盖协定中被违反的条款。上诉机构还注意到，就争议措施的性质而言，这些诉请中的陈述表明，它们具体涉及韩国根据《反倾销协定》第 6.5 条将某些信息视为机密的做法，以及韩国根据《反倾销协定》第 6.5.1 条对机密信息摘要的处理。就有关条款的性质而言，上诉机构裁定，第 6.5 条规定了一项清晰且有界定明确的义务，要求主管机关仅在"有正当理由"的情况下才将某些信息视为机密，例如在专家组的请求中提及这一规定，并将其关联到争议措施的特定部分，足以符合《争端解决谅解》第 6.2 条的要求。

关于根据第 6.5.1 条提出的诉请九，上诉机构指出，它具体提到了第 6.5.1 条的前两句话，这使调查主管机关有义务要求对机密信息做出足够详细的非机密摘要，以便合理地理解以机密方式提交的信息的实质内容。上诉机构裁定，该条款的这一部分是为了确立一项清晰且有明确界定的义务，因此,对这些句子的援引足以清楚地表明日本根据这项诉请提出申诉的法律依据。更具体地说,上诉机构指出,日本诉请中的叙述清楚地表明,它对韩国调查主管机关的以下情况表示异议:(1)未能要求申请人提供其提交的材料、问卷答复及其修正案的非机密摘要;(2)在提供此类摘要的情况下,未能确保其足够详细,使得能够合理地理解保密信息的实质内容。因此,上诉机构支持专家组的裁决,即日本的诉请八和诉请九在其职权范围内。

3.4.1.7 职权范围:日本关于披露基本事实的诉请十

就披露基本事实的诉请十而言,上诉机构注意到,专家组认为该诉请只是转述了《反倾销协定》第6.9条的措词,该条没有解释日本如何或为何认为有关措施与这一规定不符。然而,上诉机构表示,专家组没有就本案的情况,例如措施的性质或有关条文的性质,提供任何进一步的分析,以确定诉请十是否符合《争端解决谅解》第6.2条的要求。

上诉机构认为,就措施的性质而言,这项诉请具体涉及韩国调查主管机关所称的"没有向有关各方通报所审议的基本事实,而它是构成决定实施最终反倾销措施的基础"。就有关规定的性质而言,上诉机构裁定,第6.9条规定了一项清晰且有明确界定的义务,基本上要求调查主管机关及时向所有相关各方披露基本事实,即在做出最终决定之前,并在足够的时间内使当事人能够维护自己的利益。因此,对于上诉机构而言,通过确定该诉请下争议措施的具体方面,并参照《反倾销协定》第6.9条,日本提出的诉请十清楚地将被质疑的措施与被违反的条款相联系,以满足设立专家组的请求书符合《争端解决谅解》第6.2条的要求。因此,上诉机构推翻了专家组的裁决,该裁决认为日本关于披露基本事实的诉请十不在其职权范围之内。

3.4.2 国内产业定义:上诉机构是否能完成分析

日本辩称,如果上诉机构推翻专家组的裁决,该裁决认为日本根据《反倾销协定》第3.1条和第4.1条提出的主张不在专家组职权范围内,则上诉机构应完成法律分析。在日本看来,韩国贸易委员会的行为不符合第3.1条和第4.1条的规定,即将国内产业界定为基础反倾销调查的两个申请人,韩国贸易委员会认定其生产占国内同类产品总产量的"主要部分"。日本诉称,韩国贸易委员会计算这两个申请者在国内总产值中所占比例时存在若干缺陷。日本进一步辩称,韩国贸易委员会根本没有解释这两个申请者是否以及如何被视作代表整个国内总产量。因此，日本辩称，韩国贸易委员会对国内产业的定义存在重大扭曲风险。韩国辩称，韩国贸易委员会的计算没有错误。此外，韩国坚持认为，韩国邀请了所有国内生产商参加并收到了问卷调查，但只有两个申请者作出了答复，而且在界定有关国内产业的过程中，没有任何有失偏颇或歧视。

上诉机构回顾称，在将国内产业界定为国内总产量的主要部分时，调查主管机关必须评估数量和质量两个方面，并确保其行动方式不会产生重大的扭曲风险。同时，上诉机构回顾称，在专家组阶段当事方提出的观点与上诉时提出的观点相似，但专家组既没有探究这些观点，也没有仔细审查和权衡相关证据。此外，上诉机构指出，无论是专家组报告中的"相关事实"部分，还是专家组记录中无争议的事实，都不能让上诉机构根据双方的观点来评估日本的主张。具体而言，上诉机构裁定，没有专家组的充分事实裁决或专家组记录中无可争议的事实，无法评估韩国贸易委员会在计算申请者占国内总产量的比例时是否客观地考虑了现有证据，国内产业定义中的两个申请者是否足以代表国内总产量，或者韩国调查主管机关界定国内产业的过程是否带来了重大的扭曲风险。因此，上诉机构无法完成法律分析。

3.4.3　倾销幅度的大小

日本就专家组的结论提出上诉，该结论认为日本未能证明韩国贸易委员会对倾销幅度的评估与《反倾销协定》第 3.1 条和第 3.4 条不符。日本辩称，调查主管机关必须根据倾销进口产品与国内同类产品之间的价格相互作用来评估倾销幅度，而专家组在其建议的范围内的解释有误。关于专家组对这些条款的适用问题，日本辩称，韩国贸易委员会没有解释存在大幅度倾销，因而倾销对倾销产品和国内同类产品的价格都有重大影响这一结论。此外，日本还辩称，鉴于倾销进口产品的过度销售，韩国贸易委员会在本案中必须进行某种形式的虚拟事实分析。韩国回应反驳说，专家组正确地裁定韩国贸易委员会不仅列出或表明了倾销差额的存在，而且还作为一项实质性事项对倾销幅度的大小进行了评估。

上诉机构认为，第 3.1 条和第 3.4 条要求调查主管机关评估倾销幅度的大小，并评估其相关性和在损害评估中应给予的权重。然而，上诉机构认为，这些规定并不要求对第 3.4 条所列的任何一个因素以特定的方式或给予特定的相关性或权重进行评估。因此，上诉机构不同意日本的意见，即

第 3.4 条要求调查主管机关根据倾销进口产品与国内同类产品之间的价格相互作用来评估倾销幅度，并认为专家组阐述法律标准是为了配合对第 3.4 条的适当解释。关于专家组对第 3.1 条和第 3.4 条的适用问题，上诉机构回顾了专家组的裁决，该裁决认为韩国贸易委员会注意到有较大幅度倾销，因此倾销对倾销产品和国内同类产品的价格都有重大影响。此外，上诉机构回顾称，韩国贸易委员会发现倾销进口产品与国内同类产品之间存在竞争关系的证据，因此专家组在这方面的裁定没有错误。因此，上诉机构裁定，日本未能证明韩国贸易委员会的决定"根本没有得到解释"。此外，上诉机构认为，倾销进口产品的过度销售本身并不一定要求以某种特定的方式评估，例如通过某种形式的虚拟事实分析来评估倾销幅度的大小。基于这些原因，上诉机构支持专家组的裁决，即日本未能证明韩国贸易委员会在其对倾销幅度的评估方面的行为不符合第 3.1 条和第 3.4 条。

3.4.4 因果关系：日本的诉请六

3.4.4.1 专家组在解释或适用第 3.5 条时是否存在错误，即将《反倾销协定》第 3.2 条和第 3.4 条的所有义务都包括第 3.5 条之内

在上诉中，韩国辩称，专家组"有效地"将《反倾销协定》第 3.5 条视为因果关系义务的一部分，即审查倾销进口产品的数量、价格影响和由此产生的影响的独立、全面的义务。同时韩国辩称，专家组"审查"了与通常在《反倾销协定》第 3.2 条和第 3.4 条下的分析中考虑的数量、价格和总体影响完全相同的问题。

上诉机构解释说，关于诉称调查主管机关对数量和价格影响的分析以及对倾销进口品对国内工业状况影响的审查存在缺陷的诉请，专家组可分别根据第 3.2 条和第 3.4 条的规定进行审查，因为这些规定包含调查主管机关进行此类分析所依据的要求。相比之下，关于根据第 3.5 条提出的诉请，专家组的任务是审查调查主管机关的最终证明，即"倾销进口产品通过第 2 款和第 4 款所列倾销的影响，对国内产业造成损害"。为此，请求专家组审查调查主管机关是否适当地将其根据第 3.2 条和第 3.4 条进行的分析结果联系起来，同时考虑到第 3.5 条所要求的证据和因素，就倾销进口产品与损害国内产业之间的因果关系做出明确的认定。因此，专家组对根据第 3.5 条提出的诉请的审查，涉及调查主管机关根据该条款所列的所有证据和因素，并根据各组成部分之间的适当联系最终认定因果关系。专家组的审查不要求重新审议这一决定中相互关联的每个组成部分本身是否符合第 3.2

条或第 3.4 条规定的适用要求的问题。在根据第 3.5 条提出的诉请中审查这种一致性，将有效地要求专家组纳入和适用第 3 条其他段落所列的要求和纪律，而这些要求和规定没有包含在第 3.5 条的文本中。

就目前的争端而言，上诉机构回顾称，在解释其对诉请六中"不受影响和独立"一词的理解时，专家组指出，它不能排除由于对倾销进口产品的数量、价格影响或影响的分析不充分而导致调查主管机关对因果关系的认定可能与第 3.5 条不符的可能性，即使这些不足以证明违反了第 3.2 条和 / 或第 3.4 条。上诉机构解释说，根据第 3.5 条第一句中"必须证明通过第 2 款和第 4 款所列的倾销的影响"的表述，如果专家组认为调查主管机关的数量、价格影响和影响分析不符合第 3.2 条和第 3.4 条规定的义务，这种不符可能会损害调查主管机关对因果关系的总体认定，并因此导致与第 3.5 条的不符。上诉机构解释说，第 3.5 条规定的所有证据和因素，包括支持调查主管机关数量、价格影响和影响分析的证据，可根据第 3.5 条进行审查，以审查调查主管机关是否证明了必要的因果关系。上诉机构并不排除这样一种可能性，即根据这种审查，专家组可能认为调查主管机关在证明因果关系时不符合第 3.5 条的规定，因为它没有将对数量和价格影响的审议与对国内产业状况的影响的审查适当地联系起来，即使这些要素单独可能不违反第 3.2 条和第 3.4 条规定的义务。在这一程度上，上诉机构认为专家组的裁决没有错误，只是因为它确定了上述"可能性"，并进一步审查日本设立专家组请求书（诉请六）所载的"独立"因果关系的诉请。

然而，上诉机构认为，在为审查日本的诉请六适用第 3.5 条时，为了使它能够确定专家组是否错误地"简单处理"了在根据第 3.2 条和第 3.4 条进行的分析中通常会考虑的数量、价格影响和总体影响等完全相同的问题，上诉机构需要根据日本和韩国在上诉中提出的诉请和观点，审议专家组在诉请六下的裁决。

3.4.4.2　专家组是否未将数量视为任何因果关系认定的基本组成部分

在上诉中，日本辩称，专家组驳回了其观点，将重点过于狭隘地放在第 3.2 条第一句关于数量的要求上，而不是根据第 3.5 条关于因果关系的适当分析。在日本看来，为了确定韩国贸易委员会是否根据第 3.5 条进行了适当的因果关系分析，专家组应考虑与数量有关的事实和其他事实，作为对韩国贸易委员会因果关系认定的整体分析的一部分和韩国委员会如何解释关于因果关系的认定。

上诉机构回顾称，正如专家组所指出的那样，日本诉称韩国贸易委员会"独立"地分析倾销进口量的某些缺陷削弱了其因果关系的认定,其依据是:(1)在三年趋势分析期间的两年内,倾销进口量都在下降;(2)2013年与2010年相比,倾销进口量的绝对值仅略有增加,市场份额有所下降。专家组注意到,韩国贸易委员会审查了倾销进口数量相对于国内消费和相对于国内生产的绝对值是否有显著增加。在专家组看来,韩国贸易委员会既没有依赖也没有被要求表明,从2010年至2012年或在整个趋势分析期间倾销进口的数量显著增加。专家组进一步裁定,韩国贸易委员会以端点比较(end-point to end-point)和年度同比的方式审查了数量和市场份额的趋势,并没有忽视2010年至2012年倾销进口数量的下降。

上诉机构指出,第3.5条没有规定为证明倾销进口产品与对国内产业的损害之间的因果关系而对进口产品数量进行评估的特定方法。相反,第3.2条第一句要求调查主管机关考虑"倾销进口产品的绝对数量或相对于进口成员中生产或消费的数量是否大幅增加"。上诉机构认为,专家组对日本提出的诉请六的上述分析审查了第3.2条第一句的要求,而不是第3.5条的要求。上诉机构裁定,在没有任何关于倾销进口数量的具体要求的情况下,第3.5条不可能指导专家组评估韩国贸易委员会是否充分解释了2010年至2012年进口数量下降的原因,从而得出倾销进口数量显著增加的结论。上诉机构裁定,在审查所涉因果关系的诉请时,专家组实际上纳入了第3.2条第一句关于倾销进口货物数量的要求。因此,上诉机构认定专家组在适用《反倾销协定》第3.5条时存在错误。然而,上诉机构认为,日本没有能证明其"单独"的诉请,该诉请韩国贸易委员会只关注了三年调查期中的一年,不符合《反倾销协定》第3.1条和第3.5条的要求。

3.4.4.3 专家组是否未将价格影响作为任何因果关系认定的基本组成部分

在专家组阶段,日本提出了三个理由以支持其主张,即韩国贸易委员会对倾销进口产品的价格影响的"独立"分析削弱了其因果关系的认定,即:(1)倾销进口产品与国内同类产品价格走势存在差异;(2)倾销进口产品,持续且明显多于国内同类产品的销售;(3)倾销进口产品与国内同类产品之间不存在竞争关系,价格不具有可比性。专家组审查认为,根据日本提出的第二个和第三个理由,韩国贸易委员会的行为不符合第3.1条和第3.5条。[①] 至于价格趋势的分歧,专家组驳回了日本的观点。

日本对专家组关于价格趋势分歧的裁决提出上诉,并认为专家组:

---

① 韩国对这些上诉结果提出质疑,详情见下文第3.4.4.6部分。

（1）错误地将关于差异化价格趋势的审查，独立于关于价格可比性和过度销售的审查；（2）错误地接受了有关所谓激烈竞争的主张。

上诉机构注意到，专家组理解日本的主张，价格趋势的分歧表明倾销进口产品与国内同类产品之间没有市场互动，从而削弱了韩国贸易委员会的价格抑制和价格压低分析，这又构成了第 3.5 条认定最终因果关系的基础。上诉机构回顾称：专家组注意到，2010 年至 2011 年，倾销进口产品和国内同类产品的价格大体上是同一方向的。然而，从 2011 年到 2012 年，倾销进口产品的平均价格上升，而国内同类产品的平均价格下降。专家组认识到，倾销进口产品的价格上涨可能伴随着国内价格的上涨。因此，专家组认为，在这种情况下，期待有一个公正合理的调查主管机关解释，尽管存在上述情形，为什么它认为倾销进口产品会影响国内同类产品的价格。

上诉机构认为，专家组的分析审查了韩国调查主管机关对倾销进口产品与国内同类产品价格之间关系，以确定前者对后者的影响。上诉机构认为，这相当于根据第 3.2 条第二句进行了适当审查。在上诉机构看来，专家组的结论是差异化价格趋势本身并不能证明韩国贸易委员会对因果关系的认定不符合第 3.1 条和第 3.5 条，这仅仅是其分析韩国贸易委员会的价格影响分析是否客观和合理的结果，并符合第 3.2 条第二句的要求。上诉机构解释说，专家组对差异化价格趋势问题的分析是基于第 3.2 条的适用要求，而不是第 3.5 条关于因果关系的要求，尽管专家组是根据后一条规定处理诉请。这样做时，上诉机构认为专家组有效地吸纳了第 3.2 条的要求，而不是适当地适用第 3.5 条规定的要求。因此，上诉机构裁定专家组在适用《反倾销协定》第 3.5 条时存在错误。然而，上诉机构认为，除了诉称专家组对韩国贸易委员会对差异化价格趋势的审查不适当外，日本没有说明为什么韩国贸易委员会的审查有缺陷，使其根据第 3.1 条和第 3.5 条规定的要求做出的因果关系认定无效。

3.4.4.4　专家组是否未将影响视为任何因果关系认定的基本组成部分

在上诉中，日本辩称，专家组关于韩国贸易委员会不必根据第 3.2 条确定数量和价格影响速度与第 3.4 条所述倾销进口产品对国内产业的影响之间的联系的结论是错误的，并且未能证实这种逻辑联系损害了韩国贸易委员会的因果关系认定。

上诉机构指出，日本的主张是基于这样一种观点，即根据第 3.4 条进行影响分析的目的而使其原因分析与第 3.5 条不符，韩国贸易委员会未能在其对影响国内产业状况的某些因素的评估和对倾销进口产品数量的审议，与倾销进口产品对第 3.2 条所述价格的影响之间建立"逻辑关系"。上诉机构进一步回顾称，专家组曾解释，虽然根据第 3.2 条第二句考虑倾销进口产品对国内价格的影响与根据第 3.4 条评估"影响国内价格的因素"之间可能有一些重叠，但这并不意味着如日本所言，"有缺陷的价格效应分析必然会妨碍根据第 3.4 条，对倾销进口产品对国内产业的影响进行适当审查"。专家组还驳回了日本的观点，该观点认为韩国调查主管机关没有审查第 3.4 条所列的两个因素，因而不符合第 3.5 条的规定。

上诉机构同意专家组的意见，即"为了达到第 3.4 条的目的，适当审查倾销进口产品对国内产业的影响，调查主管机关不必将审查与对倾销进口产品的数量和价格影响的考虑联系起来"。然而，上诉机构裁定，专家组驳回了日本上述立场的分析最终是基于其对第 3.2 条和第 3.4 条中关于调查之间关系的理解。同样地，上诉机构认为没有理由不同意专家组的结论，即没有必要"进行充分合理的因果关系和非归属分析"，以作为第 3.4 条的一部分。因此，上诉机构并不认为日本基于其之前的观点证明了一项违反第 3.5 条的"独立"主张，这些观点此前已被专家组驳回。

尽管如此，上诉机构认为，专家组的上述分析表明，虽然是根据第 3.5 条处理因果关系主张，但是专家组参照第 3.4 条规定的要求审查了日本的观点。在上诉机构看来，专家组对韩国调查主管机关影响分析中所谓缺陷的审查主要涉及韩国贸易委员会的影响审查是否符合第 3.4 条规定的要求，而不是第 3.5 条规定的要求。在这样做时，上诉机构认为专家组有效地吸纳了第 3.4 条的要求，而不是恰当地适用第 3.5 条规定的要求。因此，上诉机构裁定专家组在适用《反倾销协定》第 3.5 条时存在错误。

3.4.4.5　专家组没有考虑日本在"合理销售价格"问题上的反驳观点，是否违反了《争端解决谅解》第 11 条和《反倾销协定》第 17.6 条的规定

在上诉中，日本辩称，专家组在接受韩国贸易委员会基于"所谓的'合理销售价格'"所施加的限制导致的差异化价格走势的解释时，忽视了日本对这一问题的反驳观点。日本认为，专家组有义务处理日本的反驳观点。

上诉机构回顾称，日本根据第 3.1 条和第 3.2 条提出关于价格影响的诉请时，专家组注意到，"'合理的销售价格'是韩国贸易委员会贸易调查办公室制定的国内行业目标价格"。专家组进一步指出，在考虑价格抑制时，"韩国贸易委员会在最终决定中提到'合理销售价格'与实际平均国内价格之间的差额"。然而，由于专家组裁定日本根据第 3.1 条和第 3.2 条就价格影响提出的诉请超出了专家组的职权范围，因此没有处理日本的观点，即

有关韩国调查主管机关从未解释为什么选择用来构建合理销售价格的利润率实际上能够合理替代韩国生产商本应能够作为"合理销售价格"收取的价格。上诉机构认为，日本引用专家组报告中支持其观点的几段内容是不合适的，因为对于日本的"合理销售价格"的相关性的诉请六，这些段落既没有包括专家组的裁决，也没有当事各方的观点。因此，上诉机构驳回了日本提出的关于专家组违反《争端解决谅解》第 11 条和《反倾销协定》第 17.6 条（i）项的诉请。

3.4.4.6　专家组在处理日本根据《反倾销协定》第 3.1 条和第 3.5 条提出的诉请六时，有关价格的可比性和过度销售的裁决是否有误

在上诉中，韩国提出了两项主要理由，诉称：（1）专家组免除了日本证明韩国贸易委员会未能确保价格可比性的举证责任；（2）专家组施加了一项在《反倾销协定》第 3.5 条中未发现的价格比较要求，且比《反倾销协定》第 3.2 条下的标准要求更高。

上诉机构回顾称第 3.1 条规定，损害的认定应以直接证据为基础，并涉及对"倾销进口产品对国内同类产品市场价格的影响"的客观审查。第 3.2 条第 2 句列出了 3 种不同的价格效应，即尽管倾销进口产品的价格没有明显低于国内同类产品的价格，但是该进口产品仍可能对国内价格产生抑制或压低的作用。因此，根据第 3.2 条第二句，调查主管机关在选择如何评估价格影响方面有一定的自由裁量权。然而，上诉机构回顾其先前"未能确保价格可比性"的裁决，不能被视为符合第 3.1 条"损害的确定应以'直接证据'为基础，包括'客观审查'和有关进口产品对国内同类产品价格的影响"的要求。根据上诉机构，"如果存在争议的进口价格和国内价格没有可比性，这将削弱存在争议的进口价格可能对抑制或压低国内价格的解释力。"基于这个原因，上诉机构指出，"一旦进行价格比较，价格可比性必然成为一个问题"。所以，如果调查主管机关不能确保倾销进口产品与国内同类产品之间的价格比较具有价格可比性，就其依赖于价格比较的程度而言，削弱了其根据第 3.2 条对价格影响的裁决。

谈到韩国的第一个观点时，上诉机构指出韩国的抗辩是基于一个前提：日本在专家组阶段关于价格可比性的争论仅限于日本的看法，即倾销进口产品与国内同类产品之间缺乏竞争关系或替代性。上诉机构回顾，日本认为韩国贸易委员会称，专家组注意到在其价格影响分析中未能确保倾销进口产品中的特定产品或产品细分与国内同类产品之间的价格可比性。上诉机构还注意到，日本在专家组阶段辩称，韩国贸易委员会从未在其报告中

解释，有关进口产品的价格与国内同类产品的"高端价格"之间的比较如何支持价格抑制和价格压低的结论。在这样做的过程中，上诉机构审议认为日本要求韩国贸易委员会根据第3.2条第二句，进行价格影响分析时确保价格可比性，提出了初步证据。上诉机构进一步审查认为，对于日本的观点，即关于韩国贸易委员会在得出价格抑制或价格压低裁决时，未能对价格竞争的总体程度进行客观审查，专家组认为调查主管机关对价格抑制和价格压低的考虑可能涉及价格的比较，同时调查主管机关必须确保进行比较的价格具有适当的可比性。然而，上诉机构解释说，专家组的分析与第3.2条第2句有更直接的关联，而不是第3.5条。

上诉机构接着转向韩国的另一观点，即认为专家组实施了第3.2条或第3.5条均未包含的价格比较这一要求，因此其存在法律方面的错误。上诉机构注意到专家组曾了解到，韩国调查主管机关认为，一些型号的倾销进口转售价格低于国内平均价格，和相应型号的高端国内价格对某些客户的个别案例（即"低价销售"的个别实例）导致国内同类产品的价格抑制和价格压低。上诉机构回顾称，专家组在一份表格中列出了韩国所称的两种倾销进口阀门的个别转售交易价格，与韩国贸易委员会贸易调查办公室在其最后报告中报告的国内同类产品相应型号的平均价格之间的一系列比较。该表强调了对某些客户的倾销进口价格低于韩国生产商生产和销售的相应型号的国内平均价格的交易。专家组发现所列交易"发生在不同日期，并涉及不同数量"。专家组注意到，一般而言，一笔交易涉及的数量越少，倾销进口气动阀的单价就越高。专家组认为，鉴于对所作比较可能产生的影响，一个公正合理的调查主管机关如果不进一步考虑和解释这些差异的相关性或重要性，就不可能将这些个别交易价格与国内同类产品平均价格进行适当比较。

上诉机构注意到，韩国调查主管机关进行并借助这些包括价格歧视和侵略性定价行为证据的价格比较，以表明尽管进口产品的平均价格较高，但价格抑制和价格压低的裁决仍有可能得到证据支持。因此，韩国贸易委员会的平均交易比较分析是为了评估倾销进口产品的价格是否低于国内同类产品的价格，以确定第3.2条第二句所说的价格影响。因此，上诉机构认为价格可比性成为一个重要问题。因为证明比较的价值取决于价格可比性的程度，并涉及韩国贸易委员会根据第3.1条和第3.2条得出的价格抑制和价格压低的结论的客观性和证据基础。上诉机构同意专家组的意见，即韩国贸易委员会在这些价格比较中必须确保价格可比性，因为它依靠价格差异来发现倾销进口产品对国内价格具有抑制和压低作用。但是，上诉机构认为，专家组的上述分析与第 3.2 条下的某项主张有关，并符合该条要求，而不是与第 3.5 条下的某项主张有关。

上诉机构接着处理了韩国关于专家组施加的一项要求，即证明在某些竞争性销售中的低价销售如何以及在何种程度上影响了国内同类产品的"整体"或"总体"价格，而这一要求在第 3.2 条或第 3.5 条中并没有依据。上诉机构指出，正如专家组所裁决的那样，韩国贸易委员会依靠"低价销售"的个别实例来处理有关倾销进口产品基于平均价格的持续过度销售的诡辩，这种行为削弱了价格抑制和价格压低的裁决的可信度。韩国贸易委员会得出的结论是，尽管倾销进口产品总体上出现了过度销售，但这些个别的"低价销售"现象具有抑制和压低国内同类产品价格的效果。上诉机构回顾称，在评估韩国贸易委员会是否为上述结论提供了充分的理由时，专家组认为，"尚不清楚"韩国贸易委员会审查了某些型号的"低价销售"，这些个别事例是否影响"国内同类产品的其他型号的价格，并且如果是的话，是如何产生影响的"。同时，专家组也不清楚韩国贸易委员会是否审查国内总销售额受这种"低价销售"影响的程度，或者这些"低价销售"事件如何影响国内同类产品的"整体"价格。

上诉机构解释说，尽管专家组谈到国内同类产品"整体上"的价格被抑制或压低，但韩国认为没有考虑到专家组已经强加一项法律要求，"以证明在某些竞争性销售中，低价销售如何以及在多大程度上影响了国内同类产品的'整体'价格"。相反，上诉机构回顾称，针对韩国的观点，专家组阶段列出的证据 KOR-57[①] 证明了韩国贸易委员会如何考虑倾销进口产品定价这些个别实例对国内同类产品价格的影响程度。专家组询查了证据 KOR-57，结合韩国贸易委员会贸易调查办公室的最终报告和韩国贸易委员会的最终决议是否可以支持韩国的观点。上诉机构认为，这就是专家组分析证据 KOR-57 的背景，认为它没有说明韩国调查主管机关是否以及在多大程度上，审查了国内同类产品价格受到倾销进口价格下降的影响，并进一步指出"本证据并未确定价格'被低估'的国内同类产品的相应型号，或这些型号产品的销售数量或价值"。上诉机构同意专家组的意见，即在没有这类资料的情况下，不清楚韩国调查主管机关如何评估在选定的交易中倾

---

① 专家组列出的证据 KOR-57（Panel Exhibit KOR-57）由韩国在专家组程序中提交。证据包含韩国贸易委员会对 2013 年一系列有关日本的调查对象 SMC 韩国公司的所有的转售交易与韩国国内相应平均和高端型号同类产品的价格比较。

销进口产品的定价对国内同类产品价格的影响程度，从而得出价格抑制和价格压低的结论。

上诉机构进一步裁定，专家组在审查韩国贸易委员会是否考虑到持续过度销售的证据以及相关方提出相关论证时不存在错误，特别是"鉴于倾销进口产品时持续的过度销售，以及这些个别'低价销售'事件中涉及的倾销进口产品型号的平均价格仍然高于国内相应型号的平均价格"。因此，上诉机构认为没有理由不同意专家组关于有必要解释分析国内同类产品的价格如何以及在多大程度上受到影响的意见。

然而，上诉机构裁定专家组的分析与根据第 3.2 条提出的诉请有关，并符合该条的要求，而不是第 3.5 条下的诉请。因此，虽然上诉机构在专家组的分析中没有发现任何与第 3.2 条规定的适用要求有关的错误，但上诉机构认为专家组有效地吸纳和适用了第 3.2 条的要求，而没有适当地适用第 3.5 条规定的要求，尽管是在审查根据后一规定提出的主张。因此，上诉机构裁定专家组在适用《反倾销协定》第 3.5 条时存在错误。尽管如此，如下文所述，上诉机构裁定，专家组关于韩国贸易委员会价格影响分析的裁决，为其完成分析日本根据《反倾销协定》第 3.1 条和第 3.2 条第二句提出的诉请提供了充分的依据。

3.4.4.7　专家组是否未根据《争端解决谅解》第 11 条和《反倾销协定》第 17.6 条作出客观评估

在上诉时，根据《争端解决谅解》第 11 条和《反倾销协定》第 17.6 条（i）项，韩国关于专家组根据《反倾销协定》第 3.1 条和第 3.5 条对日本的"独立"因果关系主张得出的实质性裁决提出了若干观点。上诉机构驳回了这些观点，理由是：(1) 韩国根据《争端解决谅解》第 11 条和《反倾销协定》第 17.6 条（i）项提出的主张是其关于专家组未能正确解释或适用第 3.1 条和第 3.5 条的主张；(2) 韩国未能证明专家组重新进行分析这一行为违反了《反倾销协定》第 17.6 条（i）项；(3) 专家组内部没有作出不符的裁决，以致其行为不符合《争端解决谅解》第 11 条的规定；(4) 韩国本质上的观点建议是，专家组应与韩国给予证据 KOR-57 的相同证据权重。

3.4.4.8　结论

鉴于上述考虑，上诉机构推翻了专家组在专家组报告第 8.4.a 段中的裁定。日本已证明，韩国调查主管机关在因果关系分析中不符合《反倾销协定》第 3.1 条和第 3.5 条的规定，因为他们在分析倾销进口产品对国内市场价格的影响时存在缺陷。

3.4.5 因果关系：日本的诉请四

在上诉中，日本辩称，专家组只援引了早先专家组对日本"独立"因果关系主张的裁决，所以专家组在驳回日本为支持其诉请四而提出关于数量相关性和价格相关性的观点时存在错误。日本诉称，国内产业量和价格趋势与进口量和价格趋势关联性并不明显，缺乏充分的相关性，因此，对是否存在因果关系表示怀疑。

上诉机构注意到，关于诉称的数量趋势缺乏相关性的问题，专家组注意到日本辩称，倾销进口产品与诉称的损害之间存在因果关系的诉请，受到削弱的原因是：（1）倾销进口产品的数量和市场份额从 2010 年至 2012 年（即在三年趋势分析期的头两年）有所下降；（2）2013 年国内产业市场份额与 2010 年相比保持稳定。关于日本的诉请六，专家组审查并驳回了这两个观点。基于同样的考虑，专家组在现有诉请的范围内驳回了这些观点。上诉机构回顾称，在处理日本在诉请六中与数量有关的观点时，专家组审查了第 3.2 条第一句的要求，而不是第 3.5 条的要求。上诉机构注意到，专家组在这样做时，有效地吸纳了第 3.2 条第一句的要求，而不是适当地适用第 3.5 条所列的要求。鉴于专家组基于同样的考量，驳回了日本关于所涉因果关系的诉请（诉请四）中数量趋势相关性的观点。上诉机构认为专家组在这方面的裁决有误。

关于价格趋势的相关性，上诉机构注意到，在现有因果关系诉请（诉请四）的范围内，专家组指出，日本辩称，倾销进口价格与国内同类产品价格之间缺乏可比性，不支持倾销进口产品与国内产业所遭受的损害存在因果关系。专家组特别注意到，日本辩称：（1）2011 年至 2012 年倾销进口价格上升，国内同类产品价格下降；（2）2012 年至 2013 年倾销进口价格大幅下降，而国内同类产品价格仅略微下降。专家组认为，日本支持所涉因果关系的诉请，与它驳回的诉请六中与价格影响有关的观点相同。基于同样的考虑，专家组得出结论认为，在所涉因果关系诉请（诉请四）中，日本未能证明，不充分的价格相关性足以证明一个合理且公正的调查主管机关根据韩国贸易委员会获得的事实和证据，无法合理地认定倾销进口产品与其对国内产业的损害之间所需的因果关系。

上诉机构回顾其裁决称，专家组在日本诉请六的范围内对不同趋势的分析侧重于价格趋势不同的两类产品——倾销进口产品和国内同类产品——二者之间是否存在竞争关系，以及这些不同的价格趋势本身是否能够削弱第3.5条下的因果关系。上诉机构还回顾称,专家组的分析审查了韩国调查主管机关对倾销进口产品价格与国内同类产品价格之间的关系,以确定前者对后者的影响,专家组根据第3.2条第二句进行了相应的审查。上诉机构指出,专家组对差异化价格趋势问题的分析是基于第3.2条的适用要求,而不是第3.5条关于因果关系的要求。因此,鉴于专家组基于同样的考虑,驳回日本关于所涉因果关系诉请(诉请四)中的价格趋势缺乏相关性的观点,上诉机构认为专家组在这方面的裁决有误。

最后,在上诉中,日本就利润趋势辩称,国内产业状况的趋势之间没有充分的相关性以证明因果关系。上诉机构认为,日本的观点似乎误读了韩国贸易委员会的决定。韩国贸易委员会并未指出它发现2012年的竞争"加剧"。相反,正如专家组所指出的,韩国贸易委员会承认,2011年至2012年,在倾销进口价格上升、数量和市场份额下降的情况下,国内产业的经营亏损加剧。然而,专家组注意到,韩国贸易委员会解释称,营业损失率增加的原因之一是"为了应对与倾销进口产品之间的竞争"而增加的经营成本。上诉机构认为,专家组在审查日本的观点时考虑到了韩国贸易委员会的这些陈述,并特别指出,据韩国贸易委员会称,营业损失的恶化"不仅是国内同类产品价格下降的结果……而且也是运营成本增加的结果"。因此,上诉机构认为,无论是专家组还是韩国贸易委员会都没有忽视所称的国内产业利润、倾销进口价格和倾销进口产品的数量和市场份额之间缺乏相关性。因此,上诉机构认为专家组的裁决不存在错误,即日本未能证明倾销进口产品与国内产业利润趋势之间的关联性不足,从而无法证明一个合理公正的调查主管机关根据韩国贸易委员会之前的事实和论据,不可能恰当地找到倾销进口产品与对国内产业的损害之间所需的因果关系。

鉴于上述考虑,就日本关于倾销进口产品与国内工业利润趋势之间相关性不足的观点而言,上诉机构支持专家组的裁定,即日本没有证明韩国调查主管机关得出倾销进口产品通过倾销对国内产业造成损害的这一结论不符合《反倾销协定》第3.1条和第3.5条。

3.4.6　上诉机构能否完成《反倾销协定》第3.1条、第3.2条和第3.4条下的分析

3.4.6.1　韩国调查主管机关在考虑倾销进口产品数量时,是否与《反倾销协定》第3.1条和第3.2条的规定不符

在上诉中,日本辩称,专家组报告中题为"相关事实"的部分,列出了

解决这一诉请所需的所有关键事实。同时，日本还辩称，韩国贸易委员会"不恰当地"认为倾销进口商品"显著增加"，尽管在三个比较期中，有两个时期的进口量实际有所下降，在绝对基础上略有增加，但在调查期间的相对基础上又有所下降。

上诉机构指出，日本为支持其根据第 3.1 条和第 3.2 条提出的诉请而提出的某些观点与专家组在诉请六中提出的观点相同。具体而言，与诉请六中的观点一样，日本关注到诉称的韩国贸易委员会没有考虑调查期间前两年绝对和相对进口量的减少，从而得出进口量"显著增加"。上诉机构还回顾称，专家组针对日本在诉请六中的相同观点所作的分析适当地审查了第 3.2 条第一句的要求。特别是上诉机构认为，尽管专家组表面上未接受韩国贸易委员会的决定。但是，专家组严格审查了韩国贸易委员会关于倾销进口量的决定。

然而，上诉机构认为，日本在根据第 3.1 条和第 3.2 条提出的关于倾销进口数量的诉请中提出的观点比专家组上述裁决所载的考虑范围更广，即：(1)韩国贸易委员会不恰当地假设国内产品和被调查进口产品之间存在竞争关系；(2)韩国贸易委员会在没有审查增加的进口产品是否真正通过市场竞争取代国内同类产品的情况下，不恰当地认定所涉进口"显著增加"。上诉机构认为，专家组对诉请六倾销进口货物数量的分析中没有与当事各方充分探究这些问题。此外，上诉机构认为，与这些问题有关的基本事实依据在当事各方之间存在争议。针对这些情况，上诉机构认为，由于缺乏相关的事实裁决、缺乏专家组记录中决定完整且无可争议的事实以及专家组的充分调查，从而对完成这些问题的法律分析造成了阻碍。

因此，上诉机构认为，其无法完成关于韩国的措施（涉及韩国调查主管机关对倾销进口量的审议）是否与《反倾销协定》第 3.1 条和第 3.2 条相符的法律分析。

3.4.6.2　韩国调查主管机关在考虑价格影响时是否符合《反倾销协定》第 3.1 条和第 3.2 条的规定

在上诉中，日本请求上诉机构完成分析，并裁定韩国调查主管机关未能履行《反倾销协定》第 3.1 条和第 3.2 条规定的责任，原因是：(1)韩国贸易委员会未能确保价格的可比性；(2)韩国贸易委员会未能考虑倾销进口产品过度销售的影响；(3)韩国贸易委员会在很大程度上忽视了价格的不同趋势。日本还辩称，韩国贸易委员会的决定有误，因为它没有解决虚拟事实的问题，即在没有倾销的情况下，价格可能会有什么不同；而且韩国贸易委员会从未考虑诉称的价格抑制和压低是否严重。最后,日本认为,韩国贸易委员会进行的"合理销售价格"分析"存在缺陷和不足"。

关于价格可比性和过度销售,上诉机构指出,日本在诉请六中提出了相同的观点。上诉机构回顾称,专家组对这两个问题的分析和裁决虽然是在诉请六的范围内作出的,但符合第 3.2 条第二句的要求,并根据这些要求进行了适当的处理。上诉机构指出,韩国调查主管机关认为,个别关于倾销进口转售价格低于国内平均价格的部分型号和高端国产型号向某些客户销售的案例(即个别"低价销售"的案例)导致国内同类产品的价格抑制和压低。因此,价格可比性成为韩国贸易委员会考虑价格影响的一个重要问题,因为韩国贸易委员会依靠这些比较中的价格差异,裁定倾销进口产品是否对国内价格具有抑制和压低作用。专家组裁定,这些交易"发生在不同的日期,涉及的数量也不同"。上诉机构称,专家组正确地认为,一个公正合理的调查主管机关如果不进一步考虑和解释这些差异的"相关性或重要性",就不可能将这些个别交易价格与国内同类产品相应型号的平均价格进行适当比较。

上诉机构还回顾称,韩国贸易委员会依赖个别有关"低价销售"的事例的证据,以便对各方基于所有产品平均价格的价格超额销售的观点作出回应。上诉机构指出,专家组审查了韩国贸易委员会的决定,并据此理解韩国贸易委员会认为的这些个别案件是对国内同类产品整体价格产生影响,而不仅仅是对国内同类产品某些型号的价格产生影响。然而,专家组认为,这缺乏对国内同类产品价格的影响以及影响程度的解释和分析。上诉机构认为在确定倾销进口产品的价格抑制和压低作用时,没有理由不同意专家组的意见。韩国调查主管机关应就倾销进口产品的持续过度销售、对国内同类产品的价格如何以及在多大程度上受到影响作出解释和分析。上诉机构解释称,专家组确认了缺陷涉及韩国贸易委员会根据第 3.1 条和第 3.2 条进行价格抑制和价格压低这一结论的客观性和证据基础。因此,上诉机构确认了专家组的结论,即韩国调查主管机关的行为不符合《反倾销协定》第3.1 条和第 3.2 条,因为:(1)在未确保价格可比性的情况下,基于交易与平均价格的比较,发现倾销进口产品的价格抑制和压低效应;(2)未能就倾销进口产品持续过度销售对国内同类产品价格的影响情况以及影响程度作出解释和分析。

关于存在差异化的价格趋势,上诉机构指出,日本在诉请六中提出了同样的观点。上诉机构认为,专家组的裁决虽然是在诉请六的范围内作出的，但适当地审查了韩国调查主管机关对倾销进口产品价格与国内同类产品价格之间关系，以确定前者对后者的影响。上诉机构认为，这相当于根据第3.2条第二句进行适当的审查。专家组适当审查了韩国调查主管机关根据第3.2条第二句提出的要求对差异化价格趋势的考虑，认为这是合理的且有事实根据的。因此，上诉机构驳回了日本对韩国贸易委员会"基本上忽视"了差异化价格趋势这一主张，并认定韩国调查主管机关在考虑差异化价格趋势方面没有不符合《反倾销协定》第3.1条和第3.2条的规定。

关于日本的观点：（1）韩国贸易委员会未能解决虚拟事实问题，即在没有倾销的情况下，价格可能会有什么不同；（2）韩国贸易委员会未能解决诉称的价格抑制和压低是否严重的问题；（3）韩国贸易委员会进行的"合理销售价格"分析是否"有缺陷和不足"。上诉机构指出，专家组从未与当事方探究这些观点。此外，上诉机构指出，当事方不同意这些观点所依据的事实基础。因此，鉴于专家组有限事实调查的范围和性质，以及有限但无可争议的书面证据，上诉机构认为专家组试图完成涉及这种相互竞争的观点的法律分析，这将要求上诉机构审议专家组没有充分处理或在专家组阶段没有充分审查的证据和观点。

因此，上诉机构认为其只能够完成部分法律分析。基于上述原因，上诉机构认为，韩国调查主管机关的以下行为不符合《反倾销协定》第3.1条和第3.2条的规定：（1）在未确保价格可比性的情况下，根据相关价格比较发现倾销进口产品的价格抑制和压低效应；（2）在发现价格抑制和压低时，对于倾销进口产品的持续过度销售对国内同类产品的价格如何以及在多大程度上受到影响缺乏解释和分析。上诉机构还裁定，韩国调查主管机关在考虑差异化价格趋势方面没有不符合《反倾销协定》第3.1条和第3.2条的规定。然而，上诉机构认为自己无法根据以下日本的观点完成关于韩国调查主管机关是否违反第3.1条和第3.2条的法律分析：（1）韩国贸易委员会未能解决虚拟事实问题，即在没有倾销的情况下，价格可能会有什么不同；（2）"合理销售价格"分析有缺陷和不足，因为韩国贸易委员会未能审查有关进口产品与国内同类产品之间的市场互动关系；（3）韩国贸易委员会从未考虑诉称的价格抑制和压低是否显著。

3.4.6.3　韩国调查主管机关在考虑倾销进口产品对国内产业状况的影响时，是否与《反倾销协定》第3.1条和第3.4条的规定不符

在上诉中，日本提出了三个观点，以支持其认为韩国调查主管机关的行为不符合第3.1条和第3.4条的主张，即：（1）韩国贸易委员会在关于第

3.2 条规定的数量和价格影响的裁决与第 3.4 条所述影响的裁决之间没有建立任何逻辑联系;(2)韩国贸易委员会未能证明一般性地倾销进口产品对国内产业状况有关的趋势具有任何解释力;(3)鉴于国内产业所经历的显著趋势,韩国贸易委员会未能充分解释进口对国内同类产品整体的负面影响。

关于第一个观点,上诉机构回顾称,在审议专家组对诉请六的裁决时,日本提出了同样的观点,它同意专家组的意见,即为了满足第 3.4 条的规定,适当审查倾销进口产品对国内产业的影响,调查主管机关不必将审查与对倾销进口产品的数量和价格影响的考虑联系起来。关于第二个观点,上诉机构认为,日本的观点似乎表明,韩国调查主管机关在根据第 3.4 条进行审查时,必须全面分析因果关系和进行非归因分析。上诉机构指出,日本的一些观点声称,除倾销进口产品以外的因素对国内产业的状况负有责任。上诉机构回顾称,在诉请六的范围内其已审议了一个相同的法律问题,并发现进口对国内产业造成损害的论证是根据第 3.5 条的分析,而不是第 3.4 条。

关于第三个观点,上诉机构回顾称,在日本根据《反倾销协定》第 3.1 条和第 3.4 条提出的诉请方面,专家组裁定,日本关于国内产业状况的诉请仅限于韩国贸易委员会未能评估第 3.4 条所列的两个具体因素,其中一个是筹集资金或投资的能力。专家组裁定,日本未能证明韩国贸易委员会对国内产业投资和融资能力的评估不是一个合理公正的调查主管机关根据其证据和观点所能作出的评估。上诉机构指出,日本没有对专家组的这一裁决提出上诉。因此,上诉机构无法看到日本要求其完成法律分析的依据,也无法裁定韩国调查主管机关在其关于投资显著趋势的论点不符合第 3.1 条和第 3.4 条的规定,专家组分析了这一观点且未被提起上诉。上诉机构还回顾称,在日本根据第 3.1 条和第 3.5 条提出的诉请六方面,专家组分析了日本的观点,该观点认为韩国贸易委员会在销售趋势分析期间没有考虑到明显趋势,以致专家组"反驳"倾销进口产品与国内产业损害之间存在因果关系。上诉机构注意到,日本没有对专家组的这些裁决提出上诉。

尽管如此,上诉机构认为,日本在其根据第 3.1 条和第 3.4 条提出的诉请中的观点比专家组在上述裁决中所述的考虑范围更广。上诉机构解释说,日本不仅就国内产业在国内销售方面所经历的显著趋势提出了主张,而且认为,韩国贸易委员会高度重视国内产业负面的其他相关因素,而忽视或淡化那些显示出显著趋势的因素。因此,在上诉机构看来,日本关于韩国贸易委员会这样做不符合第 3.1 条和第 3.4 条的规定,将要求上诉机构审议韩国贸易委员会对第 3.4 条所列各项因素的审查情况及其所占的权重。上诉机构注意到,专家组没有机会在日本根据第 3.1 条和第 3.4 条提出的诉请范围内讨论这些观点。上诉机构认为,完成法律分析工作将要求单独审查第 3.4 条所列每一个经济因素的相关性,并进行一次综合评估,以便对韩国贸易委员会根据第 3.1 条和第 3.4 条进行的影响审查进行一致性审议,而专家组对此没有作出任何调查。因此,上诉机构认为,根据日本的观点,即鉴于国内产业曾经历过的显著趋势,韩国贸易委员会未能充分说明进口产品如何对国内同类产品整体产生负面影响,其无法完成关于韩国调查主管机关的行为是否符合《反倾销协定》第 3.1 条和第 3.4 条的法律分析。

3.4.7　信息保密处理

3.4.7.1　专家组在解释或适用《反倾销协定》第 6.5 条时是否有误

韩国诉称,专家组在解释《反倾销协定》第 6.5 条时存在错误,"认为调查主管机关必须在记录中作出声明,证明对某些信息或某些类别的信息进行保密处理的'正当理由'得到了评估并被认定存在"。韩国辩称,专家组在将法律适用于事实时也存在错误,认定"韩国贸易委员会未能证明某些证据有正当理由,因为记录上没有证据'将给予保密处理的信息与韩国法律中确定的机密待遇类别相联系'"。

上诉机构首先回顾了《反倾销协定》第 6.5 条下的法律标准。它指出,虽然利害关系方必须提出"正当理由",表明某些信息应被视为机密信息,最终应由调查主管机关对这一问题进行"客观评估",以确定保密处理请求是否得到充分证实,从而应给予保密处理。第 6.5 条没有规定调查主管机关为评估和确定"正当理由"是否已"证明"而应采取的具体步骤。然而,在 WTO 争端解决程序中,可以要求一个专家组审查根据第 6.5 条提出的诉请,以确定调查主管机关是否适当地审查并确定在对某些资料给予保密处理方面有"正当理由"。为此目的,调查主管机关必须客观地评估保密处理的请求是否得到充分证实,以证明有"正当理由"。调查主管机关进行这一客观评估的事实必须从其公布的报告或有关的证明文件中辨别出来。

上诉机构认为,在阐明第 6.5 条规定的法律标准时,专家组没有具体说明,在对某些信息进行保密处理时,调查主管机关应表明"正当理由"。上诉机构认为,专家组的表述符合第 6.5 条规定的法律标准。因此,上诉机构驳回了韩国认为专家组在解释《反倾销协定》第 6.5 条时存在法律错误的观点。

关于某些事实的法律适用，韩国辩称，专家组的审理存在错误，因为根据第6.5条：韩国贸易委员会没有责任就每一项保密要求作出具体陈述，只需要在将有关资料视为机密之前，证明有正当的理由。上诉机构在某种程度上不同意韩国的意见，因为它认为在记录上没有迹象表明调查主管机关对是否有正当理由进行了客观评估的情况下，调查主管机关将遵守第6.5条。根据第6.5条，调查主管机关客观评估并确定有"正当理由"的事实必须能从其公布的报告或相关证明文件中识别出来。在没有这种迹象的情况下，上诉机构无法看到专家组将如何根据第6.5条审议诉请。

韩国称专家组在认定与第6.5条不符时存在错误，这是基于以下两个相关观点：（1）相关方在基础调查中的行为；（2）韩国贸易委员会的作用。关于利害关系方提出正当理由的问题，韩国的立场是，通过从其提交的材料中删除有关资料的方式提供非机密摘要，信息提供者"隐晦地"表示，这种被删除的信息属于韩国有关法律规定的"机密信息"类别。作为这一"隐晦"的声明的结果，韩国辩称，有"正当理由"对这些信息给予保密处理。

上诉机构指出，根据韩国相关立法，某些类别的信息在反倾销调查中有权得到保密处理（《海关法》执行规则第15条）。上诉机构进一步指出，虽然专家组没有看到一个"成员的立法不能列出通常给予保密处理的具体信息类别的原因"，但其难以信服，在本案中，对有争议的信息进行保密处理存在"正当理由"。事实上，专家组强调，"记录上没有任何迹象表明，在授权保密处理时，要么是申请人指明，要么是韩国调查主管机关考虑到有关资料是否属于这些类别"。

上诉机构认为，仅仅对信息进行修订，本身并不能证明此类信息属于机密信息的法律类别，更不用说具备一个充分的理由将某些信息视为机密信息。因此，上诉机构同意专家组的意见，即在基础调查中，完全没有任何迹象表明提交的材料中与韩国有关立法中所列一般类别的信息是如何修改的，这不足以证明相关方有正当理由。

关于韩国贸易委员会所扮演的角色，韩国辩称，韩国贸易委员会在收到此类非机密摘要时，通过确认被删除的信息是否属于韩国相关立法规定的机密信息类别，客观地评估是否存在"正当理由"。上诉机构指出，韩国已经向专家组提出了这一观点。但是，专家组没有采信，因为它没有在记录中找到支持证据。特别的是，专家组指出，"虽然韩国贸易委员会所实施的程序可能满足第6.5条的要求，但根据韩国法律，若缺乏任何提交陈述或记录在案的证据，即没有将保密处理的信息与机密信息类别联系起来的证据，它不能判定韩国调查主管机关实际上参与了其所称的程序。"

上诉机构强调，在上诉中，韩国没有提出任何观点来质疑专家组的事实裁决，即在记录中没有支持韩国调查主管机关客观地评估是否"表明"了正当理由的观点。鉴于专家组的这些裁决，上诉机构认为其无法同意韩国的诉请。

基于上述原因，上诉机构认为，专家组在解释或适用《反倾销协定》第6.5条时不存在错误。因此，上诉机构支持专家组报告第7.441段、第7.451段和第8.4.b段中的裁决，日本证明了，韩国调查主管机关在不要求提出正当理由的情况下，对申请人提供的信息的处理行为不符合《反倾销协定》第6.5条的规定。韩国调查主管机关在处理申请人请求提供的信息时将其视为机密，这不符合《反倾销协定》第6.5条的规定。

3.4.7.2 专家组在适用《反倾销协定》第 6.5.1 条时是否有误

韩国辩称，专家组在适用第6.5.1条时存在错误，该裁决认为韩国贸易委员会没有要求申请人提供秘密提交资料的非机密摘要。据韩国称，申请人提交的非机密摘要十分详细，足以使人合理地理解机密信息的实质内容。

上诉机构指出，根据《反倾销协定》第6.5.1条，"调查主管机关应要求提供机密信息的利害关系方提供非机密摘要"。关于这些摘要的内容，第6.5.1条详细说明"这些摘要应足够详细，以便合理理解以机密方式提交的信息的实质内容"。因此，对于上诉机构来说，上诉的核心问题是，专家组是否存在第6.5.1条所述的法律错误，即裁定韩国调查主管机关没有要求提交机密资料的当事方"充分"提供有关资料的非机密摘要。

正如专家组的审查结论："申请人提交了至少三份书面材料（2013年12月23日的调查申请，2014年10月23日的律师意见摘要和2014年11月13日的申请人反驳意见）的公开版本，其中某些信息要么完全删除，要么用'X'或星号代替。"在上诉中，韩国诉称，这三份文件载有"关于所有机密信息的非机密性陈述"，并"允许合理理解信息的实质内容，从而使有关各方能够保障其利益"。

上诉机构指出，专家组驳回了这一观点，因为"在日本披露的三份书面材料中，有完整的信息被删除"。专家组还表示，"提交的材料中删除的信息包括大量重要的数据"，"在公开版本中，没有对从文本中删除的具体信息进行叙述"。鉴于上述考虑，专家组认为，"在完全没有数据的情况下，而且没有关于所删除信息的陈述性摘要，日本给出的这三份材料的'公开'版本未包含足够详细的摘要，因此不能让人对以机密方式提交的信息的实质有合理的理解。"

上诉机构指出，在上述信息中，专家组对在基础调查中被视为"非机密摘要"的文件内容作出了事实认定。上诉机构强调，韩国没有质疑专家组根据《争端解决谅解》第 11 条对事实的理解。相反，韩国重复了专家组已经驳回的某些观点，但没有解释为什么专家组的分析构成对第 6.5.1 条的错误适用。因此，上诉机构未能看到有关"非机密摘要"如何能够满足"足够详细，以便对所提交的保密信息的实质内容有合理的理解"的法律标准。

随后，上诉机构转而分析韩国提出的一些其他观点。特别是，韩国辩称："根据第 6.5.1 条，不论相关背景如何，不需要对缔约方提交的材料中的每一个数字和数据进行非机密摘要。"上诉机构采信这一观点，因为专家组没有根据第 6.5.1 条指责韩国没有披露个别数据点。相反，专家组的结论所依据的事实是，"非机密摘要"不符合第 6.5.1 条规定的法律标准，因为"完全没有数据"以及"关于删除的信息没有陈述性摘要。"

韩国还声称："第 6.5.1 条没有就准备非机密摘要的方法和范围提供任何指示。因此，调查主管机关有权在合理程度上接受或拒绝非机密摘要"。上诉机构认为，无论调查主管机关根据第 6.5.1 条享有多大程度的尊重，它都必须遵守责任，提供"足够详细的摘要，以便合理理解以机密方式提交的信息"。

此外，韩国辩称，既没有侵犯利害关系方的正当程序权利，也没有向利害关系方提供维护其利益的机会。然而，上诉机构注意到，韩国的这一观点被专家组正确地驳回了。因为在专家组关于第 6.5.1 条是否被违反的调查分析中，并没有涵盖单独分析当事人的正当程序权利是否受到侵犯。

最后，韩国辩称："在基础调查的整个过程中，韩国贸易委员会分析并主动披露了利害关系方提交的机密信息的非机密摘要。"在专家组讨论之前，韩国也提出了类似的观点。但是专家组没有采信其观点，因为"调查主管机关随后提供的非机密摘要并不能免除它在初审中没有遵守的第 6.5.1 条的义务"。上诉机构同意专家组的意见。上诉机构认为，根据第 6.5.1 条，调查主管机关有义务要求当事各方提供非机密摘要，而且似乎没有依据认为调查主管机关的义务可以通过其本身提供摘要来完成。

基于上述原因，上诉机构维持了专家组报告第 7.450 段、第 7.451 段和第 8.4.c 段中的裁决，即日本证明了，韩国调查主管机关由于未能要求利害关系方提供一份充分的非机密摘要，这与《反倾销协定》第 6.5.1 条的规定不符。

3.4.8　基本事实的披露：上诉机构是否能够完成分析

上诉机构推翻了专家组的裁定，该裁定认为日本根据《反倾销协定》第6.9条提出的诉请不在其职权范围之内，因此，上诉机构分析日本提出的完成这一条款下法律分析的要求。日本要求上诉机构完成法律分析，并裁定韩国的行为不符合第6.9条的规定。因为韩国贸易委员会在其"最终决定"之前没有披露"基本事实"。日本认为，韩国贸易委员会未能充分披露以下"关键披露文件"中的"基本事实"：其调查办公室的初步报告、韩国贸易委员会的初步决定和其贸易调查办公室的临时报告。在日本看来，韩国调查主管机关没有披露14组"基本事实"，这些事实分为4个主要主题：价格效应、倾销进口产品数量、国内产业状况和因果关系。

上诉机构首先指出，第6.9条规定"根据披露要求，在作出最终决定前，应考虑是否采取最终措施所依据的基本事实"。披露所审查的基本事实"对于确保有关各方维护其利益至关重要"。根据第6.9条，关于责任的时间方面，调查主管机关必须"在作出最后决定之前"披露所审查的基本事实，并保证"各方有充分时间为其利益进行辩护"。

鉴于这些考虑，上诉机构表示，在本案中，法律标准的适用需要确定：首先，基础调查中的"最终决定"；其次，在"最终决定"之前，韩国调查主管机关是否根据第6.9条适当披露了正在审查的"基本事实"。

在本案中，上诉机构指出，案件诉讼方就韩国调查主管机关签发的哪些文件构成"最终决定"，哪些是"披露"文件的问题，意见不一。一方面，日本声称，"2015年1月20日韩国贸易委员会的最终决议构成了第6.9条所述的'最终决定'，因为它包含了倾销和损害调查的结论"。关于"披露"基本事实，日本辩称，这是在韩国贸易委员会最后决议之前印发的以下3份文件中提出的：(1) 2014年6月26日其贸易调查办公室的初步报告；(2) 2014年6月26日韩国贸易委员会的初步决议；(3) 2014年10月23日其贸易调查办公室的中期报告。另一方面，韩国坚持认为，"本案中第6.9条所指的'最终决定'是战略和财政部长于2015年8月19日做出的征收关税的最终决定"。此外，韩国还指出，"披露"重要事实的文件是：(1) 韩国贸易委员会的最终决定；(2) 贸易调查办公室的最终报告。这两份报告都是在战略和财政部长最后决定征收关税之前发布的。鉴于这些观点，上诉机构着重指出，诉讼方对于韩国调查主管机关在调查中何时达成第6.9

条含义内的"最终决定"意见不一。因此，对于在基础调查期间发布的哪些文件必须被审查，以评估"披露"的基本事实，案件诉讼方也存在分歧。

此外，上诉机构还强调，披露"基本事实"是通过日本诉称的文件还是韩国诉称文件的问题，包括一系列事实问题。专家组没有就此作出任何结论，对某些法律问题专家组亦未审查。例如，根据韩国法律，在战略和财政部长决定采取最终措施时，有关基本反倾销调查是否真正结束，或者说，当韩国贸易委员会发布最终决议时反倾销调查是否真正结束。

鉴于上述考虑，上诉机构认为，关于认定第6.9条中的"最终决定"在争议调查中何时达成，以及第6.9条中涉及"披露"的材料时，没有专家组的裁决、没有记录在案的无可争议的事实、也没有专家组对某些关键问题进行了充分的审查。上诉机构认为，必须解决这些问题以确定韩国是否没有披露有关的"基本事实"，从而违反了第6.9条的规定。因此，上诉机构认为自己无法完成关于日本诉称韩国的行为不符合《反倾销协定》第6.9条的法律分析。

3.5　上诉机构报告:《乌克兰—硝酸铵反倾销措施案》（WT/DS493/AB/R）

这一争端涉及乌克兰对俄罗斯硝酸铵实施的某些反倾销措施。反倾销税最初是由乌克兰政府间国际贸易委员会（Intergovernmental Commission on International Trade，ICIT）根据2008年5月21日决定（2008年初始决定）征收的。最初被征收10.78%反倾销税率的俄罗斯生产商JSC MCC EuroChem公司（EuroChem公司）在乌克兰国内法院对2008年的初始决定成功提出质疑。根据乌克兰法院的裁决，乌克兰政府间国际贸易委员会针对2008年的初始决定（经修正，2008年修正决定）发布了一项修正案（2010年修正案），将EuroChem公司的反倾销税率降至0%。在乌克兰经济发展与贸易部（MEDT）进行了中期和到期复审后，乌克兰政府间国际贸易委员会发布了一项决定（2014年延期裁定），调整税率征收反倾销税，包括对EuroChem公司征收36.03%的反倾销税。

在专家组阶段，俄罗斯根据《反倾销协定》各项规定对乌克兰的措施提出质疑，并根据1994年《关税与贸易总协定》第6条提出附随性的诉请。

根据专家组的职权范围，专家组作出以下裁定:（1）2008年修正决定以及2010年修正案在其职权范围内;（2）针对《反倾销协定》第5.8条和第

11.1—11.3 条的某些诉请、针对《反倾销协定》第 6.8 条的某些诉请和附件二第 3、5 和 6 段中的某些诉请在其职权范围内;(3)针对《反倾销协定》第 12.2 条和第 12.2.2 条的某些诉请不在其职权范围之内。专家组审议了乌克兰提出的根据《反倾销协定》第 3.1 条和第 3.4 条提出的某些诉请不属于专家组职权范围裁定的请求。

针对俄罗斯在中期和到期复审中有关倾销和倾销可能性决定的诉请,专家组裁定乌克兰的行为与以下条款不符:(1)《反倾销协定》第 2.2.1.1 条,因为在该条第一句中的第 2 个条件下,乌克兰调查主管机关(ICIT 和 / 或 MEDT)在没有提供足够的依据的情况下,拒绝了被调查方俄罗斯生产商支付和记录中所报告的天然气价格(所报告的天然气成本);(2)《反倾销协定》第 2.2 条,因为乌克兰调查主管机关在计算正常价值时使用的天然气成本没有反映“原产地”(即俄罗斯)的生产成本;(3)《反倾销协定》第 2.2.1 条,因为乌克兰调查主管机关在进行正常贸易过程检测时所依据的成本计算与《反倾销协定》第 2.2.1.1 条下计算不符;(4)《反倾销协定》第 11.2 条和第 11.3 条,因为乌克兰调查主管机关依据计算得出的倾销幅度不符合《反倾销协定》第 2.2 条、第 2.2.1 条和第 2.2.1.1 条,对俄罗斯倾销可能性进行裁定。专家组进一步裁定,俄罗斯未能证明乌克兰的行为与《反倾销协定》第 2.1 条不一致,对于《反倾销协定》第 2.2 条、第 2.2.1.1 条、第 2.4 条和第 11.1 条之下的某些额外诉请,专家组行使了司法经济原则。

针对俄罗斯有关不终止对 EuroChem 公司调查的主张,专家组裁定,由于乌克兰调查主管机关具有以下行为,导致乌克兰行为与《反倾销协定》第 5.8 条规定不符:(1)未能将 EuroChem 公司排除在初始反倾销措施的范围之外,特别是 2008 年修正决定;(2)通过 2010 年修正案对 EuroChem 公司征收 0% 的反倾销税,而不是将其排除在反倾销调查的范围之外;(3)将 EuroChem 公司纳入审议裁定范围,并通过 2014 年延期决定对其征收反倾销税。针对根据《反倾销协定》第 11.1 条至第 11.3 条提出的有关不终止对 EuroChem 公司的调查的某些主张,专家组行使了司法经济原则。此外,专家组裁定,俄罗斯质疑调查主管机关未能依据《反倾销协定》第 3.1 条和第 3.4 条中关于损害决定的规定,作出损害决定,违反了《反倾销决定》第 11.1—11.3 条,但俄罗斯未能证明其主张。

针对俄罗斯在中期和到期复审中对调查主管机关行为提出质疑的主张,由于乌克兰调查主管机关未能披露某些基本事实,也没有给有关方足够的时间对乌克兰经济发展与贸易部的披露发表评论,专家组裁定,乌克兰的行为违反了《反倾销协定》第 6.9 条。专家组进一步裁定，俄罗斯未能证明与《反倾销协定》第 6.2 条、第 6.8 条和第 6.9 条以及附件二第 3 段、第 5 段和第 6 段的某些不符之处，并在《反倾销协定》第 6.2 条规定下的对额外诉求行使司法经济原则。此外，专家组还裁定，俄罗斯未能证明由于与《反倾销协定》不符，乌克兰的行动不符合 1994 年《关税与贸易总协定》第 6 条的规定，关于俄罗斯在《反倾销协定》第 1 条和第 18.1 条下的诉请，专家组行使了司法经济原则。

3.5.1 在《争端解决谅解》第 6.2 条、第 7.1 条和第 11 条下与初始调查阶段有关的主张

3.5.1.1 《争端解决谅解》第 6.2 条：在俄罗斯对专家组的请求中，是否已将 2008 年修正决定和 2010 年修正案认定为争议措施

在上诉中，乌克兰辩称，根据俄罗斯对专家组的请求，专家组在《争端解决谅解》第 6.2 条下，裁定 2008 年修正案和 2010 年修正案为"争议措施"的分析中存在错误。

上诉机构首先回顾称，设立专家组的请求书限定了专家组的职权范围，并通过将申诉方案件的性质告知被诉方和第三方，使他们能够作出回应以实现正当程序目标。是否符合《争端解决谅解》第 6.2 条的要求，必须根据专家组的请求，依据附随情况，并根据个案情况来确定。专家组必须进行客观审查，仔细审查专家组的请求并进行整体解读，并以所使用的措词为基础，包括任何脚注。只要能从专家组的请求中辨别出争议措施，《争端解决谅解》第 6.2 条中所涉及的争议措施的要求就得到满足。

接下来，上诉机构对专家组的分析进行了审议，该分析依赖于俄罗斯专家组请求中的两部分内容：（1）开篇段落表示俄罗斯已要求就中期和到期复审进行磋商，并在脚注中指出"反倾销措施"是通过多种手段实施的，其中包括 2008 年初始决定和经 2010 年修正案修正的 2008 年修正决定；（2）第 1 项指出，俄罗斯主张乌克兰违反《反倾销协定》第 5.8 条和第 11.1—11.3 条，是因为乌克兰主管机关未能将俄罗斯出口商排除在"反倾销措施"之外，以及脚注中提及了 2010 年决定是对 2008 年原决定的修正。专家组认为，2008 年修正决定和 2010 年修正案决定表明，俄罗斯在专家组请求中对诉称的未能将 EuroChem 公司排除在 2008 年修正决定之外提出了质疑，因此足够准确地将 2008 年修正决定和 2010 年修正案认定为争议措施。

上诉机构裁定，这一问题与俄罗斯根据《反倾销协定》第 5.8 条提出的诉请有关，即乌克兰调查主管机关是否应在 EuroChem 公司成功对法院提起诉讼之后将 EuroChem 公司从反倾销程序中排除，而不是实施 0% 反倾销税。在 2008 年初始决定中关于 EuroChem 公司倾销幅度的认定程序被取消，通过 2010 年修正案征收了 0% 的反倾销税，该修正案修改了 2008 年的初始决定，从而形成了 2008 年的修正决定。在专家组请求第 1 项中提到的主张涉及争议中的"反倾销措施"与第 5.8 条不符。对于上诉机构而言，想要了解是否应将 EuroChem 公司在随后的中期和到期复审后排除在外的法律问题的唯一正确方法是，评估其在 2008 年修正决定和 2010 年修正案发布时，未被排除的依据。因此，上诉机构认为，专家组对设立专家组请求的理解是，通过参考"反倾销措施"和相关决定的脚注，在受到质疑的中期和到期复审与和 EuroChem 公司地位相关文件（包括 2008 年修正决定和 2010 年修正案）之间建立了联系。

此外，上诉机构认为，专家组得出的结论是，如 2008 年修正决定和 2010 年修正案所反映的，将 EuroChem 排除在中期和到期复审之外的依据，与乌克兰法院当时认定 EuroChem 的倾销幅度或反倾销税的依据无效这一裁决有关。因此，参考这两份文件，包括在第 1 项中详细说明"反倾销措施"的脚注中提及这两份文书，足以准确地认定为《争端解决谅解》第 6.2 条意义上的争议措施。

上诉机构随后讨论了乌克兰关于脚注中的措词或在专家组请求书中提供作为背景资料的措词。上诉机构表示，虽然某些信息在专家组请求书中的位置可能与理解有关措施是否可辨别有一定关系，但鉴于需要从整体上解读专家组请求，位置本身不太可能是决定性的。因此，上诉机构不同意乌克兰的意见，即脚注必须使用确切的措词来确定争议措施。上诉机构还认为，背景信息是否可以帮助认定争议措施，取决于每个案件的情况和事实。

最终，上诉机构指出，设立专家组请求书的开篇段落中提到的 2014 年延期决定，其本身提及了 2008 年修正决定，并暗指 2010 年修正案。此外，上诉机构还回顾了专家组对第 6.2 条第 2 项要求的分析，即简要概述主张的法律依据，足以清楚地说明问题，这一分析没有受到质疑。该分析指出，专家组请求第 1 项中的措词表明，俄罗斯的质疑分为两个方面，即：(1) 乌克兰未能将 EuroChem 公司排除在反倾销措施之外；(2) 乌克兰对 EuroChem 公司进行了中期和到期复审。根据专家组请求中脚注的措词表明，俄罗斯第一方面的质疑涉及将其排除在初始反倾销调查之外，第二方面涉及中期和到期复审。

上诉机构得出结论认为，俄罗斯专家组请求中的措词，包括脚注中的参考资料，明确提到了2008年修正决定和2010年修正案，并将这些措施与俄罗斯根据《反倾销协定》第5.8条提出的主张充分联系起来。因此，上诉机构同意专家组的评估，认为可以辨认出2008年修正决定和2010年修正案，并因此将其认定为俄罗斯专家组请求中的争议措施。因此，根据《争端解决谅解》第6.2条，由于在俄罗斯专家组请求中将2008年修正决定和2010年修正案认定为争议措施，上诉机构裁定专家组没有错误，并维持了专家组在这方面的裁定。

3.5.1.2 《争端解决谅解》第7.1条和第11条：专家组根据《反倾销协定》第5.8条对俄罗斯提出的关于2008年修正决定和2010年修正案的诉请裁定是否有误

乌克兰声称专家组根据《争端解决谅解》第7.1条和第11条的规定，对俄罗斯根据《反倾销协定》第5.8条就2008年修正决定和2010年修正案提出的主张进行裁定的行为有误，因为该主张并未在俄罗斯对专家组的请求中提出，因此不构成专家组职责范围的一部分。乌克兰认为，专家组追溯性地涵盖了俄罗斯在设立专家组请求后提出的主张，并使其具备了正当理由。

上诉机构回顾称，根据《争端解决谅解》第6.2条在专家组请求中确定的措施和主张构成"提请争端解决机构的事项"，这是《争端解决谅解》第7.1条规定的专家组职权范围的基础。上诉机构指出，乌克兰未能证明专家组根据《争端解决谅解》第6.2条裁定2008年修正决定和2010年修正案在俄罗斯专家组请求中被认定为"争议措施"存在错误。此外，乌克兰没有对专家组的裁定提出上诉，此裁定是关于俄罗斯根据《争端解决谅解》第6.2条，基于《反倾销协定》第5.8条、2008年修正决定和2010年修正案所作主张的法律依据概要。此外，乌克兰没有提出其他理由来支持其在《争端解决谅解》第7.1条和第11条下提出的质疑，并认定如果上诉机构要坚持专家组的裁定，即认为2008年修正决定和2010年修正案构成了专家组职权的一部分，那么将没有依据来受理乌克兰根据第7.1条和第11条提出的主张。上诉机构因此裁定，专家组根据《争端解决谅解》第7.1条和第11条，对俄罗斯根据《反倾销协定》第5.8条提出与2008年修正裁定和2010年修正案有关的主张作出裁定时不存在错误。

3.5.2 《争端解决谅解》第 11 条：乌克兰法院和调查机关根据乌克兰法律计算倾销幅度的权力

　　乌克兰声称，专家组的行为与《争端解决谅解》第 11 条不符，未能正确审查其提出的关于乌克兰法院和调查主管机关根据乌克兰法律计算倾销幅度的主张和证据。乌克兰的主张涉及专家组对《反倾销协定》第 5.8 条第 2 句的分析，要求立即终止反倾销调查，因此将生产商或出口商排除在调查范围之外，其中已确定该生产商或出口商的微量倾销幅度。乌克兰主要坚持认为，专家组没有考虑到乌克兰调查主管机关或乌克兰法院都没有重新计算，或者在这种情况下没有能力重新计算 EuroChem 的倾销幅度。

　　上诉机构审议了专家组的分析，对乌克兰法院的三项判决和 2010 年修正案，以及乌克兰法院根据 2010 年修正案对于 EuroChem 公司在初始调查阶段的倾销幅度的判决及执行"综合效果"属于微量的结论。上诉机构理解专家组的观点，不论相关法院判决和 2010 年修正案是否提及特定的倾销幅度，当时对于 EuroChem 公司的倾销幅度和反倾销税的决定结果都是没有依据的，因此相当于认定为微量倾销。在专家组看来，乌克兰法院认定其中存在错误导致乌克兰法院下令撤销关于 EuroChem 公司 2008 年的初始决定，这与乌克兰调查主管机关分配折扣不当有关。专家组进一步指出，这导致了地方法院得出 EuroChem 公司"不存在倾销行为"的结论，也导致了其重申 EuroChem 公司的倾销幅度为"负值 / 比率"。因此，上诉机构注意到了专家组认为乌克兰法院的判决和 2010 年修正案使得对 EuroChem 公司裁定倾销幅度或征收反倾销税缺乏依据。正是基于这些理由，专家组审查发现，乌克兰法院的判决及其在乌克兰政府间国际贸易委员会 2010 年修正案的执行情况的"综合效果"，是 EuroChem 公司在初始调查阶段属于微量倾销。

　　上诉机构随后考虑了乌克兰关于倾销幅度的主张，乌克兰表示由于乌克兰法院无权计算倾销幅度，因此他们无法计算出 EuroChem 公司的倾销幅度，并且乌克兰法院和调查主管机关均未计算出 EuroChem 公司的倾销幅度。首先，上诉机构指出，专家组曾提到乌克兰的陈述，并认为乌克兰改变了关于乌克兰法院或调查主管机关根据乌克兰法律是否有权作出倾销决定的事实主张。这些主张不足以支撑乌克兰的观点。上诉机构认为专家组并未试图确定乌克兰法院是否有权或实际上已经计算出倾销幅度，或者是否得出了上述结论。相反，上诉机构认为，专家组的结论是，乌克兰法院的判决驳回了乌克兰经济发展与贸易部在 2008 年的初始决定中计算 EuroChem 公司倾销幅度时使用折扣的申请，从而使当时针对 EuroChem 公司倾销幅度或反倾销税的依据无效。上诉机构认为，专家组对乌克兰就其调查主管机关和法院在计算倾销幅度方面的自主权或行为没有异议。其次，上诉机构也看不出，乌克兰政府间国际贸易委员会未在 2010 年修正案中提及特定倾销幅度的事实是如何影响专家组的分析，因为专家组的论证并没有基于乌克兰法院和 / 或乌克兰调查主管机关是否设定了特定的倾销幅度。上诉机构同样认为，乌克兰关于乌克兰政府间国际贸易委员会有权在法院判决后重新计算 EuroChem 公司的倾销幅度的主张，与专家组关于乌克兰法院判决和 2010 年修正案的"综合效果"没有为当时 EuroChem 公司倾销幅度和反倾销税提供论证依据，这两者之间并无多少关联。

上诉机构得出的结论是，专家组为下列认定提供了合理且连贯的解释，即关于在初始调查阶段，乌克兰法院判决与根据 2010 年修正案实施的综合效果是，EuroChem 公司的倾销幅度为微量，引发乌克兰在《反倾销协定》第 5.8 条下的义务从而将 EuroChem 排除在反倾销调查范围之外。因此，上诉机构裁定专家组的行为并没有与《争端解决谅解》的第 11 条不符。因此，对于乌克兰法院判决和 2010 年修正案的综合效果意味着在这一点上没有针对 EuroChem 公司的倾销幅度或反倾销税的依据，这相当于根据第 5.8 条确定的微量倾销幅度，要求乌克兰立即终止并将 EuroChem 公司排除在调查范围之外。上诉机构认为对专家组的这一裁定没有理由干涉。因此，上诉机构维持专家组的裁定，即乌克兰 2008 年修正决定，2010 年修正案和 2014 年延期决定违反《反倾销协定》第 5.8 条的规定。

3.5.3 根据《反倾销协定》第 2.2 条、第 2.2.1 条和第 2.2.1.1 条有关乌克兰经济发展与贸易部在中期和到期复审中倾销决定的主张

在上诉中，乌克兰主张涉及《反倾销协定》第 2.2 条、第 2.2.1 条和第 2.2.1.1 条下关于乌克兰经济发展与贸易部关于倾销的中期和到期复审的决定，存在错误。在讨论这些主张之前，上诉机构回顾称，在中期和到期复审中，乌克兰经济发展与贸易部驳回了所报告的天然气成本，因为俄罗斯国内市场的天然气价格不是市场价格，由于国家控制了这一价格，它人为地低于俄罗斯天然气出口价格以及其他国家的天然气价格，而且俄罗斯天然气工业股份公司（Gazprom）的天然气价格低于其生产成本。相反，乌克兰

经济发展与贸易部在确定硝酸铵的正常价值并进行正常贸易过程测试时，使用了从俄罗斯出口到德国边境的天然气价格，并根据运输费（天然气替代价格）作了调整。

上诉机构还就《反倾销协定》第2.2条、第2.2.1条和第2.2.1.1条作出了一些一般性考察，指出它们构成关于倾销决定规则的一部分。

关于第2.2条，上诉机构指出，虽然正常价值通常以国内销售价格为基础，但该条款确定了调查主管机关不必根据国内销售确定正常价值的情况，即：（1）在出口国国内市场的正常贸易过程中不存在同类产品的销售；（2）由于出口国国内市场的特殊市场情况或销售量较低，不允许对此类销售进行适当比较。存在此种情况的，倾销幅度应通过将出口价格与下列各项进行比较来确定：（1）同类产品出口到适当第三国时的可比价格，前提是该价格具有代表性；或（2）原产国的生产成本加上合理金额的管理、销售和一般费用以及利润。关于正常价值的构成，上诉机构具体规定，用于确定生产成本的信息或证据必须"在原产国中"易于产生或能够产生。因此，调查主管机关必须确保其收集的信息用于计算原产国的生产成本，这可能要求调查主管机关调整这些信息。

关于第2.2.1条，上诉机构注意到，该条款规定了在国内市场或向第三国销售同类产品时可被视为未在正常贸易过程中进行销售，并在确定正常价值时不予考虑的情况。

最后，关于第2.2.1.1条，上诉机构指出，该条款第一句指示调查主管机关通常以受调查的出口商或生产商的记录为基础，计算费用，条件是此种记录：（1）符合出口国的一般公认会计原则（GAAP）；（2）合理反映与所考虑产品的生产和销售相关的成本。鉴于第2.2.1.1条第一句提到"通常"，上诉机构并不排除可能存在两种情况以外的情况，即根据受调查的出口商或生产商保存的记录计算费用的义务不适用。然而，上诉机构认为没有必要进一步审议是否确实存在不适用该义务的其他情况，以及这些情况可能是什么。

针对第2.2.1.1条第一句中的第2个条件，上诉机构指出，受调查的单个出口商或生产商的记录必须合理地反映与所涉产品的生产和销售有关的成本。上诉机构补充说，在该条件下没有"合理性"这一标准来规范"成本"本身的含义，这将允许调查主管机关在国内投入品价格低于其他国际价格时，不考虑这种价格。考虑到"合理反映""成本""与……相关"等字眼，上诉机构认为，在第2.2.1.1条第一句第2个条件下，受调查的出口商或生产商的记录中，合理反映的成本与受调查的特定产品的生产和销售之间必须存在真正的联系。上诉机构的结论是，第 2 个条件可以理解为，出口商或生产商保存的记录是否适当，并充分地对应或再现了被调查出口商或生产商承担并审议的具体产品的生产，在销售之间有真正联系的成本。上诉机构还强调，即使根据第 2.2.1.1 条第一句，调查主管机关有理由不根据受调查的出口商或生产商保存的记录计算成本，但它仍须遵守第 2.2 条规定的关于正常价值的确定准则，包括其相关的段落。

3.5.3.1 《反倾销协定》第 2.2.1.1 条第一句中的第 2 个条件：专家组对于乌克兰经济发展与贸易部未能为驳回所报告的天然气成本提供充分的依据的裁定是否有误

乌克兰根据《反倾销协定》第 2.2.1.1 条提出的上诉主张，侧重于该条款第一句中的第 2 个条件，即受调查的出口商或生产商保存的记录"合理反映了与所涉产品的生产和销售有关的成本"。乌克兰辩称，在认定乌克兰经济发展与贸易部没有提供充分的依据，来拒绝第 2.2.1.1 条第一句第 2 个条件下所报告的天然气成本时，专家组在解释和适用该条件时存在错误。乌克兰辩称，这些错误削弱了专家组根据《反倾销协定》第 1 条和第 2.2.1 条作出的裁定。

上诉机构首先分析了乌克兰的主张，该主张认为欧盟—生物柴油（阿根廷）案中专家组和上诉机构都认识到"非市场交易（non-arm's-length transactions）"和"其他惯例"，是第 2.2.1.1 条第一句第 2 个条件下的例外，因为这些交易或做法可能影响记录的可靠性。乌克兰表示，尽管在欧盟—生物柴油（阿根廷）案的专家组报告中有所提及，但专家组拒绝考虑俄罗斯国内市场的条件和天然气销售条件是否符合其对非市场交易或其他惯例的定义。

在这方面，上诉机构认为，"非市场交易"和"其他惯例"不是第 2.2.1.1 条或《反倾销协定》其他条款中的术语；相反，是欧盟—生物柴油（阿根廷）案的专家组提到了"可能影响报告成本可靠性的非市场交易或其他做法"。尽管注意到乌克兰对市场交易的理解，但上诉机构并未将欧盟—生物柴油（阿根廷）案中的专家组或上诉机构报告解读为乌克兰理解的第 2.2.1.1 条第一句中的第 2 个条件，即包含开放式"非市场交易"或"其他惯例""例外"。因此，上诉机构同意专家组的意见，即第 2.2.1.1 条第一句中第 2 个条件下的问题是，被调查的出口商或生产商的记录是否合理反映了与所考虑产品的生产和销售相关的成本，这个问题应根据调查机构收到的证据及其决定逐案评估。因此，就审查乌克兰经济发展与贸易部是否提供了充分的依据来裁定其所报告的天然气成本而言，被调查的俄罗斯生产商的记录没有合理地反映与硝酸铵生产和销售相关的成本，上诉机构并不认为专家组存在错误。

其次，上诉机构讨论了乌克兰关于专家组裁决有误的主张，该主张认为因为"专家组似乎认为，只有当［进行交易的］双方有关联时，才能认为记录不可靠。"上诉机构理解乌克兰的主张，即专家组似乎以第 2.2.1.1 条第一句中的第 2 个条件为目的，对进行交易的关联方和非关联方进行了区分。然而，对乌克兰而言，在这种情况下，确定记录是否"不可靠"的理由是相关交易的依赖性和非商业性，交易各方之间的任何法律隶属只是"表明这些做法可能更容易发生"。为了支持其对第 2.2.1.1 条第一句第 2 个条件的理解，乌克兰提到：（1）WTO 的多起争端中，专家组或上诉机构都是通过考虑商业原则是否得到尊重，或是否适用市场价格来评估交易是否符合市场交易，而不是侧重于此类交易的当事方是否有隶属；（2）1994 年《关税与贸易总协定》第 6 条的第 2 个附加注释和《反倾销协定》第 2.2 条均为相关的上下文语境，乌克兰认为《反倾销协定》并未排除某些政府做法可能使价格"不可靠"的可能性。

在讨论乌克兰的这些主张时，上诉机构回顾称，乌克兰经济发展与贸易部发现俄罗斯国内市场的天然气价格不是市场价格，因为国家控制了这一价格，它人为地低于俄罗斯的天然气出口价格以及其他国家的天然气价格，而且俄罗斯天然气工业股份公司的天然气价格低于其生产成本。

关于乌克兰经济发展与贸易部的考虑，即由于俄罗斯政府对天然气价格的监管，被调查的俄罗斯生产商产生的成本低于其他国家的价格或俄罗斯天然气的出口价格，上诉机构回顾称，在成本真正与所考虑的产品的生产和销售相关的情况下，没有额外的或抽象的"合理性"标准来规范第 2.2.1.1 条第一句第 2 个条件中"成本"的含义。与专家组一样，上诉机构认为，根据第 2.2.1.1 条第一句中的第 2 个条件进行的审查并不涉及记录中包含的费用是否不合理，例如，这些费用低于其他国家的费用。此外，上诉机构认为没有理由质疑专家组关于乌克兰经济发展与贸易部将被调查的俄罗斯生产商的天然气成本与其他国家的价格或俄罗斯天然气出口价格进行的比较是否合理的结论，而应该是质疑记录是否合理反映了被调查俄罗斯生产者的硝酸铵生产和销售的相关成本。

关于乌克兰经济发展与贸易部认为俄罗斯天然气工业股份公司在俄罗

斯国内市场以低于成本的价格出售天然气的问题，上诉机构注意到，专家组就其在中期和到期复审期间发布的"调查报告"中的决定做出了若干关键的事实裁定。此外，专家组认为：（1）"[调查报告]中没有任何内容表明[俄罗斯天然气工业股份公司低于成本的国内销售]影响了被调查的俄罗斯生产商的记录的可靠性，导致这些记录没有合理反映硝酸铵生产和销售的相关成本"；（2）乌克兰经济发展与贸易部没有确定俄罗斯天然气工业股份公司与被调查的俄罗斯生产商有关联，其甚至没有考虑是谁向这些生产商提供天然气；（3）"乌克兰经济发展与贸易部没有向被调查的俄罗斯生产商询问其天然气供应商的名称"，以及"除俄罗斯天然气工业股份公司外，EuroChem 公司还有……供应商"；（4）调查报告中没有任何内容支持其他天然气供应商的价格受到俄罗斯天然气工业股份公司价格影响的观点；（5）"在调查报告中没有提到 EuroChem 公司的这些供应商，也没有发现被[乌克兰经济发展与贸易部]调查的俄罗斯生产商的记录反映了向这些供应商支付的价格，因此记录是不可靠的"；（6）"乌克兰经济发展与贸易部[调查报告中]的裁决，即俄罗斯天然气工业股份公司诉称的涉及低于成本的销售，与被调查的俄罗斯生产商的记录的可靠性之间没有关联"。这些陈述向上诉机构表明，专家组的分析是针对本案的具体情况，乌克兰经济发展与贸易部没有确定，俄罗斯天然气工业股份公司是被调查的俄罗斯生产商的天然气供应商，或者俄罗斯天然气工业股份公司的价格影响了其他天然气供应商的价格。

上诉机构确认，专家组没有将其分析局限于这些事实的裁定，而是接着指出了《反倾销协定》第 2 条涉及个别出口商和生产商的定价行为。专家组补充道，生产商可能从多个不相关的供应商处获得用于生产所考虑产品的投入品，生产商向这些不相关的供应商支付的价格将构成其生产产品的部分成本。专家组并不认为"被调查的俄罗斯生产商自己的记录是不可靠的，或者不能合理地反映与被调查产品的生产和销售有关的成本，只是因为其不相关的供应商的价格受到政府管制，低于其他国家的普遍价格，或诉称的定价低于其生产成本"。

在上诉机构看来，这种对"不相关供应商"的提及，独立来看，可以解读为，在专家组看来，当被调查产品的生产者或出口商与投入品供应商没有关系时（但这些实体可能有关系），不能仅仅依据政府将投入品价格定在低于生产成本的水平，就可以在第 2.2.1.1 条第一句下忽视记录，而当这些实际有关联时，则记录可以被忽视。在专家组报告所建议的范围内，关于根据第 2.2.1.1 条第一句进行调查，上诉机构对区分投入品交易的相关方与此类交易的非相关方的相关性提出保留意见。上诉机构认为，仅仅因为投入品交易的各方被认为是不相关的，并不意味着成本计算必须基于出口商或生产商根据第 2.2.1.1 条第一句保留的记录。在这方面，上诉机构回顾称，基于第 2.2.1.1 条第一句中提到"通常"，它并不排除可能存在除该句所述两个条件之外的其他情况，而在这些情况下，根据受调查的出口商或生产商保存的记录计算成本的义务并不适用。然而，就专家组关于不相关供应商的声明可以理解为是在第 2.2.1.1 条第一句第 2 个条件的有限背景下作出的，上诉机构不反对专家组的主张，即生产商向不相关供应商支付的价格将构成其生产该产品的部分成本。

无论如何，专家组裁定所依据的事实向上诉机构表明，专家组关于乌克兰经济发展与贸易部认为，俄罗斯天然气工业股份公司以低于成本的价格出售天然气的分析和结论，是针对具体事实和主张的。考虑到专家组采取的针对特定案例的方法，并且鉴于专家组的结论是基于乌克兰经济发展与贸易部没有确定俄罗斯天然气工业股份公司是被调查的俄罗斯生产商的天然气供应商，或者俄罗斯天然气工业股份公司的价格影响了这些供应商的价格，因此上诉机构没有理由认为专家组的结论有误，即俄罗斯天然气工业股份公司的低于成本的价格，不足以让乌克兰经济发展与贸易部得出该记录没有合理反映与硝酸铵生产和销售有关的成本的结论。

因此，上诉机构认为，专家组在解释或适用《反倾销协定》第 2.2.1.1 条第一句中的第 2 个条件时不存在错误。因此，由于乌克兰经济发展与贸易部没有根据第 2.2.1.1 条第一句的第 2 个条件提供拒绝报告的天然气成本的充分依据，上诉机构支持专家组的结论，即乌克兰的行为不符合第 2.2.1.1 条。

在作出这一裁定后，上诉机构注意到，乌克兰根据《反倾销协定》第 2.2.1 条提出的主张，依赖于否定专家组关于乌克兰的行为不符合第 2.2.1.1 条的裁定。上诉机构回顾，乌克兰质疑专家组作出的乌克兰的行为不符合第 2.2.1 条这一裁定，因为在进行正常贸易过程测试时，乌克兰经济发展与贸易部依赖的成本计算不符合第 2.2.1.1 条。具体而言，乌克兰辩称，专家组关于与第 2.2.1 条不符的裁定，因专家组对第 2.2.1 条第一句中的第 2 个条件的错误解释和适用而无效。出于对乌克兰根据第 2.2.1 条提出的上诉的后果的考虑，在维持专家组根据第 2.2.1.1 条作出的裁定后，上诉机构还维持了专家组关于由于在进行正常贸易过程测试时，乌克兰经济发展与贸易部依据的成本计算不符合《反倾销协定》第 2.2.1.1 条，乌克兰的行为不符合第 2.2.1 条的裁定。

3.5.3.2 《反倾销协定》第 2.2 条：专家组对乌克兰经济发展与贸易部未能计算"原产国"生产成本的裁定是否有误

乌克兰称，专家组对《反倾销协定》第 2.2 条的解释和适用有误，认定乌克兰经济发展与贸易部在根据天然气替代价格计算两家受调查的俄罗斯硝酸铵生产商的正常价值时，没有计算"原产国"的生产成本。

上诉机构首先回顾称，在讨论俄罗斯关于乌克兰经济发展与贸易部在中期审议和到期复审中确定正常价值的天然气成本计算的主张时，专家组审查了在没有提供充分依据而驳回了所报告的天然气成本的情况下，乌克兰经济发展与贸易部是否未能通过使用天然气的替代价值，并在第 2.2 条含义内，基于原产国的生产成本构建正常价值。正如上诉机构回顾所称，专家组认为，第 2.2 条并不排除调查主管机关可能不得不使用国外证据来确定正常价值的可能性，如果这种证据更容易或能够确认原产国的生产成本。然而，专家组在调查报告中没有看到任何解释，说明为何运输费调整足以调整"俄罗斯在德国边境的出口价格，以反映受调查的俄罗斯生产商在原产国的成本"。在这种情况下，专家组认为，运输费的调整不足以调整俄罗斯天然气在德国边境的出口价格，以反映俄罗斯境内的费用。专家组随后驳回了乌克兰由于俄罗斯没有不受扭曲的国内天然气市场，乌克兰经济发展与贸易部不能使用俄罗斯国内天然气价格这一主张，该主张的依据为早先乌克兰经济发展与贸易部没有提供适当的依据来拒绝报告的天然气成本这一裁定。

上诉机构认为，乌克兰关于专家组对第 2.2 条的解释和适用的某些主张取决于乌克兰关于专家组对第 2.2.1.1 条第一句第 2 个条件的解释和适用有误的主张。特别地，乌克兰援引了上诉机构在欧共体—紧固件（中国）案（第 21.5 条—中国）和美国—软木 IV 案中的报告，辩称根据第 2.2.1.1 条第一句第 2 个条件，在充分拒绝成本的基础上，按照第 2.2 条计算生产成本是循环的，缺乏经济逻辑的。对上诉机构来说，这一主张虽然是针对第 2.2 条提出的，但假定乌克兰经济发展与贸易部以第 2.2.1.1 条第一句中的第 2 个条件为驳回成本提供了充分的依据，因此这一主张取决于是否认定专家组根据第 2.2.1.1 条作出的裁定存在错误。上诉机构维持了专家组根据第 2.2.1.1 条作出的裁定，驳回了乌克兰就第 2.2 条提出的上诉提出的观点。因为这些观点取决于专家组根据《反倾销协定》第 2.2.1.1 条解释或适用方面所诉称的错误。

然后，上诉机构审理了乌克兰在上诉中就专家组对第 2.2 条的解释和适用提出的主张，乌克兰认为专家组裁定的错误并不取决于其对第 2.2.1.1 条第一句第 2 个条件的解释或适用。

从乌克兰的解释性主张开始，上诉机构注意到，乌克兰对专家组对第 2.2 条的解释提出质疑，依据的是上诉机构在美国—软木 IV 案中对《补贴与反补贴措施协定》第 14 条（d）项的某些调查结果。在这方面，上诉机构回顾称，《补贴与反补贴措施协定》第 14 条（d）项载有根据接受者的利益计算补贴金额的指导。上诉机构在美国—软木 IV 案中指出，政府以货物形式提供财政资助的作用可能是如此的重要，其有效地决定了私人供应商销售相同或类似产品的价格。在此情况下，将政府提供产品的价格与私人供应商在国内市场销售这些产品的价格进行比较，可能会显示出一种虚拟的很低的利益获取，甚至为零，以至于补贴的全部效用无法得到充分捕获，从而损害了各成员根据《补贴与反补贴措施协定》享有的进行反补贴的权利。上诉机构指出，虽然《反倾销协定》第 2.2 条和《补贴与反补贴措施协定》第 14 条（d）项在文字内容上有某些相似之处（它们分别提到"原产国"的生产成本和"供应国"的适当报酬），但第 14 条（d）项载有"现行市场情况"的措词，这是第 2.2 条所没有的。此外，这两项规定的作用并不相同。第 14 条（d）项的作用是确定政府提供产品和服务等方式给予补贴接受者的利益，而第 2.2 条则涉及无法根据国内销售确定正常价值。鉴于这些差异，上诉机构认为，上诉机构在美国—软木 IV 案中对《补贴与反补贴措施协定》第 14 条（d）项的裁定，并未涉及可用于根据《反倾销协定》第 2.2 条确定正常价值的成本。上诉机构因此得出结论，考虑到上诉机构的裁定与专家组解释性工作无关，专家组对第 2.2 条的解释无误。

其次，上诉机构审查了乌克兰认为专家组在适用第 2.2 条裁定时有误的主张，该裁定认为，通过计算运输费用来调整俄罗斯在德国边境的天然气出口价格，不足以调整价格以反映俄罗斯国内的价格。在这方面，乌克兰辩称，调查中的任何有关各方都没有指出俄罗斯的市场条件（除了价格由国家确定之外）和与出口价格有关的市场条件之间存在任何差异，因此有必要进一步调整出口天然气价格。相应地，乌克兰认为，乌克兰经济发展与贸易部将其调整为适用于天然气出口价格，以考虑到运输费用的做法并无不妥。

上诉机构回顾"原产国的生产成本"一语表明，无论使用何种信息或证据来确定"生产成本",都必须易于提供或能够提供"原产国"的生产成本。因此,上诉机构认为,调查主管机关必须确保其收集的信息能用于计算"原产国的生产成本",遵守这一义务可能要求调查主管机关调整这些信息。

上诉机构随后回顾了专家组的考虑,即乌克兰经济发展与贸易部没有解释,为什么对运输费用的调整足以适用俄罗斯在德国边境的出口价格,以反映受调查的俄罗斯生产商在原产国的成本。上诉机构还回顾称,专家组依据的是根据第2.2.1.1条第一句第2个条件作出的最先裁定,这一裁定得到上诉机构的同意。上诉机构认为,除了指出扣除运输费外,乌克兰没有声明乌克兰经济发展与贸易部在计算中对天然气出口价格作了其他调整,以反映俄罗斯的生产成本。因此,上诉机构认为没有理由质疑专家组的结论,即乌克兰经济发展与贸易部所作的运输费调整,不足以适用俄罗斯的出口价格,以反映原产国(即俄罗斯)的生产成本。上诉机构强调,在本案的特殊情况下,鉴于乌克兰经济发展与贸易部没有提供充分的依据来驳回第2.2.1.1条第一句第2条件下所报告的天然气成本,因此,除了被调查生产商的记录所反映的成本之外,可能没有作为参考成本的依据。

鉴于上述情况,上诉机构裁定,专家组对《反倾销协定》第2.2条的解释或适用不存在错误。最终,由于乌克兰经济发展与贸易部没有计算"原产国"的生产成本,上诉机构维持了专家组的裁定,乌克兰的行为不符合该条款。

3.6 上诉机构报告:《摩洛哥—土耳其某些热轧钢的反倾销措施案》(WT/DS513/AB/R)

该争端涉及摩洛哥对从土耳其进口的某些热轧钢产品采取最终反倾销措施,以及这些措施所依据的调查和决定的某些方面。本专家组报告于2018年10月31日散发给WTO成员。专家组裁定,土耳其对摩洛哥的认定违反了《反倾销协定》下列规定:(1)第5.10条,未能在18个月的期限内完成调查;(2)第6.8条,拒绝了所报告的信息,基于可获得事实基础上认定两个被调查者土耳其生产商的倾销幅度;(3)第6.9条,未能告知所有利益相关方有关其利用可获得事实认定倾销幅度的基本事实;(4)第3.1条,对国内产业的认定"不成立";(5)第3.1条和第3.4条,以"实质性阻碍国内产业确立"的形式,不当地进行损害分析;(6)第3.1条和第3.4条,未评估第3.4条所列15个损害因素中的5个,无视损害分析中的垄断市场,并且在损害分析中依赖某一报告而没有适当审查该报告中不准确性的影响。

摩洛哥就专家组对《反倾销协定》第 3.1 条、第 3.4 条和第 6.8 条的解释和适用提出上诉。摩洛哥还认为专家组根据第 4.4 条作出的裁决有误，与《争端解决谅解》第 11 条的规定不符。

2019 年 12 月 4 日，摩洛哥通知上诉机构撤回其上诉决定，并请求上诉机构根据《工作程序》第 30 条第 1 款将这一决定通知争端解决机构。摩洛哥还请求上诉机构如果发布报告，则将摩洛哥作出该决定的原因反应在报告中。具体而言，摩洛哥表示争端所依据的反倾销措施于 2019 年 9 月 26 日到期。摩洛哥认为，尽管专家组的裁决存在严重缺陷，但随着措施的到期，裁决变得没有意义。因此，鉴于上诉机构的繁重工作量，摩洛哥表示已决定撤回上诉。上诉机构收到该通知后，迅即通知争端解决机构主席关于摩洛哥决定撤回上诉的决定。

2019 年 12 月 4 日，土耳其向上诉机构提交了信函，信函中指出其注意到摩洛哥撤回上诉的决定，并与摩洛哥一同请求上诉机构将摩洛哥的决定通知争端解决机构。此外，土耳其注意到，在之前上诉案件被撤回的情况中，例如在印度—汽车案（DS146，DS175）中，上诉机构发布了简短的报告指出撤回了上诉，在上述争端中，争端解决机构随后通过上诉机构报告和专家组报告。土耳其认为上诉机构在本次争端中应遵循同样的做法。

上诉机构报告描述了专家组的裁决，并总结了案件的历史过程。上诉机构报告中没有涉及摩洛哥在上诉中提出的实质性法律问题。报告回顾了《争端解决谅解》第 16.4 条和第 17.14 条关于通过专家组和上诉机构报告的要求。报告指出，鉴于摩洛哥在 2019 年 12 月 4 日通知撤回上诉，上诉机构已完成上诉工作。报告还指出，《争端解决谅解》第 17.14 条规定的通过上诉机构报告（连同专家组报告一起）的 30 天期限，是从报告散发开始计算的。

3.7 上诉机构报告:《俄罗斯—影响铁路设备及其零件进口的措施案》(WT/DS499/AB/R)

该争端涉及俄罗斯对来自乌克兰的铁路产品采取的措施。特别是在这场争端中所涉及的决定包括：(1) 中止合格评定证书；(2) 拒绝新合格证书的申请；(3) 不承认欧亚经济联盟其他成员国签发的合格证书。

2011 年，白俄罗斯共和国、哈萨克斯坦共和国和俄罗斯的海关联盟委员会批准了一项决定，通过《海关联盟技术法规》(CU Technical Regulations)，规定了将某些铁路产品投放市场的安全和技术要求。《海关联盟技术法规》于2014年生效，其生效前颁发的合格评定证书在过渡期内继续有效。

乌克兰在专家组程序中认为，自2014年以来，俄罗斯在《海关联盟技术法规》生效前，系统性地中止了向乌克兰铁路产品生产商颁发合格评定证书，并未经系统考虑就拒绝或退回乌克兰铁路产品生产商为获得新合格评定证书而提交的基于《海关联盟技术法规》的申请。此外，乌克兰主张，由其他海关联盟国家当局向乌克兰铁路产品生产商颁发的合格评定证书没有得到俄罗斯的承认。乌克兰在专家组程序中主张：

（1）俄罗斯的行为措施违反了1994年《关税与贸易总协定》第1.1条、第11条第1款和第13条第1款，通过中止签发铁路产品的有效证书，拒绝签发新的铁路产品证书，以及不承认其他海关联盟国家颁发的证书（系统性阻止—第1项措施），系统性地阻止乌克兰铁路产品进口到俄罗斯；

（2）俄罗斯的行为措施违反了《TBT协定》第5.1.1条、第5.1.2条和第5.2.2条的规定，中止证书与拒绝有关乌克兰铁路产品生产商的新证书申请（中止和拒绝—第2项措施）；

（3）俄罗斯的行为措施违反了《TBT协定》第2.1条、第5.1.1条和第5.1.2条，以及1994年《关税与贸易总协定》第1.1条、第3条第4款和第10条第3款（a）项，不承认根据《海关联盟技术法规001/2011》由其他海关联盟国家向乌克兰铁路产品供应商颁发的证书（不承认证书—第3项措施）。

俄罗斯在专家组程序中对乌克兰的所有主张提出异议。此外，俄罗斯要求专家组作出初步裁决，认为乌克兰关于设立专家组的请求违反了《争端解决谅解》第6.2条的要求。

3.7.1　专家组报告

在专家组报告中，针对该上诉，专家组作出了下列裁决：

1. 关于俄罗斯要求作出初步裁决的请求，专家组裁定俄罗斯未能证明乌克兰设立专家组的请求违反了《争端解决谅解》第6.2条；

2. 关于中止证书的说明（第1项措施）：

（1）乌克兰未能就所涉14项说明中的每一项，证明俄罗斯的行为违反了《TBT协定》第5.1.1条规定的义务；

（2）乌克兰未能就所涉 14 项说明中的每一项，证明俄罗斯的行为违反了《TBT 协定》第 5.1.2 条第一句和第二句规定的义务；

3. 关于拒绝证书申请的决定（第 2 项措施）：

（1）乌克兰未能就关于俄罗斯联邦预算组织（FBO）"未经考虑退回"乌克兰生产商根据《海关联盟技术法规 001/2011》提交的证书申请的两项决定，以及关于 FBO"废止"乌克兰生产商根据《海关联盟技术法规 003/2011》提交的证书申请的决定，证明俄罗斯的行为违反了《TBT 协定》第 5.1.1 条规定的义务；

（2）乌克兰未能就关于联邦预算组织"未经考虑退回"乌克兰生产商根据《海关联盟技术法规 001/2011》提交的证书申请（第 1 号决定，只要涉及 A3 申请和 A4 申请所涵盖的其中一种产品，以及第 2 号决定），以及关于联邦预算组织"废止"乌克兰生产商根据《海关联盟技术法规 003/2011》提交的证书申请的决定，证明俄罗斯的行为违反了《TBT 协定》第 5.1.2 条第一句和第二句规定的义务；

4. 关于不认可在俄罗斯以外的海关联盟国家颁发的证书（第 3 项措施）：

（1）专家组阶段认为不认可的要求是适当的；

（2）乌克兰证明了俄罗斯的行为违反了 1994 年《关税与贸易总协定》第 1.1 条；

（3）乌克兰证明了俄罗斯的行为违反了 1994 年《关税与贸易总协定》第 3 条第 4 款；

5. 关于系统性进口阻止（第 4 项措施），因为乌克兰没有证明系统性进口阻止的存在，所以它未能证明所主张的相关措施不符合 1994 年《关税与贸易总协定》第 1.1 条、第 11 条第 1 款以及第 13 条第 1 款。

此外，专家组作出了一些未被上诉的决定。特别是：（1）关于中止证书的 14 项说明中的 13 项，专家组裁定乌克兰证明了俄罗斯的行为违反了《TBT 协定》第 5.2.2 条第 3 项义务；（2）关于 3 项拒绝证书申请决定中的 1 项（第 1 号决定涉及 A1 申请、A2 申请和 A3 申请所涵盖的 1 种产品），专家组裁定乌克兰证明了俄罗斯的行为违反了《TBT 协定》第 5.1.2 条第 1 句和第 2 句；（3）关于所有 3 项拒绝有关证书申请的决定，专家组裁定乌克兰未能证明俄罗斯的行为违反了《TBT 协定》第 5.2.2 条第 2 项义务；（4）关于 3 个拒绝所涉证书申请决定中的 2 个，专家组裁定乌克兰证明了俄罗斯的行为违反了《TBT 协定》第 5.2.2 条第 3 项义务；（5）关于拒绝承认在俄罗斯以外的海关联盟国家颁发的证书的问题，专家组裁定乌克兰未能证明俄罗斯的行为违反了《TBT 协定》第 2.1 条的规定；（6）关于拒绝承认在俄罗斯以外的海关联盟国家签发的证书的问题，专家组未就乌克兰根据《TBT 协定》第 5.1.1 条和第 5.1.2 条以及 1994 年《关税与贸易总协定》第 10 条第 3 款（a）项提出的主张作出裁定。

3.7.2 上诉机构报告

在上诉中，乌克兰主张专家组在以下方面裁定存在错误：（1）在分析《TBT 协定》第 5.1.1 条下的"可比情况"时，认为乌克兰未能证明，俄罗斯关于暂停证书说明以及拒绝证书申请的决定违反了第 5.1.1 条规定的义务；（2）裁定乌克兰未能证明拟实施的贸易限制更低的替代措施是合理的，并且俄罗斯关于暂停证书说明以及拒绝证书申请的决定违反了《TBT 协定》第 5.1.2 条；（3）在评估是否存在乌克兰根据 1994 年《关税与贸易总协定》第 1.1 条，第 11 条第 1 款以及第 13 条第 1 款提出的有关阻止系统性进口的主张。

俄罗斯则在上诉中主张，专家组的错误在于：（1）裁定俄罗斯未能证明乌克兰设立专家组的请求违反了《争端解决谅解》第 6.2 条的规定；（2）裁定俄罗斯未能证明第三项措施，即不认可证书不属于专家组职权范围；（3）关于一项与第 3 项措施有关的内容，不属于专家组职权范围；（4）减轻乌克兰证明第 3 项措施作为单独措施的初步证明责任；（5）认定"一般性的"不认可要求来自海关联盟技术法规，从而认定存在第三项措施。

3.7.2.1 俄罗斯对专家组初步裁决的主张

俄罗斯主张，专家组在初步裁决中，错误地裁定俄罗斯未能证明乌克兰设立专家组的请求在两个方面违反了《争端解决谅解》第 6.2 条：（1）它将有关措施与申诉的法律依据适当地联系起来；（2）它适当地确认了第三项所涉措施。

关于所涉措施与申诉的法律依据之间的联系，俄罗斯对专家组使用"可以联系"或"可以关切"等"弱助动词"表示异议，并主张这一措词表明，这些措施与法律义务之间的联系并不像专家组认为的那样明确。上诉机构不同意俄罗斯的主张，而是认为俄罗斯就这一观点提出的专家组声明代表了专家组推理的中间步骤，即就专家组分析的其他内容而言，为专家组就乌克兰提出质疑的措施，与诉称违反的 WTO 规定之间的联系得出结论提供了依据。此外，俄罗斯辩称，专家组没有认识到本案和中国—原材料案在设立专家组请求的缺陷有相似之处，这是错误的。上诉机构认为，专家组恰当地处理了俄罗斯提出的论点，并详细解释了为什么在本案中设立专家组请求与在中国—原材料案的设立专家组请求之间没有足够的相似性。

关于在乌克兰设立专家组请求中确认的第三项措施的问题，俄罗斯认为专家组没有"表面上"审查设立专家组请求中对第三项措施的描述。上诉机构回顾称，为了确认设立专家组的请求是否符合《争端解决谅解》第6.2条的规定，专家组必须仔细审查该请求，将其作为一个整体来阅读。上诉机构认为，俄罗斯提议的对设立专家组请求的解读未能考虑到设立专家组请求的某些部分，因此这样的解读不是一个整体解读。上诉机构认为，在本案中，专家组根据《争端解决谅解》第6.2条的标准评估了设立专家组请求和第三项措施。此外，俄罗斯辩称，乌克兰确认的第三项措施包括一项复杂的法律文件，乌克兰需具体说明它希望向专家组提出质疑的法律文件的某些部分。上诉机构注意到，专家组已经考虑了俄罗斯的主张，但是认为乌克兰已在专家组请求中确认了争议措施，并且能够足够明确地使读者识别该措施。

总之，上诉机构裁定俄罗斯未能证明专家组在本案中关于其职权范围的认定存在错误。

3.7.2.2　俄罗斯就专家组关于第三项措施的裁定提出的主张

3.7.2.2.1　俄罗斯就专家组裁定第三项措施存在错误提出的主张

俄罗斯主张专家组未能根据《争端解决谅解》第11条进行客观评估，因为其裁定表示，第三项措施证实存在，但该措施被称为是一项一般不会被承认的要求。俄罗斯主管机关认为该措施来自《海关联盟技术法规001/2011》。俄罗斯称，专家组裁定的第三项措施并不存在，因为诉称的不认可要求本质上不是一般性要求，并且也违反了《海关联盟技术法规001/2011》。

具体而言，俄罗斯认为，《海关联盟技术法规001/2011》的文本是中立的，根据《欧亚经济联盟条约》(《EAEU条约》)，受海关联盟技术法规约束的产品必须在海关联盟内流通，无需额外要求。俄罗斯还辩称，如果俄罗斯有关主管机关解释了《海关联盟技术法规001/003》并得出结论认为不承认该要求源自该法规，则这些主管机关无权解释《海关联盟技术法规001/2011》。关于这些观点，上诉机构回顾称，第三项措施本身并不来自《海关联盟技术法规001/2011》，但它是被诉称的俄罗斯当局申诉的决定，即除非乌克兰铁路产品是在海关联盟国制造的，否则他们将不承认其他海关联盟国家的认证机构为乌克兰铁路产品颁发的证书的有效性。上诉机构认为，俄罗斯关于《海关联盟技术法规001/2011》的含义的观点，不足以确认专家组在分析乌克兰所述的第三项措施的存在时是否有误。俄罗斯还依据其当局根据《海关联盟技术法规001/2011》颁发了关于海关联盟以外生产的产品的证书的事实，认为不存在来自《海关联盟技术法规001/2011》的一般不被承认要求。上诉机构回顾称，第三项措施只涉及俄罗斯拒绝承认根据《海关联盟技术法规001/2011》在其他海关联盟国家已经向乌克兰生产商颁发的证书，因此认为这一观点没有任何价值。总之，上诉机构认为，俄罗斯没有证明专家组裁定《海关联盟技术法规001/2011》中的第三项措施属于一般性措施，违反了《争端解决谅解》第11条的规定。因此，上诉机构支持专家组这一行为的结论，即第三项措施已被证明存在。

3.7.2.2.2 俄罗斯关于专家组错误地减轻乌克兰初步证明第三项措施作为单一措施存在的必要性的主张

俄罗斯主张，根据《争端解决谅解》第11条的规定，专家组错误地减轻了乌克兰就是否存在由若干不同文书组成的单一措施作出初步证明的责任。俄罗斯辩称，乌克兰设立专家组请求中关于第三项措施的不同文件具有不同的法律效力和适用范围。俄罗斯认为，乌克兰未能解释这些不同的文书如何作为一项单一措施共同实施。上诉机构回顾道，尽管具体要求根据每个案件的情况而有所不同，《争端解决谅解》第11条要求专家组通过彻底审查确认一项措施。在本案中，上诉机构指出，专家组评估了乌克兰提交的不同文书之间的关系和相互作用，并确认第三项措施是作为单一措施存在的。因此，上诉机构认为，俄罗斯未能证明专家组减轻了乌克兰初步证明第三项措施作为单一措施存在的责任。

3.7.2.2.3 俄罗斯关于专家组错误地裁定第三项措施在其职权范围内的主张

俄罗斯主张，根据《争端解决谅解》第6.2条和第7.1条，专家组裁定第三项措施在专家组的职权范围内是错误的。俄罗斯认为，乌克兰设立专家组请求中确认的第三项措施包括《海关联盟技术条例001/2011》，这与乌克兰和专家组分别在书面材料和专家组报告中所述的第三项措施不同。俄罗斯认为，因专家组评估了一项不在其职权范围内的措施，所以其行为不符合《争端解决谅解》第11条。上诉机构注意到，俄罗斯的主张是基于这样一个前提，即专家组在确认乌克兰设立专家组请求的第三项措施时存在错误。上诉机构在处理俄罗斯关于专家组初步裁决的主张时已经推翻了这一前提，因此维持了专家组的裁定，即第三项措施限于专家组职权范围。

3.7.2.2.4　俄罗斯关于专家组继续就诉称的登记条件作出错误裁定的主张

俄罗斯主张，专家组的行为违反了《争端解决谅解》第 11 条的规定，对一项不在其职权范围内的措施作出了裁定。具体而言，俄罗斯辩称，专家组在得出结论认为这项措施不在其职权范围内之后，就所谓的"登记条件"作出了裁定。上诉机构回顾，在过去的案件中，它曾澄清，专家组在提出不构成法律裁定或结论的纯描述性评论时，不会超出其职权范围。在本案中，上诉机构认为，专家组的有关陈述要么只是描述性陈述，要么只是适当地涉及第三项措施。因此，上诉机构认为，俄罗斯未能证明专家组的行为违反了《争端解决谅解》第 11 条。

3.7.2.3　乌克兰根据《TBT 协定》第 5.1.1 条提出的主张

3.7.2.3.1　专家组对《TBT 协定》第 5.1.1 条的解释

乌克兰辩称，专家组错误地解释和适用了第 5.1.1 条中的"在可比情况下"措词，未能详细说明在中止证书的说明和拒绝申请新证书的决定方面究竟需要比较什么。具体而言，乌克兰认为，专家组对"在可比情况下"表述的解释非常有限，没有澄清是否需要对一个国家的整体情况或有关供应商的情况进行评估。

首先，上诉机构指出，《TBT 协定》第 5.1.1 条包括两个条款，第一个条款规定了国民待遇义务和最惠国待遇义务，涉及获得同类产品供应商合格评定的条件，第二条规定了为履行这些义务而使用合格评定程序的"途径"。上诉机构进一步指出，在确认第 5.1.1 条规定的不歧视义务的范围时，所涉产品的"相似性"是至关重要的。因此，如果所提供的产品不是"类似"的，则没有义务在同等有利的条件下进行合格评定。此外，上诉机构认为，第 5.1.1 条要求评估规制成员给予国内或第三国产品供应商的合格评定准入条件是否改变了竞争条件，损害了同类进口产品的供应商。最终，上诉机构指出，第 5.1.1 条中的国民待遇和最惠国待遇义务，以"在可比情况下"表述的措词加以限定。对于上诉机构来说，尽管"情况"一词可能包含可进行比较的大量因素，但相关因素将是对在特定案件中准予进行合格评定的条件影响因素。此外，根据第 5.1.1 条第二款，合格评定程序的规则也将与确认要比较的情况范围有关。

上诉机构指出，"在可比情况下"的措词涉及整个表述"以便允许供应商进入……在不低于优惠的条件下"，而不仅仅是指"在任何其他国家"或"同类产品的供应商"。因此，"在可比情况下"符合在同等条件下允许同类产品供应商进入的全部要求，表明一种情况是否具有"可比性"应根据给予同类产品的供应商进行合格评定的有关措施，并根据每种情况的具体情况进行评估。此外，上诉机构认为，如《TBT 协定》附件 1.3 所述，合格评定程序的功能是确认技术法规或标准中的相关要求是否得到满足，为决定"可比情况"提供指导。因此，影响各成员决定技术法规或标准中的相关要求是否得到满足的能力的因素，可能与"可比情况"的查询有关。

上诉机构进一步指出，第 5.1.1 条规定的义务涉及"同类产品的供应商"获得合格评定，第 5.1.1 条第二款将"准入"定义为"供应商获得合格评定的权利"。因此，对于上诉机构来说，根据程序规则和条件不低于同类产品的供应商有权获得合格评定，而且必须参照"供应商"来评估情况的可比性。因此，与整个国家有关的因素可能与调查是否存在"可比情况"有关，只要这些因素影响到某一特定案件中所涉的同类产品的供应商。

总之，上诉机构裁定，对是否在第 5.1.1 条含义内的"在可比情况下"且不低于同等条件下授予准入的评估，应侧重于在该具体案件中授予合格评定的条件和管理成员的能力有关的因素，从而确保符合基础技术法规或标准的要求。在特定情况下，此类评估可能涉及各种因素的分析，包括合格评定程序的规则；其准备、采用或应用是否受到质疑；所涉产品的性质；以及特定国家或供应商的情况。然而，确认是否存在"可比情况"的相关因素，最终应与成员方对所涉同类产品的特定供应商的相符性的积极保证的能力有关，如果这些供应商不存在可比情况，给予非歧视性合格评定机会的义务不适用于他们。

在审查专家组根据第 5.1.1 条进行的分析时，上诉机构认为，专家组正确地阐述了对该条款的解释。因此，专家组正确地认识到，在确认一种情况是否具有可比性时，必须授予不低于同等的准入条件，即必须确认使一种情况具有可比性或不可比性的相关因素是必要的，相关因素将包括进口成员是否有能力以足够的信心根据程序规则开展合格评定活动。具体而言，上诉机构同意专家组的意见，即相关情形将包括"针对供应商的某些方面或供应商的场所，被授以更少优惠的准入条件"。

鉴于上述情况，上诉机构得出结论认为，专家组充分阐述了《TBT 协定》第 5.1.1 条的解释框架，对"在可比情况下"一语的解释不存在错误。

3.7.2.3.2 专家组对《TBT 协定》第 5.1.1 条的适用

乌克兰还辩称，在根据第 5.1.1 条进行分析时，专家组所依据的是关于乌克兰政治或国内安全局势的一般性考虑，而这些考虑与证书被暂停或拒绝的有关供应商的情况无关。乌克兰特别提到专家组评估的重点是俄罗斯检查员的生命或健康风险，而不是有关供应商的具体方面或供应商设施的位置。乌克兰认为，专家组必须将证书被中止或联邦预算组织拒绝证书申请的情况，与原产于俄罗斯和其他国家的同类产品供应商的情况进行比较。

上诉机构指出，在对记录证据的评估中，专家组仅有限地提及与所涉具体供应商有关的因素，例如供应商设施的位置。重要的是，虽然专家组的分析重点放在乌克兰的总体安全局势上，但它并没有评估记录在案的证据，以确认安全局势如何与所涉具体供应商有关，而且事实上也没有像它在解释中所说的那样集中讨论"针对供应商的某些方面或供应商的场所，被授以更少优惠的准入条件"。因此，上诉机构在评估是否存在"可比情况"时，上诉机构未发现，专家组已经考虑到了所涉具体供应商或相关供应商所在地区的情况，或解释了记录中关于乌克兰存在安全问题和反俄情绪的证据与这些地区和供应商之间的关系。

此外，上诉机构指出，在对证据的总体评估中，专家组提到了保护人类生命和健康的重要性，并指出"在进行合格评定活动，如国外检查时，进口成员在适用第 5.1.1 条时可能需要'考量和平衡（weigh and balance）'其他成员产品供应商的利益，与保护其员工生命或健康的利益"。上诉机构注意到，专家组未将保护人类生命和健康一般地作为第 5.1.1 条下的合法目标，而是认为这一目标是确认在本案情况下是否存在"可比情况"的一个相关因素，某种程度上可以认为是影响成员决定，技术或标准的相关要求是否得到满足的一个因素，从而确保符合这些要求。同时，上诉机构注意到，摆在专家组面前的问题是目前争端是否存在可比的情况。在上诉机构看来，保障政府人员生命和健康的利益仅构成确认"可比情况"存在的一个相关考虑因素，某种程度上，适用于所涉具体供应商的这一情况妨碍了给予准入评估的条件。

上诉机构亦不同意专家组的结论，即有必要"考量和平衡"原产于其他成员领土的产品供应商的市场准入利益与保护政府人员生命和健康的利益。上诉机构认为，虽然这种平衡检验，在评估一项措施是否比《TBT 协定》第 2.2 条所规定的更具贸易限制性时可能是适当的，但这不是第 5.1.1 条下的问题。上诉机构也没有看到专家组陈述的依据，即进口成员在对供应商和员工的利益进行这种考量和平衡时享有"自由裁量权"，因为必须根据有关供应商的证据来确认是否存在"可比情况"。鉴于这些考虑，上诉机构得出结论认为，通过重点分析联邦预算组织是否"通过平衡乌克兰供应商和联邦预算组织员工的利益而超出其自由裁量权范围"行事,专家组没有考虑保护联邦预算组织员工生命和健康的利益与供应商之间的关系,因此未能解决涉及有关供应商的问题,即乌克兰安全局势是否可以与其他国家和供应商的安全局势相比较。

最后,上诉机构指出,专家组在适用正确的法律框架来审查是否存在"可比情况"方面的错误还体现在其依赖的证据既不是一般性的,也不涉及在特定地区存在的安全问题和反俄情绪对相关供应商进行了定位,或反映了供应商所在地区以外的其他地区的情况。此外,专家组所依据的一些证据明确提到,武装冲突仅限于乌克兰的顿巴斯和克里米亚地区,即与有关供应商所在地区不同的地区。尽管如此,专家组认为这一证据与它对可比情况的分析是相关的,但没有审查它如何适用于有关供应商所在地区,即使这种分析特别重要,它是为了回答是否乌克兰某些地区的安全局势以及这些地区存在的反俄情绪,导致了与位于这些地区的供应商不存在"可比情况",以及为了俄罗斯联邦预算组织员工在相关期间进行现场检查。

鉴于上述情况,上诉机构裁定专家组支持将《TBT 协定》第 5.1.1 条适用于本案事实时存在错误,即专家组认为在 2014 年 4 月至 2016 年 12 月期间,乌克兰的铁路产品供应商被剥夺了同等待遇的准入条件,这种情况与俄罗斯对其铁路产品供应商和其他国家的铁路产品供应商开放准入是不可比的。出于同样的原因,上诉机构认为,专家组错误地认定乌克兰铁路产品供应商被给予更少优惠的准入条件,且该待遇与两项决定有关,联邦预算组织根据这两项决定拒绝乌克兰供应商根据《海关联盟技术法规001/2011》提交的申请(第 1 号和第 2 号决定)。然而,上诉机构此前没有收到可据以完成法律分析的专家组充分事实裁定或专家组记录中的无可争议事实。

3.7.2.4 乌克兰根据《TBT 协定》第 5.1.2 条提出的主张

乌克兰辩称,专家组在依据《TBT 协定》第 5.1.2 条作出不存在对贸易更少限制的替代方案,以及乌克兰未能证明俄罗斯在中止证书的说明和拒绝新证书申请的决定方面的行为违反了该条款义务的裁决时,未能根据《争端解决谅解》第 11 条对相关事项进行客观评估。

上诉机构在分析之初强调,第 5.1.2 条的两句话都提到了"必要性"的概念,其含义必须在本条规定的具体情况下确认。具体地说,第二句开头的限定词"这意味着(this means)"后面接连词"特别(inter alia)",表明第二句描述了一种情况,在这种情况下,合格评定程序的制定、通过或应用的目的或效果是对国际贸易造成不必要的障碍，并为理解如何解释第 5.1.2 条中的"必要性"概念提供了有用的上下文。上诉机构还指出，根据第二句，一项程序是否"更严格"或者说"适用得更严格"，必须根据它是否使进口成员"充分相信"产品符合适用的技术法规或标准进行评估。上诉机构还注意到《TBT 协定》第 2.2 条和第 5.1.2 条在措词上的相关相似性和差异性，并认为这两条规定都规定了 WTO 成员不得对国际贸易造成不必要的障碍的义务，并确认了在进行必要性分析时应考虑的某些因素。上诉机构的结论是，《TBT 协定》第 5.1.2 条第一句话和第二句话"对国际贸易存在不必要的障碍"，可在分析以下因素的基础上确认：（1）合格评定程序是否提供了与基础技术法规或标准相符的充分信心；（2）合格评定程序或其应用方式的严格性；（3）由于违反了技术法规或标准而产生的风险的性质和后果的严重性。由于合格评定程序的功能是确保与基础技术法规或标准的符合性，因此本法规或标准的合法目标，也将与确认不合格引起的风险性质和后果的严重性有关。与第 2.2 条类似，合格评定程序可与可合理获得、较不严格或适用较不严格的可能替代程序进行比较，这些程序对给予进口成员足够的信心具有同等的贡献。这一分析最终涉及所有相关因素的整体考量和平衡。

关于第 5.1.2 条规定的举证责任，上诉机构回顾称，虽然 1994 年《关税与贸易总协定》第 20 条规定了例外情况，但《TBT 协定》第 2.2 条含有积极义务，在根据各自的规定对被诉方和申诉方的举证责任进行分配时，必须考虑到这一差异。由于根据第 5.1.2 条，申诉方有责任确认违反积极义务的要素，上诉机构认为，根据本条规定，为申诉方和被告方分配举证责任时，应遵循与第 2.2 条所述类似的考虑。具体而言，虽然根据 1994 年《关税与贸易总协定》第 20 条，被诉方必须证明申诉方所确认的替代措施最终不能合理地为被诉方所采用，而根据《TBT 协定》第 2.2 条，申诉方必须提出一个初步证据，证明其提出的替代措施是合理可用的。无论如何，替代措施作为评估一项措施的贸易限制性的"概念工具"，这一事实也说明了所需证据的性质和数量。考虑到执行的具体细节可能取决于有关执行成员的能力和具体情况，期待申诉方提供详细资料，说明申诉方在实践中如何实施拟议的替代措施以及准确和全面的预估此类实施所需费用，似乎是不合适的。

关于乌克兰在上诉中提出的主张，上诉机构回顾称，在专家组阶段，乌克兰提出了四项替代措施：（1）与乌克兰相关生产商进行进一步沟通；

（2）委托哈萨克斯坦和白俄罗斯的主管当局在乌克兰进行实地检查；（3）认可非俄罗斯人检查员、专家或组织，在乌克兰进行检查；（4）场外检查。

上诉机构首先处理了乌克兰的主张，该主张对专家组在替代措施下举证责任的分配提出了异议，其中包括联邦预算组织进行场外检查的可能性（第四个替代措施）。具体而言，乌克兰认为，专家组错误地认为乌克兰应提交符合进行此类非现场检查的法定要求的证据，以替代现场检查。上诉机构回顾称，在专家组审理中，乌克兰曾辩称，由于无法进行现场检查控制，俄罗斯本可以利用非现场检查而不是暂停证书。俄罗斯方面提出，只有满足组织标准《认证产品检验控制的组织和实施程序》（PC-FZT 08-2013）第 7.4.1 条规定的条件，才能进行非现场检验，在之前的检验控制中没有不合格事实，也没有消费者对认证产品的质量提出投诉。

上诉机构指出，对于专家组而言，在记录上的证据没有明确证明 PC-FZT 08-2013 第 7.4.1 条规定的两项相关条件均得到遵守的情况下，乌克兰未能证明，对相关说明所涵盖的铁路产品进行场外检查是合理的。上诉机构指出，乌克兰只对俄罗斯的合格评定程序适用于有关证书提出质疑，而不是对程序本身提出质疑。因此，乌克兰有可能确认一项与俄罗斯立法框架下已经存在的文件相一致的替代措施。同时，上诉机构确认替代措施不需要在被诉方立法中已经存在，即使质疑一项合格评定程序根据的是"其被适用（as applied）"而不是"其本身（as such）"。实际上，替代措施的作用是，协助确认一成员所采取的合格评定措施是否比第 5.1.2 条所规定的确保一致性所必需的措施更为严格，或具体适用时更为严格，而不是积极确认依据国内法规可能存在适用不同措施的条件。

就上诉机构而言，根据第 5.1.2 条进行这种关系分析的目的是，为了在严格性和对实现目标的贡献程度方面，比较所涉措施和替代措施，或其各自的适用情况，以给予充分的相符性信赖。这种比较不能用仅是理论性的替代措施来进行，因为执行成员可能没有能力采取这种措施，或者它给该成员造成了不适当的负担。同时，被质疑的措施与假设的替代措施的比较仍停留在概念层面。因此，被诉成员的立法框架中已经存在与拟议的替代措施相同或类似内容的措施，这一事实并不改变替代措施在必要性分析中作为"概念工具"的功能。因此，作为提出初步证据的一部分，申诉方应提供充分的证据，说明拟议的替代措施对执行方是合理的，例如，表明拟议替代措施的成本不会过高，以及与之实施相关的潜在技术不存在重大困难，以致拟议的替代措施仅仅是理论性的。然后，举证责任将转移给被诉方，证明拟议的替代措施实际上只是理论性的，或产生了不适当的负担，例如它们涉及令人望而却步的高昂费用或者会带来重大技术困难。

上诉机构申明，在本案中，必须在概念层面上对俄罗斯实际采取的措施与替代措施进行比较，以便初步确认，俄罗斯是否可以合理地利用替代措施。相比之下，专家组认为"应由乌克兰提交证据，即证明不存在不符合的证据，以及关于中止证书所涵盖的铁路产品的消费者投诉"。因此，专家组的分析将两个不同的概念合并在一起：乌克兰提出的替代措施；以及 PC-FZT 08-2013 第 7.4.1 条下的现有措施。

具体而言，上诉机构认为，根据第 5.1.2 条，专家组面临的问题是，除了中止证书外，是否存在适用这一程序的限制力较弱的方式，这也将为俄罗斯提供充分的信心，使其相信乌克兰的铁路产品符合俄罗斯的技术法规，并且可以合理地向俄罗斯提供。然而，专家组没有解决乌克兰提供的措施说明，是否足以作为俄罗斯有能力采取这种替代措施的初步证据。上诉机构认为，向乌克兰提供某些信息以及"它是否作出合理努力从俄罗斯获得［这一］信息"的问题，与成员在适用第 7.4.1 条所述条件方面负有举证责任的问题不同。

鉴于上述情况，上诉机构认为，为了确认非现场检查中替代措施的合理存在，乌克兰没有必要提供关于遵守第 7.4.1 条两项要求的信息，即不存在不符合的证据，以及消费者对有关中止所涉铁路产品的投诉。因此，专家组对乌克兰的举证责任超出了乌克兰在提出初步证据时所需确认的范围，即在本案的情况下，俄罗斯可以合理地采取假设性措施。

因此，上诉机构认为，专家组在分析这一替代措施时，未能根据《TBT 协定》第 5.1.2 条分配举证责任，未能根据《争端解决谅解》第 11 条对其面前的事项作出客观评估。然而，关于其他三项拟议的替代措施，上诉机构认为，乌克兰未能证明专家组对事项的客观评估存在错误，乌克兰未能证明这些措施是合理可行的。由于缺乏专家组充分的事实认定和无可争议的事实记录，上诉机构无法完成法律分析。

3.7.2.5　乌克兰关于系统性地防止进口的主张

乌克兰称，专家组在审查是否存在一项包括俄罗斯系统性地防止从乌克兰进口铁路产品的总体措施时，未能根据《争端解决谅解》第 11 条对其面前的事项作出客观评估。具体而言，乌克兰认为专家组错误地将所涉措施定性为仅包括具体决定，即中止证书、拒绝新证书申请，以及不承认乌克兰单独提出质疑的其他海关联盟国家的证书。乌克兰认为个别决定只是不成文措施证据的一部分，并且专家组错误地认定所诉称的不成文措施是以这些措施不符合 WTO 规则为条件的。乌克兰认为，这导致专家组孤立地审查各项措施，并使其无法根据现有的所有证据评估是否存在系统的进口阻止措施。

上诉机构回顾称：在专家组审理中，乌克兰曾主张，俄罗斯自 2014年中期以来，通过以下方式系统性地阻止乌克兰铁路产品进口到俄罗斯：（1）中止乌克兰生产商持有的有效证书；（2）拒绝签发新的证书；（3）不承认其他海关联盟国家颁发的证书，并且这种做法违反了俄罗斯在 1994 年《关税与贸易总协定》第 1.1 条、第 11 条第 1 款以及第 13 条第 1 款下的义务。上诉机构还回顾称，在美国—归零案（欧共体）中，已认识到"本身之诉"原则上可以针对没有以书面文件形式表达的某一措施提出。在阿根廷—进口措施案中，上诉机构进一步阐述了确认不成文措施存在的标准，并特别指出，"必须用证据和论据来证实被质疑措施存在的构成要素，将由申诉人对这类措施进行描述或加以说明"。上诉机构认为，与成文措施相比，不成文措施的存在不能通过向专家组提交法律文书来确认。相反，一项不成文措施的存在和内容，必须建立在其他往往是间接的证据和论据的基础上。此外，被质疑的具体措施以及申诉方如何描述或描述其特征，将告知申诉方被要求提交的证据种类以及必须确认存在的要素，以便确认是否存在被质疑的措施。

关于乌克兰的主张，即专家组没有在评估某项不成文措施的具体内容之前就其存在作出结论，该行为是错误的，上诉机构认为，专家组事实上注意到所称措施的确切内容并列出了其组成要素，包括乌克兰将这项措施定性为"一项不成文的总体措施"，其中包括几个组成部分，并导致"系统地阻止"乌克兰产品进口到俄罗斯。此外，鉴于乌克兰所述措施的特点，专家组随后的分析侧重于审查单一措施的存在及其系统性，这似乎是合乎逻辑的。

关于专家组对所称涉及的不成文措施的分析，上诉机构指出，乌克兰自己对该措施的描述，预先假定有必要侧重于中止、拒绝和不认可证书的个别实例的基本理由。因此，乌克兰辩称，"除了违反了相关技术法规外，乌克兰生产商被拒绝或无法使用证书"，俄罗斯"通过有组织的努力"，"采取一切可能的手段，阻止乌克兰铁路产品进口到俄罗斯"。因此，正如乌克兰所描述的那样，该措施的内容需要有一个结论，即该措施的个别内容是有组织的努力或政策的一部分，其目标是"有系统地阻止进口"，与单独的指示和决定不同，这些指示和决定是基于评估是否符合相关技术法规的原因而作出的。此外，专家组讨论的重点恰恰是，中止和拒绝是出于与实现积极的一致性保证有关的理由，还是出于与阻止进口有关的理由。

上诉机构还回顾称："对由若干不同文书组成的单一措施提出质疑的申诉人，通常需要提供证据，证明不同组成部分如何作为一项措施的一部分共同运作，以及一项措施如何与其组成部分不同而存在。"因此，在本案中乌克兰有责任确认中止、拒绝和不予承认的单独事例共同发挥作用，并形成一个与各部分不同的单独总体措施，以执行一项进口阻止政策。在这方面，上诉机构似乎认为，中止和拒绝背后的理由构成了一个重要因素，用以确认，所称的首要措施的组成部分是否作为单一措施的一部分一起运作。具体而言，这一理由涉及，由于乌克兰的安全局势，外资银行运营商无法评估乌克兰铁路产品是否符合俄罗斯相关技术法规，因此《TBT 协定》第 5.1.1 条没有类似情况。如果是这样的话，就不会有任何共同的政策或计划将各种中止和拒绝联系在一起，使之成为一项措施的一部分，因此也就没有证据证明"联邦铁路局为了阻止乌克兰铁路产品进口到俄罗斯，而使用了其权力或作为计划的一部分"这些单独的措施将基于一个单独和独立的理由，即在每一个特定情况下，不可能完成合格评定程序中所需的步骤。上诉机构就是这样理解专家组的陈述的，即"所谓的系统性进口阻止的三个要素之一……不合理地限制进入俄罗斯市场的事实，不足以证明作为一项独立措施，有系统地阻止进口乌克兰产品"。

上诉机构认为，专家组关于中止和拒绝的一致性或不符性的用语表述有些不准确。然而，上诉机构的理解是，专家组实际上关心的是这些决定背后的理由，这将揭示它们之间的关系，从而揭示共同计划的存在。因此，上诉机构认为，虽然专家组的论证似乎没有适当区分所称措施的存在和一致性，事实上，专家组只审查了措施组成部分的一致性问题，因为这些措施的一致性所依据的理由将导致结论，即这些决定是相互独立作出的，而不是共同计划的一部分。反过来，如果没有证据表明有共同计划或有组织的努力阻止乌克兰铁路产品进口到俄罗斯，则表明本案不存在系统地阻止进口的总体不成文措施。

此外，上诉机构指出，乌克兰所述的诉称措施本身就含有不符的成分。因此，由于乌克兰对该措施的描述中纳入了"阻止进口"一词，而且专家组认为，该措施的大多数个别组成部分的理由与"阻止进口"不同，专家组的任务是，将措施的存在问题与措施的一致性问题分开评估，这一任务尤其困难。最后，上诉机构认为，专家组对所称不成文措施的存在所作的裁决，不仅是基于其对中止和拒绝背后的理由的评估。

总之，鉴于乌克兰诉称的所谓不成文措施的特点，以及专家组对记录在案证据的评估，上诉机构认为，专家组根据《争端解决谅解》第11条对专家组事项进行客观评估时认为乌克兰未能证明俄罗斯有系统地阻止乌克兰铁路产品进口到俄罗斯，并无错误。

3.8　上诉机构报告:《美国—加拿大超级压光纸的反补贴措施案》(WT/DS505/AB/R)

3.8.1　背景和专家组裁定

该争端涉及美国对从加拿大进口的超级压光纸征收某些反补贴税（CVD）措施。加拿大提出了多项主张，指出美国商务部关于加拿大生产商霍克斯伯里港造纸有限合伙公司（PHP）、Resolute FP加拿大公司（Resolute公司）、欧文造纸有限公司（Irving公司）和Catalyst造纸公司（Catalyst公司）的反补贴税（CVD）决定违反了《补贴与反补贴措施协定》与1994年《关税与贸易总协定》。加拿大还对一项所谓的不成文的持续行为措施提出质疑，该"持续行为措施"包括美国商务部提出的"其他形式的资助"(other froms of assistance，OFA）问题。同时，若美国商务部在检查过程中发现其认为应提供而未提供的必要信息（如，"未报告的资助"），则同样适用不利可得事实（adverse facts available，AFA）以确定这些信息构成可抵消补贴（其他形式的资助——不利可得事实措施，简称OFA-AFA措施）。美国完全不同意加拿大所称的不相符的诉请。

关于加拿大涉及霍克斯伯里港造纸公司的主张，专家组认为，美国的行为违反了《补贴与反补贴措施协定》第1.1条（a）项（1）（iv）、第1.1条（b）项、第11.3条、第12.8条和第14条（d）项。针对加拿大关于Resolute公司的主张，专家组认为，美国商务部的行为违反了《补贴与反补贴措施协定》第1.1条（b）项、第10条、第12.7条、第19.1条、第19.3条—第19.4条，以及1994年《关税与贸易总协定》第6.3条。专家组拒绝就加拿大根据《补贴与反补贴措施协定》第1.1条（b）项、第10条、第11.2条—第11.3条、第12.1条—第12.3条、第12.8条、第14条、第19.1条和第19.3条—第19.4条，以及1994年《关税与贸易总协定》第6.3条提出的某些主张作出裁决。针对加拿大关于Irving公司和Catalyst公司的主张，专家组认为，美国商务部的行为违反了《补贴与反补贴措施协定》第 10 条、第 19.1 条、第 19.3 条—第 19.4 条和第 32.1 条，以及 1994 年《关税与贸易总协定》第 6.3 条。专家组拒绝就加拿大根据《补贴与反补贴措施协定》第 11.2 条、第 11.3 条和第 12.7 条提出的某些诉请作出裁决。最后，专家组驳回了加拿大根据《补贴与反补贴措施协定》第 10 条、第 19.1 条、第 19.3 条—第 19.4 条和第 32.1 条，以及 1994 年《关税与贸易总协定》第 6.3 条提出的某些诉请。

关于 OFA-AFA 措施，专家组认为，加拿大已经提出充分证据可证明被质疑的 OFA-AFA 措施构成"持续行为"。加拿大认为被质疑的措施也构成了一种"一般和未来适用的规则或规范"，但专家组认为没有必要分析和回应这一观点。专家组得出结论认为，OFA-AFA 措施违反了《补贴与反补贴措施协定》第 12.7 条。最后，专家组拒绝就加拿大根据《补贴与反补贴措施协定》第 10、11.1—11.3、11.6、12.1 和 12.8 条提出的主张作出裁决。

美国对专家组的裁定提出上诉，该裁决认为：（1）OFA-AFA 措施是可以在 WTO 争端解决中受到质疑的"持续行为"；（2）OFA-AFA 措施违反了《补贴与反补贴措施协定》第 12.7 条。加拿大要求上诉机构驳回美国的上诉主张。

3.8.2   DSU 第 17.6 条：OFA-AFA 措施的存在

起初加拿大辩称，美国关于专家组的主张超出了上诉审查的范围，该主张认为专家组错误地认定加拿大已经证明了 OFA-AFA 措施的存在。对加拿大来说，美国的主张涉及事实裁定，并涉及专家组对事实和证据的评估。

上诉机构指出，对事实适用规则是一种法律定性，必须根据《争端解决谅解》第 17.6 条进行上诉审查。对上诉机构来说，美国的主张涉及专家组对"持续行为"的法律标准的理解和适用，这是一项在 WTO 争端解决中可能受到挑战的措施。上诉机构的结论是，美国的主张涉及专家组报告所涉法律问题和专家组的法律解释，属于上诉审查的范围。

3.8.3   OFA-AFA 措施作为"持续行为"的存在

美国主张，专家组在评估"持续行为"措施的确切内容、重复适用和继续适用的可能性时存在错误。

关于确切的内容，美国主张，专家组审查的证据中的语言、事实模式和反补贴税程序部分的差异，使专家组无法准确地确认措施的内容。上诉机构认为，正如专家组案件审理中所证明的那样，专家组正确地讨论了美国商务部在 OFA-AFA 措施的每个要素的行为实质。上诉机构同意专家组的意见。上诉机构因此得出结论认为，专家组认定加拿大将 OFA-AFA 措施的确切内容确认为美国商务部提出 OFA 问题，并且，如果美国商务部在核查过程中，发现其认为应在回答 OFA 问题时提供的信息，则应用 AFA 来确认这些信息相当于可诉的补贴。

关于重复适用，美国主张正如在美国—持续归零案中一样，重复适用必须通过在一系列连续的诉讼程序中，在一段较长的时间内连续作出的一系列决定中适用一项所谓的措施来证明。上诉机构不同意美国的观点，并指出其在上诉中的论证与欧共体对该争端中措施的定性有关。对于上诉机构，专家组的分析反映了加拿大对 OFA-AFA 措施的定性，重点是重复加拿大确认的构成该措施一部分的要素。此外，上诉机构未采信美国的主张，该主张认为专家组记录中的某些例子表明美国商务部未适用 OFA-AFA 措施。因此，上诉机构的结论是，专家组认定加拿大确立了 OFA-AFA 措施的重复适用，并无错误。

关于继续适用的可能性，美国辩称为了确认这一要素，有必要决定今后关注特定行为。然而，上诉机构指出，申诉成员无需依赖被诉成员的正式决定来证明"持续行为"的存在。上诉机构认为，可以通过若干因素证明继续适用的可能性。上诉机构随后同意专家组的意见，即美国联邦贸易保护委员会提及 OFA-AFA 措施的一贯方式，在美国商务部的决定中经常提及该措施以前的应用，事实上美国商务部将该措施称为其"惯例"，以及美国商务部将对该措施的偏离定性为一个"无意中的错误"，且支持该措施可能继续适用的结论。因此，上诉机构的结论是，专家组认定加拿大已证明该措施今后可能被继续适用，并无错误。因此，上诉机构支持专家组的裁定，即 OFA-AFA 措施是作为"持续行为"存在的，其在 WTO 争端解决中可能受到质疑。

3.8.4 《争端解决谅解》第 12.7 条："基本原理"

美国主张，专家组适用《争端解决谅解》第 12.7 条存在错误，未能为其认定 OFA-AFA 措施违反了《补贴与反补贴措施协定》第 12.7 条的规定提供"基本理由"。

上诉机构回顾称，根据《争端解决谅解》第 12.7 条，专家组应列出事实裁定、相关条款的适用性以及所作裁定和建议背后的基本理由。提出"基本理由"的要求为专家组为支持其裁定而必须提供的理由确立了最低标准。为满足这一最低标准，专家组必须提供充分的解释和理由，以披露这些裁定的基本或根本理由。

上诉机构认为，专家组适当地将其先前根据《补贴与反补贴措施协定》第 12.7 条进行的"实际适用"分析的相关部分纳入其对 OFA-AFA 措施的审查。上诉机构认为专家组因此对《补贴与反补贴措施协定》第 12.7 条作了解释，论述了 OFA-AFA 措施的相关事实方面，并提供了充分的解释，以披露专家组对其裁定的基本理由。因此，上诉机构认定，根据《争端解决谅解》第 12.7 条，专家组为其认定 OFA-AFA 措施违反了《补贴与反补贴措施协定》第 12.7 条的规定提供"基本理由"没有错误。

3.8.5 《补贴与反补贴措施协定》第 12.7 条

美国对专家组的裁决提出上诉，该裁决认为 OFA-AFA 措施违反了《补贴与反补贴措施协定》第 12.7 条。美国主张，专家组的错误在于：（1）忽视了根据第 12.7 条使用"可获得事实"的"严重妨碍"理由；（2）将措施中未包含的行为认定为与 WTO 不符；（3）认定 OFA 问题决不可能是要求提供第 12.7 条规定的"必要信息"。

上诉机构指出，根据《补贴与反补贴措施协定》第 12.7 条，"可获得事实"的使用可基于三种替代理由，即当利害关系方或利害关系成员：（1）"拒绝在合理期限内获得……必要的信息"；（2）"在合理期限内未提供……必要信息"；或（3）"严重妨碍调查"。对于上诉机构，专家组对 OFA-AFA 措施的分析仅限于利害关系方未能提供"必要信息"的情况。因此，专家组的裁定并不涉及美国商务部在利益相关方严重阻碍调查的情况下使用"可获得事实"。

上诉机构进一步了解到，专家组指责美国商务部在核查过程中发现未报告的资助时，没有更进一步，而是机械地得出没有提供必要的信息以及被发现的资助相当于可抵消的补贴这一结论（即在核查过程中发现的资助，美国商务部认为应在回答 OFA 问题时提供）。上诉机构认为，这一被专家组认定为与 WTO 不符的行为，是 OFA-AFA 措施的一部分。上诉机构还同意专家组的意见，即美国商务部不可能简单地得出结论，而不进行进一步的分析和考虑记录中的事实和利害关系方的正当程序权利。根据《补贴与反补贴措施协定》第 12.7 条，决定必须以可获得的"事实"为基础，而不是基于非事实的假设或推测。

最后，上诉机构不同意美国的观点，该观点认为专家组认定 OFA 问题绝不可能是根据《补贴与反补贴措施协定》第12.7条要求提供"必要信息"。相反，上诉机构指出，专家组明确指出，OFA 问题可能涉及有关对被调查产品进行额外补贴的必要信息。

因此，上诉机构认为，美国没有证明专家组在《补贴与反补贴措施协定》第12.7条下存在适用错误。因此，上诉机构支持专家组的裁决，即 OFA-AFA 措施违反了《补贴与反补贴措施协定》第12.7条。

3.8.6　一位分庭成员的独立意见

在另一份独立意见中，一位上诉机构成员认为，专家组以及上诉机构中的多数成员的推理拓宽了美国—持续归零案（US—Continued Zeroing）中使用的"持续行为"的概念，成为类似于一般和未来适用的规则或规范。特别是，该上诉机构成员认为，专家组错误地以一种令人无法接受的含糊方式描述美国商务部的行为，并且采用了不充分的证据标准。该上诉机构成员认为，专家组没有审查作为"持续行为"证据的民事诉讼程序的可比性。这反过来又损害了专家组界定该措施的确切内容、重复适用和继续适用可能性的能力。

此外，该上述机构成员在其单独意见中注意到，美国商务部在 2015 年加拿大进口超级压光纸案反补贴税（CVD）程序中的反补贴税令，对其撤销已追溯至其开始时。由于这是该专家组审查的涉及加拿大的唯一一项反补贴税程序，该上诉机构成员认为参与者之间不存在真正的争议。[①]

3.9　上诉机构报告：《澳大利亚—有关适用于烟草制品和包装的商标、地理标志和其他简明包装要求的相关措施案》（WT/DS435/AB/R，WT/DS441/AB/R）

这些争议涉及澳大利亚对商标、地理标志和其他简明包装要求施加的某些限制，这些限制适用于在澳大利亚销售、可供销售或以其他方式提供的所有烟草制品。

澳大利亚维持了一系列与烟草控制有关的措施，其中大多数在这些争

---

① 然而多数成员注意到，专家组在撤销 CVD 命令前，向当事各方发出了最后的专家组报告；美国在撤销该命令后提出了上诉；美国和加拿大都证实，他们之间对"持续行为"措施和 WTO 规则的一致性存在争议。

端中没有争议。专家组确认这些争端中涉及的措施（以下简称 TPP 法案的措施）包括以下内容：

（1）《2011 年烟草简明包装法》（联邦）（《TPP 法案》）；

（2）经《2012 年烟草简明包装修订条例》（第 1 号）（联邦）（TPP 措施）修订的《2011 年烟草简明包装条例》（联邦）；

（3）《2011 年商标修正案（烟草简明包装）法》（联邦）（《商标修正案，TMA 法案》）。

《TPP 法案》是为了限制使用烟草制品以及其他相关目的而制定的。根据《TPP 法案》第 3 节，该法案规范了烟草制品的零售包装和外观，目的是：(1) 改善公共卫生；(2) 履行《世界卫生组织（WHO）烟草控制框架公约》（2003 年）中的某些义务。因此，TPP 措施是澳大利亚政府履行《世界卫生组织烟草控制框架公约》，特别是该公约的第 5 条、第 11 条和第 13 条规定的澳大利亚义务的措施之一。

这些争议中涉及的产品是烟草制品。《TPP 法案》中的术语"烟草制品"是指经加工的烟草，或任何含有被制造用于吸烟、吮吸、咀嚼或鼻烟的烟草制品，但未包含在 1989 年《治疗用品法》中被保留下的《澳大利亚治疗药物注册》中的烟草制品。该定义不仅包括香烟，还包括非香烟制品，例如雪茄、小雪茄和比迪的产品烟（bidis）。

自 2012 年 10 月 1 日起，在澳大利亚生产或包装以供国内消费的烟草制品必须遵守 TPP 措施。自 2012 年 12 月 1 日起，在澳大利亚销售、可供销售或以其他方式提供的所有烟草制品都必须遵守 TPP 措施。在这方面，值得注意的是，澳大利亚烟草制品的国内市场完全通过进口产品供应。

澳大利亚的 TPP 措施最初受到 5 个 WTO 成员国的质疑，即洪都拉斯（DS435）、多米尼加共和国（DS441）、古巴（DS458）、印度尼西亚（DS467）和乌克兰（DS434）。争端解决机构成立单独的专家组来处理 5 个申诉方各自提出的问题。但是，在这 5 个争端的争端方协商之后，总干事组成了 5 个专家组，由相同的人担任每个单独专家组的专家组成员。根据《争端解决谅解》第 9.3 条，争端方同意统一所有五项争议中专家组诉讼程序的时间表。但是，应乌克兰的要求，专家组中止了其在 DS434 案中的工作。且不要求 DS434 案中的专家组在中止后的 12 个月内恢复工作。因此，根据《争端解决谅解》第 12.12 条，在 DS434 案中专家组的权限已失效。因此，专家组仅就洪都拉斯、多米尼加共和国，古巴和印度尼西亚（申诉方）剩下的 4 个申诉方发布报告。

洪都拉斯请求专家组裁定,TPP 措施中关于澳大利亚简明包装商标的限制违反了《TRIPS 协定》第 2.1 条 [包括《巴黎公约斯德哥尔摩修订文本》第 6 条之五（1967 年 7 月 14 日）]（《巴黎公约（1967）》）和《TRIPS 协定》第 15.4 条、第 16.1 条、第 17 条、第 20 条、第 22 条第 2 款（b）项和第 24.3 条。洪都拉斯还要求专家组裁定,TPP 措施与《TBT 协定》第 2.2 条款不相符。此外,洪都拉斯要求专家组裁定澳大利亚的行为违反了《巴黎公约》（1967 年）第 10 条之二（通过第 2.1 条纳入《TRIPS 协定》）以及《TRIPS 协定》第 22 条第 2 款（b）项和第 24.3 条。

多米尼加共和国要求专家组裁定,澳大利亚 TPP 措施的通过与实施,违反了《TBT 协定》第 2.2 条、《巴黎公约》（1967 年）第 10 之二条（已通过《TRIPS 协定》第 2.1 条纳入）以及《TRIPS 协定》第 15.4 条、第 16.1 条、第 16.3 条、第 20 条、第 22 条第 2 款（b）项和第 24.3 条。

古巴要求专家组裁定,TPP 措施与《TBT 协定》第 2.2 条、《巴黎公约》第 10 之二条（参考结合《TRIPS 协定》第 2.1 条）、《TRIPS 协定》的第 15.4 条、第 16.1 条、第 16.3 条、第 20 条、第 22 条第 2 款（b）项和第 24.3 条以及 1994 年《关税与贸易总协定》第 9 条第 4 款不相符。印度尼西亚要求专家组裁定,TPP 措施整体或单独地违反了《TBT 协定》第 2.2 条,《TRIPS 协定》第 2.1 条（包含《巴黎公约》第 10 之二条）以及《TRIPS 协定》的第 15.4 条、第 16.1 条、第 16.3 条、第 20 条、第 22 条第 2 款（b）项和第 24.3 条。印度尼西亚还要求专家组裁定,TPP 措施整体或单独地违反了 1994 年《关税与贸易总协定》第 23 条第 1 款（a）项,因为它们取消或减损了印度尼西亚根据《TBT 协定》直接地或间接的利益。

专家组认为,申诉方并未证明 TPP 措施与《TBT 协定》第 2.2 条、《巴黎公约》（1967 年）第 6 之五条和第 10 之二条（参考结合《TRIPS 协定》第 2.1 条）、第 15.4 条、第 16.1 条、第 16.3 条、第 20 条、第 22 条第 2 款（b）项和第 24.3 条,以及 1994 年《关税与贸易总协定》第 9 条第 4 款不符。鉴于这些调查结果,专家组拒绝了申诉方的请求,即请求专家组建议澳大利亚采取措施以符合《TRIPS 协定》《TBT 协定》和 1994 年《关税与贸易总协定》规定的义务。

洪都拉斯和多米尼加共和国（申诉方）对专家组的报告提出上诉。申诉方仅根据《TBT 协定》第 2.2 条,以及《TRIPS 协定》第 16.1 条和第 20 条对专家组调查结果的各个方面提出了质疑。值得注意的是,多米尼加共和国除了自己的上诉外,还引用了洪都拉斯的所有申诉和上诉的主张和论点。

3.9.1　关于专家组根据《TBT 协定》第 2.2 条作出的有关裁决的主张

上诉机构回顾称，为确定某项措施与《TBT 协定》第 2.2 条不符，申诉方必须证明"超过实现合法目标所必要的限度，以及合法目标未能实现可能造成的风险"。在第 2.2 条的范围内，对"必要性"的评估涉及对以下因素的关系分析：(1) 技术法规的贸易限制；(2) 对实现合法目标的贡献程度；(3) 未能实现可能造成的风险。此外，确定技术法规是否是"对贸易的限制超出必需的限度"可能涉及以下方面的比较：(1) 贸易限制和所涉措施对合法目标的贡献程度；(2) 考虑到未能实现可能造成的风险，对合法目标合理可用的贸易限制和可能采取的替代措施的贡献程度。

对于上诉机构而言，第 2.2 条第二句中的措词"技术法规对贸易的限制不应超过必要"意味着允许"某些"贸易限制。确定技术法规是否"对贸易的限制超过必要"可能涉及以下两个方面的比较：(1) 贸易限制和所涉措施对合法目标的贡献程度；(2) 考虑到未能实现可能带来的风险，对合法目标合理可用的贸易限制和可能采取的替代措施的贡献程度。但是，上诉机构认识到在某些情况下可能不需要进行这种比较分析，例如，该措施根本没有贸易限制，或者贸易限制措施对实现相关合法目标没有任何贡献。同样，在可以证明贸易限制措施无助于实现相关合法目标的情况下，可能不需要进行比较分析。

在评估申诉方是否已证明 TPP 措施不符合第 2.2 条时，专家组特别对以下几点进行了审查：(1) TPP 措施对澳大利亚目标的贡献；(2) TPP 措施的贸易限制；以及 (3) 在对澳大利亚目标做出同等贡献下，申诉方提出的替代措施是否比 TPP 措施对贸易的限制要少。上诉机构分析了申诉方所主张的关于专家组分析在这 3 个方面的错误。

3.9.1.1　专家组关于 TPP 措施对澳大利亚目标的贡献的裁决

专家组试图确定 TPP 措施（无论是书面形式还是具体实施）以何种程度有助于通过减少烟草制品的使用和接触来改善澳大利亚公共卫生的合法目标。尽管专家组分几个步骤进行了分析，但它强调，其总体评估将基于所有相关证据的汇总。在专家组对 (1) TPP 措施的设计、结构和预期操作；(2) TPP 措施的实际实施；(3) TPP 措施对非法贸易的影响进行审查之后，专家组得出结论认为申诉方未能证明 TPP 措施无助于通过减少烟草制品的使用和接触来改善澳大利亚公共卫生的目标。恰恰相反，专家组认为，所收到的全部证据完全支持以下观点：TPP 措施与澳大利亚现有的其他烟草控制措施相结合（包括与 TPP 措施同时引入的扩大的图片健康警语（GHW），有助于澳大利亚实现减少烟草制品的使用和接触的目标，而事实也的确如此）。

在上诉中，洪都拉斯辩称，尽管专家组根据《TBT 协定》第 2.2 条提出了正确的法律标准，专家组在对 TPP 措施对澳大利亚目标的贡献程度作出裁决时未能将本法律标准适用于案件事实，因此在法律上存在错误。然而，上诉方的多数主张是围绕专家组对案件事实的分析存在错误，质疑专家组在评估案件事实方面的客观性，他们认为，专家组没有根据《争端解决谅解》第 11 条履行职责。澳大利亚要求上诉机构驳回根据《TBT 协定》第 2.2 条和《争端解决谅解》第 11 条提出的全部诉请。

3.9.1.1.1 有关专家组在适用《TBT 协定》第 2.2 条时存在错误的诉请

洪都拉斯承认，专家组已经制定了正确的法律标准，以规范如何评估一个成员的技术法规（包括通过的、书面的和已适用的），在多大程度上有助于该成员所追求的合法目标实现。但是，洪都拉斯声称，专家组在法律上存在错误，因为它没有将此法律标准适用于案件的事实。洪都拉斯辩称，专家组认为，对所有证据进行审查意味着免除其对证据的证明价值进行适当分析的义务，这些证据是有关措施对相关吸烟行为的实际影响。澳大利亚认为，洪都拉斯的诉请与专家组对证据和观点的尊重以及专家组对具体证据的相对重视有关，而不是与专家组参与法律和法律解释有关。因此，澳大利亚要求上诉机构拒绝洪都拉斯的诉请，即专家组在评估 TPP 措施对澳大利亚目标的贡献时，在适用《TBT 协定》第 2.2 条存在错误。

上诉机构承认，有时很难清楚地区分纯法律或纯事实问题，或是法律与事实交叉在一起的问题。但是，在大多数情况下，某一问题或是基于事实的法律适用，或是对事实的客观评估，不能两者兼是。在这些上诉程序中，上诉机构认为洪都拉斯的诉请意指专家组对事实和证据的认定，而非基于第 2.2 条法律标准的适用。因此，上诉机构裁定洪都拉斯未能证明其认为的专家组在对本案事实适用第 2.2 条时存在错误的主张。

相反，上诉机构注意到，洪都拉斯在详细解释其主张时，即专家组根据《TBT 协定》第 2.2 条对 TPP 措施对澳大利亚目标的贡献进行分析时存在错误，提出了与支持其在《争端解决谅解》第 11 条下主张完全重叠的观点。鉴于这两份主张之间完全重叠，并且它们都集中在专家组对事实的处理和对之前证据的理解上，上诉机构分析了所有洪都拉斯针对专家组贡献分析的质疑，这些分析基于《争端解决谅解》第 11 条的诉请规定。

3.9.1.1.2　根据《争端解决谅解》第 11 条提出的主张

申诉方请求上诉机构推翻专家组的结论，即 TPP 措施有助于并且确实为澳大利亚减少烟草制品的使用和接触的目标做出有意义的贡献。申诉方的请求主要基于以下诉请，即专家组没有根据《争端解决谅解》第 11 条履行职责，未对相关事项进行客观评估，而申诉方的重点是专家组对本案有关事实的评估。洪都拉斯辩称，专家组未能客观审查简明包装措施对减少烟草制品使用目标的贡献的证据。多米尼加共和国对专家组的总体调查结果和中间调查结果提出了上诉：（1）表明 TPP 措施对吸烟行为实际影响的实施后证据；（2）关于 TPP 措施的预期影响的实施前证据；（3）关于 TPP 措施对近期和远期结果的实际影响的实施后证据；（4）TPP 措施的未来潜在影响。

澳大利亚请求上诉机构驳回申诉方根据《争端解决谅解》第 11 条提出的所有诉请，并称这是对专家组履行其事实调查职能的"前所未有的攻击"。在澳大利亚看来，鉴于上诉方基于《争端解决谅解》第 11 条规定诉请的规模和性质，这些诉请是请求上诉机构确定专家组的事实调查结果是否正确，而不是确定专家组在作出裁决时是否客观地评估了案件事实。

在分析存在错误的主张之前，上诉机构强调了一些初步考虑因素，这些因素为《争端解决谅解》第 11 条所述的上诉方诉请方法提供了依据。这些考虑事项涉及：（1）关于评估 TPP 措施对澳大利亚目标贡献的第 2.2 条规定的举证责任；（2）专家组总体结论的性质以及上诉方就此提出的上诉范围；（3）支持《争端解决谅解》第 11 条所规定的上诉方主张的交叉主题。

关于举证责任，上诉机构回顾称，在专家组阶段，申诉方声称 TPP 措施与第 2.2 条不符，因为这些 TPP 措施对贸易的限制超过为实现合法目标所必需的限度。申诉方提出了两组证据来支持其根据第 2.2 条提出的主张。申诉方在其主要观点中声称，TPP 措施无助于也无法为澳大利亚的目标做出贡献。申诉方在他们的另一组观点中辩称，即使 TPP 措施为澳大利亚的目标做出了贡献，这些 TPP 措施对贸易的限制超过了必需的限度，因为在考虑到未能实现目标可能带来的风险情况下，某些合理的贸易限制程度较低的替代措施，也同样能达到对澳大利亚为实现合法目标贡献。

上诉机构指出，根据广为接受的惯例，主张事实的当事方，无论是申诉方还是被诉方，均应负责提供证据。因此，申诉方应承担举证责任，以证明

TPP 措施与《TBT 协定》第 2.2 条不符。这种举证责任分配的含义是，要求申诉方就其主要主张提供足够的证据，以说服专家组 TPP 的措施无助于也无法对达到澳大利亚的合法目标作出任何贡献。上诉机构还回顾称，贡献程度仅是专家组根据第 2.2 条确定"必要性"时整体权衡的一个因素，并且没有预先确定的贡献门槛以证明与第 2.2 条不符。专家组的总体权衡工作不一定是定量评估，而是定性评估。因此，针对申诉方的另一组观点，上诉机构认为申诉方不需要证明 TPP 措施对澳大利亚目标的精确量化贡献程度，以证明 TPP 措施"对贸易的限制超过所必需的限度"。但是，申诉方必须证明 TPP 措施对贸易的限制超过了必要限度，因为可以通过更低的贸易限制的替代手段来实现同等程度的贡献。

　　关于专家组总体结论的性质和上诉方上诉的范围，上诉机构回顾称，专家组得出的结论是：（1）申诉方未能证明 TPP 措施无助于为澳大利亚通过减少烟草制品的使用和接触来改善公共卫生的目标作出贡献；但是（2）专家组收到的全部证据支持以下观点：TPP 措施与澳大利亚现行的其他烟草控制措施（包括与 TPP 措施同时引入的扩大的图片健康警语）相结合，有助于实现澳大利亚减少烟草制品使用和接触的目标，而事实上也的确如此。上诉机构同意当事方的意见，认为专家组总体结论中对这两个组成部分进行共同解读，是对申诉方关于 TPP 措施无助于也无法达到澳大利亚减少烟草制品的使用和接触这一目标的主张的反对。

　　上诉机构还注意到专家组的进一步结论，即 TPP 措施有助于并且确实为澳大利亚减少烟草制品的使用和接触的目标做出了有意义的贡献。上诉机构认为，专家组的该结论解答了 TPP 措施对于澳大利亚其他烟草控制这一目标的贡献程度的问题，而且也和申诉方其他的观点相关。因此，上诉机构理解专家组得出的结论是为了回应申诉方的不同主张，即：即使专家组得出结论认为 TPP 措施对澳大利亚的目标有所贡献，这些 TPP 措施对贸易的限制仍然超过必需的限度，因为澳大利亚可以采用各种替代措施，这些措施对贸易的限制更小，并且可以对澳大利亚的目标做出同等程度的贡献。

　　关于根据《争端解决谅解》第 11 条申诉方提出的贯穿各领域的主题，上诉机构指出，尽管申诉方针对专家组的具体陈述、分析和调查结果提出了许多主张，但他们在很大程度上解决了这些涉及广泛的交叉主题下的诉请，包括：（1）举证责任的分配；（2）拒绝正当程序；（3）专家组诉称的未能提供合理和充分的解释；（4）根据《争端解决谅解》第 11 条提出的上诉方主张的实质性。上诉机构表示，摆在他们面前的问题是，上诉方是否证明专家组在进行分析以得出关于 TPP 措施对澳大利亚目标的贡献的总体结论时，已经根据《争端解决谅解》第 11 条的规定对该案的事实进行了客观评估。因此，对于上诉机构而言，上诉方的大量主张和观点都与这这问题有关，并且本身并不是《争端解决谅解》第 17.6 条和第 17.12 条所指的分散"问题"。因此，上诉机构认为其无需单独解决上诉方根据《争端解决谅解》第 11 条提出的每项主张。相反，上诉机构认为基于这些主题的交叉性，足以一并解决这些诉请。

在此方面，上诉机构注意到，专家组对 TPP 措施关于澳大利亚目标的贡献的分析相当详细，但上诉方根据《争端解决谅解》第 11 条提出的诉请，对专家组关于 TPP 措施对于达到澳大利亚的目标的贡献的分析提出了质疑，这是他们主要的上诉内容。此外，除了专家组关于 TPP 措施对非法贸易影响的调查结果外，上诉方对专家组在其分析中得出的所有中间调查结果，以及专家组关于这些 TPP 措施对于达到澳大利亚目标的贡献的总体结论提出了质疑。上诉机构指出，在这些上诉程序中，申诉方根据《争端解决谅解》第 11 条提出的诉请数量是前所未有的。上诉机构回顾称，关于对专家组未能对事项作出客观评估的主张是一项非常严肃的质疑。并非每个专家组的错误都意味着该专家组未履行其在第 11 条下的职责，只是这些加在一起或单独出现削弱了专家组对该问题客观性进行评估时的错误。上诉机构还强调指出，声称专家组歪曲、无视或陈述不实的证据不仅暗示专家组在尊重证据方面存在判断错误，而且使专家组的善意（公信）受到质疑。出于这些原因，上诉机构谨慎地认为，成员应认真考虑何时以及在多大程度上根据第 11 条对专家组对事项的评估提出异议，并根据《争端解决谅解》第 3.7 条的要求，成员应"行使判断力，以决定根据 WTO 争端解决程序采取的行动是否富有成效"。

此外，上诉机构回顾了其过去的声明，即在《争端解决谅解》第 11 条的范围内，通常由专家组自行决定选择使用哪些证据进行裁决，以及在评估证据的证明价值时，针对"事实证据"专家组无需"给予与当事方相同的意义和重要程度"。因此，不能仅通过声称专家组不同意其论点或证据就依据《争端解决谅解》第 11 条提出质疑。本着这种精神，上诉机构强调，它不会允许以专家组评估案件事实的客观性为借口，令申诉方再次提交其事实论点。上诉机构认为，进行这样的事实辩论将损害专家组作为争端解决事实审理者和一审裁判者的作用。

基于这些初步考虑，上诉机构认为应根据以下三种方法来处理上诉方的主张：(1) 上诉方少数主张需要进行单独审查（包括上诉方关于 TPP 措施预期效果的主张措施以及有关 TPP 措施实际效果的一些主张）；(2)《争端解决谅解》第 11 条规定项下上诉方大多数的主张，上诉机构根据这些交叉主题的主张，已一并解决了一系列诉请；(3) 对于《争端解决谅解》第 11 条规定的剩余的申诉方主张，上诉机构认为，不必对这些主张的实质作出裁定，以便为解决纠纷提供积极的解决方案。

3.9.1.1.2.1 需要进行单独审查的声明

在对 TPP 措施的预期效果进行分析时，专家组除其他外还回顾了研究报告（主要是 TPP 措施实施之前的），这些研究为实施这些措施提供了证据基础（有关 TPP 措施的文献；TPP literature）。专家组裁决，总体而言，申诉方未能证明，通过 TPP 措施确定的三个机制的运作，《TPP 法案》无法结合澳大利亚采取的其他相关烟草控制措施，通过减少烟草制品的使用和接触来促进澳大利亚改善公共卫生的目标。相反，专家组认为，在监管环境中，烟草包装是通过品牌传播对产品产生正面看法的唯一机会，就像澳大利亚的情况一样，可以合理地假设，削弱外观设计功能与产品吸引力之间存在某种相关性，这种降低产品吸引力的行为又与消费者行为之间存在某种相关性。专家组认为，在这种情况下，根据专家组收到的证据，以下观点似乎并不合理，即预期去除这些功能可以防止他们产生相互矛盾的信号，从而破坏其他旨在提高消费者对吸烟危害性的认识的信息，这是澳大利亚烟草控制策略的一部分，包括图片健康警语的部分。

上诉方称，专家组未能根据《争端解决谅解》第 11 条的规定对案件的事实进行客观的评估，从而无法根据对执行前证据的评估得出中期结论。具体而言，申诉方声称专家组：(1) 有关 TPP 措施文献的证明价值不适当；(2) 忽视了多米尼加共和国的证据，该证据与专家组的中期结论相抵触。

上诉机构不同意洪都拉斯的意见，该意见认为专家组未能提供合理和充分的解释，或以单方面的方式处理证据，从而得出结论认为 TPP 措施文献可被视为受尊重的和合格的来源，因此，不应将其全部驳回。无论如何，上诉机构认为，任何此类诉称的错误（如果发生的话）都不会削弱专家组评估该事项的客观性。在这方面，上诉机构强调，是申诉方而不是专家组，应当承担提供可靠证据以证明其有关 TPP 措施无助于实现澳大利亚目标的主张。因此，上诉机构发裁决，作为更广泛证据基础的一部分，洪都拉斯未能证明，专家组通过借助 TPP 措施文献评估 TPP 措施贡献的行为违反了《争端解决谅解》第 11 条。

此外，上诉机构不同意多米尼加共和国主张的前提，即多米尼加共和国确认的证据直接与专家组的结论相抵触，专家组认为烟草包装上的品牌要素可以向消费者传达积极的看法，因此将其删除是有利于减少包装的吸引力（第一种机制）并提高图片健康警语的有效性（第二种机制）。相反，在仔细审查专家组的调查结果以及多米尼加共和国证据的性质和范围后，上诉机构裁定多米尼加共和国的主张没有反映出对专家组理由或其本身证据的正确理解。因此，上诉机构裁定多米尼加共和国没有证明，专家组的行为与《争端解决谅解》第 11 条不符，因为它忽略了与专家组矛盾的证据，或者当专家组在无法提供其自身承认对其分析至关重要的问题的证据时，给出不连贯的论证。

由于这些原因，上诉机构维持专家组关于 TPP 措施的设计、结构和预期操作的证据的中期结论（预期效果），即上诉方未能证明 TPP 措施无助于通过设计这些措施的三种机制（即减少烟草制品的吸引力、增强图片健康警语的有效性以及减少烟盒误导消费者的能力）达到澳大利亚的目标，相反，该证据与 TPP 措施有助于通过这三种机制影响吸烟行为的主张是一致的。

关于专家组对 TPP 措施的实际效果的调查结果，专家组在实施前审查了以下证据：（1）近期结果（即减少烟草制品的吸引力、增强图片健康警语的有效性、减少烟草制品包装误导消费者的能力）；（2）与戒烟相关及其他远期结果；（3）TPP 措施对吸烟率的影响；（4）TPP 措施对烟草制品消费和销量的影响。上诉机构认为，申诉方对专家组对实施后两类证据（即吸烟率以及烟草制品的消费和销售量）的以下方面的分析提出的主张应进行单独审查：（1）专家组的吸烟率分析的第 1 步；（2）专家组的卷烟消费分析的第 2 步；（3）专家组吸烟率和香烟消费量分析的第 3 步；（4）有关专家组使用某些计量经济学工具的正当程序问题。上诉机构驳回了所有申诉方的主张，认为除以下两项外，所有其他申诉方均应进行详细审查：（1）专家组香烟消费分析第 3 步中烟草成本高低对吸烟行为的影响；（2）申诉方对专家组使用某些计量经济学工具的正当程序表示关注。

关于烟草的影响，在附录 C 吸烟流行度分析的第 3 步中，专家组指出，不能从表面去理解多米尼加共和国的计量经济学结果，因为其大多数模型的设置都无法反映烟草成本的增加（包括增加消费税）对吸烟率的影响，尽管所有人都认为烟草消费税是最有效的烟草控制政策之一。专家组在附录

D 的卷烟消费分析中没有指出任何当事方的模型是否能够推断烟草价格昂贵的影响。在上诉中，多米尼加共和国声称专家组的行为与《争端解决谅解》第 11 条不符，包括：（1）处理各方的证据；（2）处理多米尼加共和国的证据和观点。

上诉机构裁定，多米尼加共和国的立场具有误导性，而专家组也拒绝了使用这些模型。上诉机构表示，专家组并未根据任何单独的稳健性标准"拒绝"或"接受"任何模型本身。相反，专家组通过申诉方的证据评估了争端方的证据，并指出了多种理由怀疑该证据的可靠性。上诉机构进一步指出，在评估当事方的吸烟流行证据时，尽管专家组对某些申诉方的模式存有疑虑，理由是他们无法推断出烟草价格昂贵的影响，但并未明确指出依靠澳大利亚的模型能够发现这种影响。因此，专家组没有以此为理由来认定澳大利亚的模式比申诉方的模式更可靠。由于专家组并不以此为理由来认定澳大利亚的模型比申诉方的模型更可信，上诉机构认为专家组在此稳健性标准方面对当事方吸烟流行证据的处理没有不妥。因此，上诉机构不认为专家组在做评估时不当对待各方提供的证据，即专家组认为澳大利亚的吸烟率证据比申诉方的证据更可信，并且专家组认为有证据表明 TPP 措施有助于降低吸烟率。

也就是说，上诉机构注意到以下情况是没有争议的，即专家组并未明确解决当事方关于澳大利亚消费模式显示出 2013 年增加征税对消费产生积极影响的事实争论。尽管当事双方在这一问题上进行了较多的辩论，而且专家组明确表示这些观点和证据"已记录在案"，但专家组决定不分析解决这些观点。专家组以几乎相同的理由质疑申诉方的吸烟率模型，决定不明确解决多米尼加共和国关于澳大利亚消费证据的观点和证据，上诉机构表示这一做法存在异议。因此，上诉机构认为，专家组未能解决多米尼加共和国的质疑，在专家组对证据的评估存在错误，辅助证据表明澳大利亚消费模式显示消费税增加导致卷烟消费增加。

但是，上诉机构强调，专家组在这方面的错误仅限于专家组对 TPP 措施是否导致卷烟消费下降的评估。因此，专家组的错误仅意指专家组在其香烟消费分析的第 3 步中得出的结论。

关于上诉方的正当程序问题，上诉方声称，专家组在评估争端方提交的某些实施后计量经济学证据时，未根据《争端解决谅解》第 11 条的规定对案件事实进行客观评估。洪都拉斯澄清说，它的诉请涉及以下两个方面：（1）谁代表专家组进行了分析（洪都拉斯声称它是"幽灵专家（ghost expert）"，而不是根据《争端解决谅解》第 13 条或《TBT 协定》的第 14.2 条任命的专家或专家组）；（2）专家组未能为各方提供有意义的机会以对专家组的分析发表评论。相比之下，多米尼加共和国表示其诉请范围较窄，仅限于洪都拉斯提出的第二个关切事项，即所谓的专家组未能为各方提供有意义的机会以对专家组的分析发表评论。具体来说，多米尼加共和国诉称专家组自行开发和实施了某些计量经济学测试，而没有给双方任何机会发表任何评论。多米尼加共和国主张的重点是专家组使用的"多重共线性"和"非平稳性（multicollinearity and nonstationarity）"计量经济学工具。上诉机构指出，虽然洪都拉斯声称其诉请涉及专家组报告整个附录 A-E（包括 150 页）中的专家组分析，但在证实其上诉要求时，洪都拉斯仅提到了专家组对"新的"稳健性标准（即多重共线性和非平稳性）的依赖。因此，上诉机构的分析集中在专家组对这两个标准的依赖上。

关于洪都拉斯对专家组有义务任命外部专家的主张，上诉机构回顾《争端解决谅解》第 13.1 条确定专家组"有权"而非有义务向其认为适当的任何个人或机构寻求信息和技术咨询。同样，《争端解决谅解》的第 13.2 条和《TBT 协定》的第 14.2 条都使用了辅助动词"可以"来表达这些规定的允许意图。此外，根据《争端解决谅解》第 13 条，专家组的权限是全面的，并且包括决定完全不寻求此类信息或建议的权限。考虑到《争端解决谅解》第 13 条赋予专家组调查信息的全面权限，上诉机构认为，由专家组自行决定是否寻求专家协助。上诉机构不同意洪都拉斯的观点，即附录 A-E 中所述证据的技术性质，自动暗示专家组"有义务"寻求外部专家意见以评估该证据。此外，上诉机构指出，关于专家组在其报告附录 A-E 中评估的计量经济学证据，没有申诉方要求专家组根据《TBT 协定》第 14.2 条聘请专家协助技术性问题。由于缺乏这样的请求，上诉机构无法接受洪都拉斯的上诉观点，即认为专家组未能主动寻求专家协助，这在某种程度上损害了当事方的正当程序权。上诉机构认为，如果争端各方认为，正如洪都拉斯所言，专家组寻求专家协助是"必不可少的"，则他们可以自由请求专家组做到这一点。因此，上诉机构认为，在不聘请专家的情况下，仅寻求评估提交给其的证据，专家组并没有违反其根据《争端解决谅解》第 11 条对事件进行客观评估的义务。

关于对专家组依赖多重共线性和非平稳性的不同意见，上诉机构指出，洪都拉斯和多米尼加共和国均未考虑到《争端解决谅解》第 11 条禁止专家组使用多重共线性和非平稳性的计量经济学工具，相反，申诉方辩称，专家组对摆在其面前的事实的尊重和评估（这些会引导得出其事实的结果），尤其是其对多重共线性和非平稳性的依赖，应与争端方进行检验。

上诉机构回顾称，在审查实施后吸烟率和消费量的证据时，多重共线性和非平稳性是专家组认定的与申诉方提供的某些证据有关的两个问题。此外，除其他外，专家组还基于澳大利亚的某些证据得出结论，即 TPP 措施有助于降低吸烟率和消费量。TPP 措施上诉机构对专家组记录的审议表明，这些问题并未由争端方确定，而是由专家组本身提出的。此外，专家组没有向争端方提出任何问题，也没有邀请他们就这些稳健性标准在处理当事方证据方面的使用发表评论。在上诉机构看来，当专家组向各争端方发布中期报告时，争端方首先意识到与多重共线性和非平稳性有关的可能担忧。在中期审查阶段，申诉方没有对专家组确定的这些问题表示关切。上诉机构指出，为了确定当事方证据中关于多重共线性和非平稳性的问题，专家组有义务进行方差扩大因子（variance inflation factors，VIF）和单位根检验（unitroot tests）。专家组对这些技术测试的依赖与评估证据的可信度有关，并最终确定了 TPP 措施有助于降低吸烟率和消费量。因此，这些复杂的技术测试在专家组对证据的评估中起到重要作用。上诉机构进一步指出，这些测试的引用涉及专家组在一定程度上的自由裁量权，即对多重共线性和非平稳性的关注是否以及在多大程度上是质疑证据可靠性的合理原因。鉴于这些担忧并非由争端方提出，而是源于专家组本身，并鉴于其高度技术性以及专家组依靠这些关切的自由裁量权，因此上诉机构认为，专家组应同各方一起探究这些问题。

上诉机构注意到澳大利亚的观点，即申诉方本可以使用中期审议来要求专家组根据《争端解决谅解》第 15 条审议专家组报告的相关部分，但他们没有选择这样做。在澳大利亚看来，在对当事方的正当程序诉请进行评估时，当事方的行为是一个相关的考量因素。如果当事方有机会提出但却未能提出反对意见时，应驳回这种诉请。上诉机构多数成员认为，尽管洪都拉斯和多米尼加共和国本可以在中期审议阶段对专家组依赖这些计量经济学工具表示关切，但在目前的争端情况下，他们没这样做并不是由于专家组在处理申诉人提交的某些证据时存在的违法程序所致。尽管上诉多数成员承认，中期审议使争论方有机会提出并解决专家组调查结果的许多方面，但他们认为，鉴于《争端解决谅解》第 15 条所设想的中期审查程序不足以使缔约方充分探究这些问题，因为审查是有限的并处于后期阶段。出于这些原因，上诉机构多数成员认为，专家组在其中期报告中，引入了未在进行吸烟率和消费量的实施后证据审查时与当事方进行检验的新计量经济学标准，从而剥夺了争端方的正当程序权利，因此意味着专家组未能根据《争端解决谅解》第 11 条对事实进行客观评估。因此，上诉机构分庭多数成员裁定，专家组依赖多重共线性和非平稳性以评估当事人对实施后的吸烟率和消费量的证据时存在过错。

最终，上诉机构裁定，专家组在"评估多重共线性、非平稳性以及烟草成本高昂的影响方面，认为澳大利亚的计量经济学证据比申诉方的计量经济学证据更可信"时存在错误。

关于专家组根据烟草昂贵的影响质疑当事方的证据，上诉机构认为，专家组未能解决多米尼加共和国的观点，严重削弱了专家组的判断，即澳大利亚的证据就"TPP 措施是否有助于香烟消费的下降"这一问题比申诉方的证据更可信。因此，上诉机构裁定，专家组错误的裁判削弱了附录 D 中烟草制品消费分析的第 3 步中的事实裁决，该裁决认为有一些计量经济学证据表明，TPP 措施有助于减少卷烟的批发，从而减少了卷烟的消费。

关于专家组对多重共线性和非平稳性的依赖，上诉机构指出，专家组在其吸烟率和卷烟消费分析的第 3 步中，部分依赖于与非平稳性和多重共线性有关的问题。由于上诉机构已经得出结论，专家组未能解决多米尼加共和国对烟草昂贵担忧的主张，使专家组在其卷烟消费分析的第 3 步中得出的事实结论无效，因此上诉机构认为没有必要进一步评估专家组在非平稳性和多重共线性方面的错误对专家组的消费分析的影响。关于专家组的吸烟率分析，上诉机构指出，专家通过多种理由来支持澳大利亚的证据。因此，得出结论认为，消除专家组对多重共线性的依赖不会影响专家组的结论，即澳大利亚的吸烟率证据比申诉方的证据更可靠。相比之下，专家组（在吸烟率分析中）唯一选择虚拟变量而不是税收水平变量的理由是基于非平稳性。因此，消除专家组对非平稳性的依赖意味着专家组论证的一个方面无法成立，因为无法为专家组选择虚拟变量而不是税收水平提供依据。但是，上诉机构认为，这不足以影响专家组认定澳大利亚的证据比申诉方的证据更可信，因为专家组在确定这一裁决时还依赖其他标准。因此，上诉机构裁定，取消专家组对非平稳性和多重共线性的依赖不会影响专家组的结论，即认为有计量经济学证据表明 TPP 措施有助于降低澳大利亚的总体吸烟率。

3.9.1.1.2.2　上诉机构根据交叉主题一并解决的主张

上诉机构一并处理了几组诉求。这些诉求基于以下交叉主题，并质疑了专家组关于 TPP 措施对澳大利亚目标实现的贡献分析:(1)专家组裁决中的不实陈述;(2)根据《TBT 协定》第 2.2 条分配的举证责任;(3)专家组作为事实审理者的自由裁量权;(4)专家组无视、严重歪曲或扭曲证据的质疑;(5)专家组审理中关于证据与论证的关联;(6)专家组不必处理各方提出的所有主张;(7)专家组的结论是基于不连贯的推理,或缺乏合理充分的解释;(8)质疑专家组对各方证据的图形表述;(9)提交的事实未在专家组记录中;以及(10)对专家组关于 TPP 措施未来影响声明的诉请。

上诉机构驳回了上诉人的所有这些主张。

3.9.1.1.2.3　关于上诉机构行使司法经济的主张

上诉机构为了解决这些争端时考虑了以下条约规定,以确定上诉机构是否有必要解决上诉方提出的某些错误主张。上诉机构指出,《争端解决谅解》第 17.12 条规定,上诉机构应处理在上诉程序中根据第 6 段提出的每个问题。同时,上诉机构承认《争端解决谅解》第 3.4 条指出,WTO 争端解决机构的建议或裁定应旨在达成令人满意的解决方案,而《争端解决谅解》第 3.7 条则规定争端解决机制的目的是为了确保积极解决争端。对于上诉机构而言,WTO 争端解决机制的这些总体目标表明,虽然要求上诉机构解决上诉中的每个问题,但针对不需要解决的争议其有不作出裁决的自由裁量权。

基于这些考虑,专家组认为没有必要裁定以下诉请:(1)多米尼加共和国关于专家组评估与国家烟草简明包装追踪调查(NTPPTS)和国际烟草控制(ITC)近期和远期结果数据有关的证据的诉请;(2)洪都拉斯关于扩大的图片健康警语对烟草简明包装的影响的诉请;(3)多米尼加共和国提出的有关专家组在其吸烟率分析的第 2 步中依赖图片的诉请。

3.9.1.1.2.4　专家组对 TPP 措施对澳大利亚目标贡献的总体结论

洪都拉斯在上诉中声称,专家组由于未能提供关于事实如何支持这一裁决的合理而充分的解释,从而根据《争端解决谅解》第 11 条认为专家组存在错误。洪都拉斯称,专家组关于 TPP 措施对吸烟行为的实际影响的调查结果不支持其总体结论,即该措施实际上"确实"为澳大利亚的目标做出了有意义的贡献。多米尼加共和国声称,根据《争端解决谅解》第 11 条,专家组关于 TPP 措施的实际效果是否证实了其根据措施的预期效果得出的结论,在论证上存在内部不连贯,是错误的。多米尼加共和国补充说,如果上诉机构要推翻专家组关于 TPP 措施对吸烟率和消费量实际影响的裁决论证,则专家组的其余中期裁决均不复存在,即专家组的裁决均不关于 TPP

措施的预期影响措施或其措施对"近期"和"远期"结果的实际影响裁决，都不足以维持其对 TPP 措施贡献的总体结论。

上诉机构回顾称，在专家组阶段，申诉方的主要主张是《TPP 法案》不能通过其 TPP 措施中确定的机制为澳大利亚的目标做出贡献，并且实施后的证据表明，吸烟率实际上并没有因为 TPP 措施的结果而降低。因此，在解决当事方的观点时，专家组试图确定 TPP 措施（无论书面形式还是具体适用）在多大程度上有助于通过减少使用和接触烟草制品来改善澳大利亚公共卫生的合法目标。在这方面，专家组承认，通过 TPP 措施是否能实现这一目标取决于其影响吸烟行为（例如开始抽烟、戒烟和复发）的能力。因此，专家组认为这些措施对此类行为的影响是先验的，与评估这些措施对该目标的贡献程度直接相关。考虑到《TPP 法案》对 TPP 措施的预期操作的描述，专家组首先根据其设计、结构和预期操作评估了 TPP 措施的预期效果。此后，专家组评估了与 TPP 措施生效后的实际效果有关的证据。专家组具体评估了 TPP 措施对以下方面的影响：（1）"非行为"或"近期"结果（即包装的吸引力、图片健康警语的有效性以及包装误导消费者的能力）；（2）"远期"结果（即意图和行为结果，例如增加的戒烟意图和增加的戒烟尝试）；（3）吸烟行为（即患病率和消费量）。专家组还审查了 TPP 措施对非法贸易的影响。专家组在履行这项任务时认为有责任审查和考虑其面前的所有证据，并评估每一项证据的相关性和证明力。

上诉机构指出，在总结其总体结论的基础时，专家组强调了实施前证据与 TPP 措施的预期效果有关的重要性，同时强调了与 TPP 依据的措施的实际影响有关的实施后证据的局限性。上诉机构认为，专家组已确定 TPP 措施生效后的有限时间，以及确定 TPP 措施的效果的困难，是损害了 TPP 措施实际效果的可用实施后证据质量的因素。相比之下，上诉机构理解专家组的解释，表明专家组对与 TPP 措施的预期效果有关的实施前证据给予更大的论证权重。此外，上诉机构还回顾了专家组的意见，即 TPP 措施的影响可能随时间演变。对于上诉机构来说，鉴于 TPP 措施在专家组诉讼开始之时已经在很短的时间内生效，专家组认为 TPP 措施的影响可能随着时间的推移而演变，这个想法似乎是合理的。因此，上诉机构认为，在适当地审查了其面前的所有相关证据之后，专家组完全处于其自由裁量权的范围之内，事实上相比于 TPP 措施实际效果的证据，专家组将更大的证明权重赋予了 TPP 措施的预期效果的证据。出于这些原因，上诉机构驳回洪都拉斯的主张，该主张认为在就 TPP 措施对澳大利亚目标的贡献作出总体结论时，专家组未能基于实施后证据就实施前证据的质量和证明价值提供合理和充分的解释。

此外，上诉机构回顾了其裁决，即上诉方没有证明，专家组未能就 TPP 措施预期效果的证据进行客观评估。同样，关于 TPP 措施的实际效果，上诉机构回顾称，申诉方对专家组关于近期和远期结果有关的实施后证据分析的质疑，没有说服力。因此，专家组在其报告附录 A 和附录 B 中的调查结果成立。如上所述，上诉机构认为，专家组在适当地检查了所有相关证据之后，认为其在事实判断范围内处于合理的范围之内，以使 TPP 措施的预期效果的证据相比于 TPP 措施的实际效果的证据具有更大的证明权重。因此，对于上诉机构而言，专家组对预期效果的调查结果，以及对 TPP 措施对近期和远期结果的实际影响的调查结果支持了专家组的总体结论，即 TPP 措施与澳大利亚其他烟草控制措施相结合（包括与 TPP 措施的措施同时引入的扩大的图片健康警语，有助于实现澳大利亚减少烟草制品的使用和接触的目标，而事实也的确如此）。

上诉机构强调，其驳回绝大部分上诉方对专家组分析 TPP 措施对吸烟行为的实际影响的质疑。上诉机构回顾称，在专家组关于吸烟率和消费量实施后证据的评估中发现了两个错误。首先，上诉机构发现专家组错误地依靠了非平稳性和多重共线性。但是，上诉机构认为专家组的这一错误对专家组的最终结论没有影响，专家组的最终结论是，有计量经济学证据表明 TPP 措施有助于降低澳大利亚的总体吸烟率。其次，关于专家组依靠烟草昂贵的影响来质疑争端方的证据，上诉机构认为专家组由于未能解决多米尼加共和国关于澳大利亚消费模式的观点而存在错误。上诉机构发现，这一错误在专家组的卷香烟消费分析的第 3 步中严重损害了专家组的事实认定，因此该事实认定认为澳大利亚的证据比申诉方的证据更可信，并且基于此证据，专家组得出结论，该结论认为一些计量经济学证据表明，TPP 措施有助于减少香烟批发销售，从而减少了香烟消费。

在专家组的分析中发现有这些错误之后，上诉机构注意到澳大利亚的主张，即即使上诉方可以确定专家组就相关事实的审查超越了其自由裁量权的范围，上诉方仍然需要证明专家组的错误削弱了专家组评估的客观性。上诉机构回顾称，正如过去所指出的那样，并非所有证据认定和法律上的错误都导致了专家组未能对事实进行客观评估。相反，为了成功地根据《争端解决谅解》第 11 条提出上诉，上诉方必须证明该陈述对专家组的法律结论至关重要。因此，为了推翻专家组根据第 11 条得出的结论，上诉机构必须确信专家组的错误综合或单独地削弱了专家组评估的客观性，以使专家组的事实认定不再具有充分的证据和客观依据。

回到本案的事实，上诉机构指出，专家组关于吸烟率和消费量的论证是根据专家组在其吸烟率分析的第 2 步和第 3 步（附录 C）、香烟消费分析的第 2 步和第 3 步（附录 D）得出的结论形成的。专家组还认为，有证据表明 TPP 措施降低了烟草制品的吸引力，这一点很重要。上诉机构强调，专家组依据了这五个不同方面的分析得出结论认为，实施后证据与 TPP 措施的假设影响相一致，而上诉方只证明了专家组在其中一个方面出现错误，即专家组的卷烟消费分析的第 3 步。上诉机构进一步指出，吸烟率和消费量只是专家组评估 TPP 措施是否对吸烟行为（开始吸烟、戒烟和复发）有实际影响的两个指标。上诉机构认为，上诉方并未说明专家组在其消费量评估中出现的任何错误会表明专家组也会在其吸烟率评估中存在错误。

上诉机构还注意到洪都拉斯的主张，即即使将专家组的调查结果视为既定结果，专家组自身与 TPP 措施对吸烟行为的实际影响有关的有限调查结果也不能支持这些措施确实对澳大利亚目标的做出贡献这一总体结论。

上诉机构回顾称，专家组的主要结论和对申诉方主要主张的反驳指出：（1）申诉方没有证明，TPP 措施不适合通过减少烟草制品的使用和接触，为改善澳大利亚的公共卫生的这一目标做出贡献；但是（2）专家组收到的全部证据支持以下观点：TPP 措施与澳大利亚维持的其他烟草控制措施（包括与 TPP 措施同时引入的扩大的图片健康警语）相结合，有助于实现澳大利亚减少烟草制品使用和接触的目标，而事实也的确如此。上诉机构同意诉讼方的意见，将这两项调查结果一并审阅，驳回申诉方的主要主张，该主张认为 TPP 措施不适合、也无助于澳大利亚实现减少烟草制品的使用和接触的目标。

但是，上诉机构在上述结论与专家组总体结论中的稍后声明之间作了区分，在总体结论中专家组裁定，总体而言，专家组之前的证据支持以下观点：TPP 措施和其他一些澳大利亚对于烟草控制的措施相结合，并且在这些程序中没有受到质疑，确实有助于实现澳大利亚减少烟草制品的使用和接触的目标。上诉机构认为专家组添加的"有意义（meaningful）"一词并非偶然。相反，上诉机构认为该结论涉及，TPP 措施与澳大利亚其他烟草控制措施一起对澳大利亚目标做出的贡献的"程度"问题。在这方面，上诉机构理解专家组得出的结论，即 TPP 措施有助于并且确实为澳大利亚减少烟草制品的使用和接触这一目标做出了有意义的贡献，作为解决申诉方替代方案的路径，即即使专家组得出结论认为，TPP 措施对澳大利亚的目标做出了贡献，但是 TPP 措施仍对贸易的限制超出了必要限度，因为澳大利亚可以使用各种具有较低贸易限制的替代措施，以达到对完成澳大利亚的目标做出同等程度的贡献。因此，鉴于此案的具体情况以及申诉方向专家组提出诉请的方式，上诉机构认为 TPP 措施的贡献程度（即该贡献是否"有意义"）仅与专家组将 TPP 措施的贸易限制和澳大利亚目标的实现程度与拟议中的替代措施进行比较，合理的替代措施比 TPP 措施对贸易的限制更少，同时考虑到未能实现目标可能带来的风险。因此，上诉机构认为，在本案的具体情况中，专家组对 TPP 措施对澳大利亚目标贡献的总体结论不受"有意义"一形容词的影响。

鉴于这些原因，上诉机构裁定，上诉方没有证明专家组在 TPP 措施对澳大利亚目标贡献的总体结论中存在错误。

3.9.1.2 专家组对 TPP 措施的贸易限制的调查结果

专家组强调，评估一项措施的贸易限制需要审查该措施对国际贸易产生限制作用的程度。专家组认为，证实贸易限制的方式可能因情况而异。专家组还指出，对于被认为不具有歧视性的技术法规，如何证明贸易限制的存在和程度将取决于具体情况。法律层面上，没有任何限制进口产品在市场上竞争的指控，或在这方面（在进口产品之间或进口产品与国内产品之间）存在任何所谓的歧视，专家组认为需要对国际贸易的任何限制影响的存在和程度进行充分的论证。专家组补充说，贸易限制的证明可以基于定性或定量的主张和证据，或两者兼有，包括与被质疑措施的设计和操作所揭示的特征有关的证据。

将这一标准适用于这些争端事实，专家组同意申诉方的意见，即 TPP 措施将限制生产者突出产品特色的机会。但是，专家组认为，需要证明市场竞争条件的这种影响如何对国际贸易产生有限的影响。专家组已开始评估申诉方以下方面的观点：（1）TPP 措施对进入澳大利亚市场壁垒的影响；（2）TPP 措施对烟草制品贸易量和贸易价值的影响；（3）TPP 措施产生的合规成本；（4）根据 TPP 措施的处罚。专家组驳回了大多数观点，但得出结论认为，TPP 措施限制了贸易，因为它们减少了澳大利亚市场上进口烟草制品的数量，从而对贸易产生了一定的限制作用。专家组还认为，随着时间的推移，这些措施可能会影响烟草进口的总体价值，但似乎没有证据表明这种情况迄今已经发生。

洪都拉斯在上诉中声称，专家组针对第 2.2 条的解释存在错误，因为它没有依靠基于竞争和竞争机会的法律标准。多米尼加共和国认为，专家组正确解释了第 2.2 条，以使贸易限制的测试集中在进口产品的竞争机会上。多米尼加共和国和洪都拉斯均认为，专家组在适用《TBT 协定》第 2.2 条时存在错误，因为其未能审查基于香烟制品商标差异的机会减少，进而证明 TPP 措施的贸易限制。上诉方也声称，专家组在适用第 2.2 条，确定 TPP 措施对进口烟草产品价值的影响时，存在错误。多米尼加共和国还声称，专家组在认定申诉方没有表明高端香烟相对于低端香烟的销售减少是"仅仅是"或"只有是"因为消费者下降，而不是其他市场现象的结果时，与《争端解决谅解》第 11 条不符。

3.9.1.2.1　有关专家组对第 2.2 条的解释的主张

洪都拉斯辩称，专家组由于未能依靠基于竞争和竞争机会的法律标准，而在《TBT 协定》第 2.2 条的解释中存在错误。洪都拉斯称，专家组根据 TPP 措施是否具有歧视性进行了分析，并根据贸易措施实际上减少了销售量并因此减少了进口量的程度，赞成进行贸易影响测试。多米尼加共和国认为，专家组清楚地解释了第 2.2 条所指的"贸易限制"，该专家组解释说，对贸易限制的先前评估集中在技术法规是否对进口产品可获得的竞争机会产生了有限的影响。多米尼加共和国认为，如果专家组适当地采用了贸易限制的法律标准，就会发现，根据《TBT 协定》第 2.2 条的含义，由于 TPP 措施的设计、结构和预期运行而造成的烟草制品竞争机会的丧失构成了贸易限制。

上诉机构不同意上诉方对专家组解释性调查结果的描述，认为这表明确定贸易限制的重点是评估产品的竞争条件或竞争机会。上诉机构进一步指出在以下两方面之间存在重大差异：一方面，专家组与上诉机构对先前争议中第 2.2 条所指竞争条件的依赖；另一方面，这些争议中申诉方对此概念的依赖。上诉机构认为，减少进口产品竞争机会的迹象仅与贸易限制的评估有关，只要它显示出对国际贸易的限制作用即可。例如，如果某项措施被证明，减少了一个成员相对于竞争性国内产品的整体进口产品的竞争机会，则足以使专家组得出结论，认为该措施确实是存在贸易限制的。上诉机构指出，专家组根据第 2.2 条对法律标准的阐述反映了这种理解。

上诉机构进一步指出，上诉方似乎认为如果某些进口产品相对于市场上所有其他产品（包括同一成员的其他进口产品）存在竞争机会减少的迹象就足以证明贸易限制。在这方面，上诉机构同意专家组的意见，即仅改变市场竞争条件这一事实并不足以使专家组就特定技术法规的贸易限制程度作出结论。上诉机构注意到专家组的调查结果，即在考虑技术法规的影响（包括技术法规是否对贸易产生限制作用）时，可以同时考虑对其他成员国商品贸易的进口增强和进口减少影响。上诉机构无法看出，在一项措施仅改变了市场中单个生产者的竞争条件，以及专家组无法预期该措施对来自某一成员的进口产品竞争条件的影响的情况下，专家组是如何得出这些措施必然会对国际贸易产生有限影响这一结论的。

上诉机构也不同意上诉方的意见，即专家组有效地要求，在根据第 2.2 条对非歧视性措施提出质疑的情况下，申诉方有必要提供实际贸易影响的证据，以证明措施对欧盟的贸易限制。上诉机构进一步强调，在某些情况下，措施的设计和结构可能不足以使专家组预测，该措施是否以及在多大程度上对国际贸易产生限制作用，并强调专家组没有义务在仅审查了一部分证据后停止对一种措施的贸易限制进行分析。

3.9.1.2.2　关于专家组适用第 2.2 条的主张

3.9.1.2.2.1　基于品牌的差异化机会的减少

上诉方辩称，专家组错误地认为，尽管 TPP 措施减少了产品基于品牌的差异化机会，但这并未证明 TPP 措施具有贸易限制性，因此专家组在适用《TBT 协定》第 2.2 条时存在错误。上诉方还辩称，专家组要求申诉方提供实际贸易影响的证据，以审查 TPP 措施具有贸易限制性，因此在适用第 2.2 条时存在错误。

上诉机构注意到，专家组认为，仅根据其对 TPP 措施的设计和结构的审查，无法确定 TPP 措施是否具有贸易限制性。上诉机构注意到，专家组在得出这一结论时强调指出，品牌差异化在国际贸易中具有重要意义，因为差异化可以提高消费者的忠诚度并提高消费者的支付意愿。上诉机构认为这表明减少差异化机会对不同生产者的影响会有所不同，具体取决于与不同生产者品牌相关的客户忠诚度，因此减少差异化机会可能会损害某些产品的竞争机会，也必然会改善其他竞争产品的竞争机会。因此，上诉机构得出结论认为，申诉方没有证明专家组的裁决存在错误，在申诉方看来专家组未能证实由 TPP 措施导致产品差异化机会减少必然对国际贸易产生了限制作用。

上诉机构也不同意上诉方的观点，该观点认为，专家组要求提供实际贸易影响证据或以 TPP 措施未显示出歧视性为由提出较高的证据要求。上诉机构指出，减少品牌差异化机会不足以使专家组预测 TPP 措施的净效应是否会限制贸易。因此，专家组着手研究当事方提出的其他证据和观点。

上诉机构还强调指出，专家组不要求此类其他证据或观点以实际贸易影响的形式出现。

3.9.1.2.2.2　TPP 措施对进口产品价值的影响

上诉方辩称，专家组错误地得出结论认为，TPP 措施不会导致进口产品价值下降，即使（在上诉方看来）定性证据表明这种影响将来还会发生。多米尼加共和国还辩称：（1）专家组错误地认为，TPP 措施是基于"TPP 措施不是消费者降级消费的唯一原因"这一观点，通过降低贸易额（即从高价位品牌向低价位品牌的降级消费）来降低进口产品的价值；（2）专家组独立意见中关于驳回申诉方降级消费的观点存在错误；（3）专家组考虑生产者对 TPP 措施的反应存在错误。

关于上诉方的观点，即定性证据表明 TPP 措施将在未来降低进口产品价值的观点，上诉机构强调，专家组考虑了 TPP 措施对价值的未来影响。但是，上诉机构表示，专家组认为证据不足以得出 TPP 措施确实或必定会导致价值下降的结论。考虑到专家组没有义务将相关证据作为贸易限制程度评估的部分基础，以及考虑到证据权重是专家组作为事实调查者的职责所在，上诉机构不认同上诉方的观点，即专家组在适用第 2.2 条时存在错误。

对于多米尼加共和国关于专家组就降级消费的调查结果的观点，上诉机构认为这些观点是基于多米尼加共和国对专家组报告的误读。上诉机构了解到，专家组并没有基于因果关系驳回申诉方降级消费的观点，而是因为有证据表明，TPP 措施不会维持或提高烟草价格。上诉机构还拒绝了多米尼加共和国的观点，即专家组在这方面的论证是错误的。最后，上诉机构认为专家组考虑生产者对 TPP 措施的反应这一行为不存在错误。上诉机构认为，通过观察 TPP 措施对价格的影响，专家组正在有效审查相关事实，以便根据申诉方自己的观点，即 TPP 法案的措施导致价值下降，得出 TPP 措施的贸易限制程度的结论。

3.9.1.2.3　关于《争端解决谅解》第 11 条下的主张

多米尼加共和国辩称，专家组未能按照《争端解决谅解》第 11 条的要求对这一问题进行客观评估，认为"申诉方没有表明，高端卷烟相对于低端卷烟的销量下降'仅仅是'或'只有是'因为消费者下降，而这一结果与其他市场的现象相反"。多米尼加共和国特别提到了专家组的裁决，即销售比例下降的部分原因是 TPP 措施的实施，导致批发总销量整体下降。

上诉机构理解，专家组的调查审查结果，即高价卷烟与低价卷烟批发量之比的下降既代表着 TPP 措施引起的降级消费，也代表着随之而来的批发总销量的总体下降。专家组根本没有必要采用 TPP 措施和扩大图片健康警语。上诉机构还注意到，专家组未能说明这一事实裁决的任何依据。鉴于专家组不必要的事实调查结果对专家组关于贸易限制的结论并不重要，并且在专家组报告中缺乏任何依据，因此上诉机构对这一裁定提出异议。在提出了多米尼加共和国根据第 11 条提出的主张所依据的相关结论之后，上诉机构认为没有必要解决这些主张。

3.9.1.3　专家组关于两项拟议替代措施的裁决

在专家组阶段，申诉方提出了四项替代措施，他们认为这些措施比 TPP 措施对贸易的限制要小，同时也能够为澳大利亚的合法目标做出同等贡献：（1）澳大利亚将最低合法购买烟草制品的年龄从 18 岁提高至 21 岁；（2）增加澳大利亚烟草制品的税收；（3）改善或有效开展澳大利亚的社交营销活动；（4）烟草包装的预先审查机制。专家组驳回了所有这四种替代措施。

在上诉中，上诉方仅针对以下两项替代措施对专家组的调查结果提出了质疑：（1）澳大利亚烟草制品的最低购买年龄；（2）澳大利亚烟草制品的税收增加。上诉方要求上诉机构推翻专家组的裁决，该裁决认为这两种不是合理可用且贸易限制程度不及 TPP 措施的替代措施，同时又能为澳大利亚的合法目标做出了同等贡献的替代措施。具体而言，上诉方声称，专家组在适用《TBT 协定》第 2.2 条时存在错误，因此认为申诉方未能证明以下问题：（1）这两种替代措施中的每一种都将比 TPP 措施的贸易限制更少；（2）每项替代措施都会为澳大利亚的目标做出贡献，其效果等同于 TPP 措施的目标。多米尼加共和国还根据《争端解决谅解》第 11 条提出了诉请。

3.9.1.3.1　替代措施的贸易限制

申诉方称，专家组根据《TBT 协定》第 2.2 条，作出申诉方没有证明所讨论的两项替代措施比 TPP 措施对贸易的限制更少的裁定，该裁定存在错误，因为这些结论是基于专家组此前报告中有关 TPP 措施的贸易限制程度的错误调查结果。在上诉方看来，专家组在评估 TPP 措施的贸易限制时，对"贸易限制"概念的理解过于狭窄，仅关注 TPP 措施对实际贸易影响的实证证据而并未关注这些措施的设计、结构和预期操作对烟草竞争机会的影响。申诉方认为，如果专家组适当地裁定 TPP 措施具有贸易限制性，因为它们通过设计减少了因品牌差异化而产生的竞争机会，那么它会得出不同的结论，即 TPP 措施的贸易限制比替代措施的贸易限制更多，因为替代措施没有类似地限制烟草制品的竞争机会。

关于专家组对 TPP 措施的贸易限制的调查结果，上诉机构回顾了其裁决，该裁决认为上诉方并未证明在某些案件的特殊情况下，拒绝接受专家组对第 2.2 条的解释或适用是错误的。申诉方的主张是：（1）减少品牌差异（即改变烟草产品市场竞争环境）本身足以对国际贸易建立必要的限制作用；（2）TPP 措施对进口烟草产品的整体价值有影响，因此受到贸易限制。上诉机构回顾称，专家组发现澳大利亚市场完全由进口烟草产品供应。上诉机构还强调了专家组的结论，即 TPP 措施在一定程度上限制了贸易，因为它们会影响进口烟草制品的数量。因此，上诉机构同意专家组的决定，即就进口量而言，能够和 TPP 措施一样为减少的烟草制品的使用和接触的目标做出同等贡献的替代措施，将被视为与 TPP 措施一样具有贸易限制性。上诉机构认为，申诉方没有具体解释为何在上述两项替代措施中情况并非如此。在这种情况下，上诉机构没有足够的依据来认定专家组的裁决存在错误，认为没有任何替代措施能证明比 TPP 措施具有更少的贸易限制。

3.9.1.3.2　替代措施的相对贡献

上诉方称，专家组根据《TBT 协定》第 2.2 条的裁决存在错误，该裁决认为申诉方未能证明这两项替代措施中的每一项都能实现澳大利亚的目标，并与 TPP 措施所能达到的贡献相同。

上诉机构注意到，所有诉讼方都同意专家组制定的适用于评估"等效性"的法律标准，即与这种评估有关的是技术法规对所追求目标的总体贡献程度，而不是单方面的一个或一组贡献，并且拟议的替代措施可能以与所讨论的技术法规不同的方式实现同等程度的贡献，并且此评估存在一定的增值浮动。诉讼方还同意，当将有挑战性的措施作为被诉方成员的全面政策的一部分来实施以应对吸烟等多方面问题时，评估等效性的标准保持不变。上诉机构还回顾称，专家组已确定 TPP 措施的目标是通过减少烟草制品的使用和接触来改善公众健康。在这方面，上诉机构注意到专家组拒绝澳大利亚的主张，即相关目标还包括澳大利亚所谓的 TPP 措施的三个具体目标或机制，即：（1）减少烟草制品的吸引力；（2）提高图片健康警语的有效性；（3）降低包装误导消费者吸烟危害的能力。

上诉机构还注意到，专家组评估了 TPP 措施和每种替代措施对上述目标的贡献程度，并且在这些诉讼的具体情况下，专家组决定从定性角度而非定量角度，分别评估被质疑的和替代性措施的贡献程度。在每种情况下，专家组都使用相同的形容词"有意义"来限定该措施的贡献。但是，专家组最终得出结论，申诉方未能证明每项替代措施的贡献都与 TPP 措施的贡献相等。在这种情况下，上诉机构认为有理由理解专家组的建议，即那些能够起到同等贡献的替代措施的"有意义"程度，和同等贡献下 TPP 措施的"有意义"程度是相近或可比较的。事实上，在审查了专家组在每种情况下如何实现其"有意义"贡献之后，上诉机构没有看到专家组的分析中清楚地表明，通过每项替代措施（除了澳大利亚其他现有烟草控制措施导致的减少）所能达到的总体烟草的使用和接触的减少程度，远远大于 TPP 措施所能够达到的，因此 TPP 措施和澳大利亚其他烟草控制措施所追求的以合理实现目标的保护水平，必然超过使用某一项替代措施所能达到的效果。

虽然注意到专家组驳回等效性的具体理由在这两种替代措施上略有不同，但上诉机构总体同意上诉方的观点，即专家组在每种情况下均提到以下两点：（1）替代措施并未解决 TPP 措施要解决的烟草包装设计特征；（2）这将使澳大利亚全面控制烟草方法的某个方面得不到解决，并减少该政策不同组成部分之间的"协同效应"。上诉机构还同意上诉方的意见，即专家组在拒绝等效性中提到的两点没有反映第 2.2 条规定的正确法律标准。具体而言，关于第一点（即替代措施未解决烟草包装的设计特征），上诉机构回顾称，与等效性评估有关的是技术法规对要求的目标，以及拟议替代措施可以通过与所讨论的技术法规不同的方式实现同等程度的贡献。

关于第二点（即用另一种替代性措施替代 TPP 措施会损害澳大利亚政策的全面性并降低协同作用），上诉机构认为即使在一项全面政策的背景下，与评估等效性有关的仍然是这些替代措施对澳大利亚目标实现的总体贡献程度。因此，上诉机构认为，如果发现上述替代措施易于实现，除了澳大利亚现有的其他烟草控制措施导致的吸烟减少之外，吸烟减少的程度与通过 TPP 措施的措施达到的减少程度相似或相当；并且 TPP 措施是否构成澳大利亚更广泛政策的一部分，以及其贡献是否部分源自与该政策其他组成部分的协同效应，在确定是否等效时不应作为决定性的考虑因素。

出于这些原因，就专家组的建议而言，可以认为每种替代措施都可以使澳大利亚的总体吸烟量与 TPP 措施所带来的降低幅度相近或可比，但由于未能解决 TPP 措施试图在澳大利亚更广泛的烟草控制政策的背景下解决的烟草包装的设计特征，其贡献将不尽相同，上诉机构裁定，专家组在适用《TBT 协定》第 2.2 条时存在错误。但是，上诉机构提醒称，其结论是在这些争端的特殊情况下得出的，并且是根据无争议的专家组结论得出的，TPP 措施所追求的相关目标并不包括特定的解决烟草包装的设计特征的目标或机制。上诉机构还强调了一个事实，即澳大利亚未对专家组的裁决提出上诉，即两种替代措施均适用于澳大利亚。因此，上诉机构提醒说，不应从结论中推断出，提高最低合法购买年龄或对烟草制品征税一定能够作为一种合理可用的替代措施，而该替代措施能够做出与另一种案件或其他司法管辖区下简明包装措施相同的贡献。

3.9.1.3.3　基于《争端解决谅解》第 11 条提出的主张

多米尼加共和国根据《争端解决谅解》第 11 条提出了两项诉请。首先，关于专家组对两项替代措施中的每一项是否会对澳大利亚的目标做出同等贡献的分析，多米尼加共和国声称专家组未能根据第 11 条对这一事项进行客观评估，认为在没有 TPP 措施的情况下，烟草包装传达信息的设计特征将无法被解决。上诉机构强调说，已经根据《TBT 协定》第 2.2 条解决了多米尼加共和国的重复错误主张，同样也质疑专家组对替代措施未能解决烟草包装设计特征的提法。因此，上诉机构认为没有必要根据《争端解决谅解》第 11 条解决多米尼加共和国这一方面的诉请。

其次，多米尼加共和国对专家组关于提高最低合法购买年龄的贸易限制和相对贡献的裁决结果提出质疑，认为专家组在讨论提高最低合法购买年龄的潜在影响时前后论证不统一或内部不连贯。上诉机构同意多米尼加共和国的意见，即专家组在对拟议的最低合法购买年龄从 18 岁提高至 21 岁的贸易限制进行分析时提到了某些未来影响。但是，上诉机构不同意多米尼加共和国的说法，即专家组在分析增加最低合法购买年龄的贡献时忽略或否认了这种未来影响。相反，专家组在认定该替代措施有助于为澳大利亚的目标做出"有意义的"贡献时，考虑到证据表明提高最低合法购买年龄不仅可能立即改善目标人群的健康状况，而且受政策影响下，随着初生婴儿成年后的发展，还可以减少对中长期健康的不利影响。因此，上诉机构认为，在评估贸易限制方面，专家组对未来影响的处理方面并没有不妥。另外，最低合法购买年龄的提高也起到了作用。因此，上诉机构认为，根据《争端解决谅解》第 11 条，多米尼加共和国尚未证明专家组未能对该事项进行客观评估。

3.9.1.3.4　关于替代措施的结论

鉴于上述情况，上诉机构得出结论认为，专家组在裁定申诉方未能证明这两项替代措施中的每一项都趋于与 TPP 措施的目标贡献相同时，存在错误。同时，上诉机构回顾了其结论，即专家组在裁定申诉方未能证明这两项替代措施比 TPP 措施对贸易的限制更少时，不存在错误。因此，尽管专家组在适用第 2.2 条时，对每种替代措施同等贡献认定的结论存在错误，但上诉机构认为专家组的最终裁定是站得住脚的，即申诉方并未证明最低合法购买年龄和税收的增加将是对 TPP 措施的贸易限制较少的替代方案，同时对澳大利亚的目标做出同等的贡献。

3.9.1.4　上诉机构根据《TBT 协定》第 2.2 条的总体结论

基于以上所述，上诉机构维持专家组的裁定，即申诉方并未证明，TPP 措施超出了实现《TBT 协定》第 2.2 条所指的合法目标所必需的贸易限制。

3.9.1.5　一名分庭成员的独立意见

该分庭的一名成员同意大多数成员对第 2.2 条的最终裁定和结论。但是，该成员认为，仅从解决这些争议的角度而言，没有必要也不建议大多数成员考虑，上诉方提出的关于专家组评估 TPP 措施对澳大利亚实现目标的贡献的主张。

该分庭成员回顾称，申诉方在专家组阶段的主要观点是，TPP 措施对贸易的限制超过了必要的限制，因为它们具有贸易限制性，并且无助于也不会为澳大利亚的合法公共卫生目标做出贡献。另外，申诉方辩称，即使假设 TPP 措施有助于澳大利亚的合法公共卫生目标，它们的限制仍然超过必要的限度，因为澳大利亚有合理的替代措施，而且贸易限制更少，同时又能实现同样的目标。

该分庭成员进一步指出，在确定 TPP 措施对澳大利亚目标的贡献程度时，专家组得出了两个结论。首先，专家组审查发现申诉方未能证明，TPP 措施不适合为澳大利亚的目标做出贡献。其次，专家组认为，从总体上来看，证据支持 TPP 措施有助于澳大利亚的目标，而事实也的确如此。该分庭成员注意到，上诉方对专家组的第一项裁定没有提出任何异议，并认为上诉方未能证明第二项裁定的任何错误必然会使专家组的第一项裁定无效。

由于专家组的第一项调查结果在上诉中不存在争议，并且除非另有说明，否则措施被认为与 WTO 一致，因此该分庭成员认为，无论专家组在形成第二个裁定时是否存在错误，TPP 措施都至少能够为澳大利亚的目标做出贡献。因此，该成员得出结论认为，上诉方未能证明专家组拒绝其主要主张存在错误，就其替代措施的观点而言，不论提议的替代措施是否与 TPP 措施做出了同等贡献，上诉方同样没有提出比 TPP 措施对贸易的限制更少的替代方案。因此，该成员认为，为了解决这些争端，没有必要详细审查上诉方关于 TPP 措施对澳大利亚实现目标的贡献的主张。

该分庭成员也不同意多数成员的中期结论，即专家组在其中期报告中引入未经与当事方检验的计量经济分析而未能遵守正当程序，这违反了《争端解决谅解》第 11 条。该成员认为，专家组依靠多重共线性和非平稳性来检验当事方证据的稳健性是专家组论证的一部分，对此专家组享有相当大的自由裁量权。该成员认为，争端方向专家组提交了大量计量经济学证据，专家组评估该证据的证明价值是适当的。此外，该分庭成员注意到，申诉方有机会在中期审查阶段对专家组对多重共线性和非平稳性的分析提出质疑。由于他们没有这样做，因此该成员不同意他们的主张，该主张认为专家组没有"给予各方任何发表评论的机会"，从而否决了他们的正当程序。

3.9.2　基于《TRIPS 协定》第 16.1 条下专家组裁决的主张

专家组理解申诉方的观点，即 TPP 措施通过禁止在烟草包装和烟草制品上使用某些与烟草有关的商标，削弱了它们的显著性，从而限制了商标所有者行使第 16.1 条规定的权利的能力。对专家组而言，申诉方的观点取决于注册商标的显著性下降，是否会影响成员根据第 16.1 条必须向商标所有者提供的权利。专家组认为，第 16.1 条仅规定了，注册商标所有者有权在第 16.1 条第一句规定的条件下阻止未经授权的第三方进行某些活动。专家组认为，如果未经授权的第三方活动符合第 16.1 条第一句中规定的条件，那么商标所有者必须根据成员的国内法有权防止此类活动发生。因此，专家组裁定，第 16.1 条义务的实质是确保有权利获得针对此类侵权行为的救济。专家组认为，为了证明 TPP 措施不符合第 16.1 条，申诉方必须证明，根据澳大利亚的国内法，商标所有者无权阻止符合该条款规定条件的第三方活动。专家组认为，第 16.1 条条文没有规定商标所有者的任何其他权利，也没有提及商标所有者对注册商标的使用。因此，专家组同意当事方的"第 16.1 条并未确立商标所有者使用其注册商标的权利"这一观点。

洪都拉斯请求上诉机构撤销专家组的裁定，该裁定认为洪都拉斯未能证明 TPP 措施不符合《TRIPS 协定》第 16.1 条，理由是：（1）专家组对第 16.1 条赋予的"权利"的解释是错误的；（2）专家组在对 TPP 措施适用第 16.1 条时存在错误；（3）专家组未遵守《争端解决谅解》第 11 条规定的义务，对该事项进行客观评估。

首先，上诉机构承认《TRIPS 协定》的独特性质，认为《TRIPS 协定》涉及知识产权，即自然人或法人所拥有的私人权利。其次，《TRIPS 协定》

的很大一部分内容，来自 GATT1947/WTO 框架之外谈判达成的现有国际知识产权协定或公约。此外，《TRIPS 协定》作为涉及知识产权的协定，主要涉及排他性私有权的创建和保护。根据定义，这些专有权的作用是限制商业活动，并需要政府的积极干预才能实施这些限制。上诉机构回顾称，正如专家组在欧共体—商标和地理标志案（澳大利亚）和欧共体—商标和地理标志案（美国）中的专家组所指出的那样，《TRIPS 协定》通常不授予开发或利用这些事项的积极权利，而是授予防止某些事项发生的消极权利。上诉机构指出，第 1.1 条规定"各成员应实施本协定的规定"。具体而言，关于商标，成员有义务执行《TRIPS 协定》第 15 条至第 21 条的规定。

关于洪都拉斯的主张，即专家组对第 16.1 条的解释存在错误，支持洪都拉斯这一主张的观点集中于三个相互关联的主题：（1）《TRIPS 协定》第 16.1 条（以及《TRIPS 协定》第 15 条、第 17 条、第 19 条和第 20 条）授予注册商标所有者使用其商标的权利；（2）商标的显著性和第 16.1 条中的"混淆可能性"是密切相关的概念，这要求成员通过使用来保护商标的显著性；（3）根据第 16.1 条，成员必须保证与商标的显著性和使用有关的最低保护水平，以保证特定的结果。

上诉机构指出，尽管第 15 条定义了可能受商标保护的客体以及关于将一个标志注册为商标资格的规则，但第 16 条规定了在这种注册后赋予商标所有者的权利。具体来说，第 16.1 条授予商标所有者专有权，以防止未经授权的第三方在交易过程中，使用与商标注册时相同或相似的商品或服务标志（这种未经授权的使用将导致"混淆的可能性"）。上诉机构认为，由第 16.1 条所确定的未经授权的第三方行为引起的混淆可能性，与所涉商标的区分功能有关。尽管如此，虽然上诉机构同意洪都拉斯的说法，第 16.1 条中出现"混淆可能性"的风险与商标的区分功能有关，但上诉机构提醒不要从这种关系中进行太宽泛的推断。在这方面，上诉机构表示，它没有发现在《TRIPS 协定》中存在任何语措词来支持洪都拉斯的主张，该主张认为第 16.1 条规定的专有权的目的，是允许商标所有者通过继续使用该商标的方式来保护商标的显著性。同样，《巴黎公约》（1967 年）的条款，以引用方式并入《TRIPS 协定》，均未授予商标所有者一项使用其商标的积极权利或通过使用保护该商标的显著性权利。

总之，上诉机构发现，《TRIPS 协定》第 16.1 条授予商标所有者专有权，以防止未经授权的第三方在交易过程中，使用与商标的注册相同或相似的商品或服务标志。注册商标的所有者可以对未经授权的第三方行使其"专有权"，但不能针对 WTO 成员领土内受保护的商标。《TRIPS 协定》或通过引用并入《TRIPS 协定》的《巴黎公约》（1967 年）的条款，均未赋予商标所有者使用其商标的积极权利或通过使用保护该商标的显著性权利。因此，WTO 成员没有义务赋予这些"权利"。此外，与洪都拉斯的建议相反，上诉机构认为，《TRIPS 协定》第 16.1 条并不要求成员保证超出本条款明确规定的特定结果。相反，根据《TRIPS 协定》第 1.1 条，要求成员通过在成员的国内法律制度中，确保注册商标的所有者可以行使其"专有权利以防止"未经授权的第三方侵犯其商标，来实施第 16.1 条。因此，为了解决 WTO 争端，为了确定 WTO 成员的行为与第 16.1 条不符，申诉方必须证明，在被诉方国内法律制度下，注册商标的所有者不能行使其"专有权"以防止"未经授权的第三方对其商标的侵权"。

根据对第 16.1 条的理解，上诉机构认为专家组对第 16.1 条的解释不存在错误。在发现专家组的解释中没有错误后，上诉机构同意专家组的意见，即没有必要进一步审查被诉方的事实质疑，即 TPP 措施禁止使用某些与烟草相关的商标实际上将减少这种商标的显著性，导致市场上不太可能出现与这些商标有关的"混淆可能性"。上诉机构指出，洪都拉斯认为专家组在适用第 16.1 条时存在错误，并且未按《争端解决谅解》第 11 条的要求对该事项进行客观评估，这需要建立在上诉机构对专家组解释推翻的基础上。因此，洪都拉斯提出上诉撤销专家组的解释的这一条件并不具备，并且上诉机构认为没有必要解决洪都拉斯提出的认为存在裁决错误的其他主张。

因此，上诉机构维持了专家组的裁定，即申诉方没有证明 TPP 措施与《TRIPS 协定》第 16.1 条不符。

3.9.3　基于《TRIPS 协定》第 20 条下专家组裁定的主张

关于申诉方根据《TRIPS 协定》第 20 条的主张，专家组认为，TPP 措施对商标的要求等于在贸易过程中妨碍商标使用的特殊要求。但是，专家组认为，申诉方未能证明他们这样做是"不合理的"。因此，专家组得出结论认为，申诉方没有证明 TPP 措施与《TRIPS 协定》第 20 条不符。洪都拉斯在上诉时声称，专家组错误地解释了《TRIPS 协定》第 20 条中的"不合理"一词，或者，错误地将制定的法律标准适用于目前的争端事实。

关于对第 20 条的解释，上诉机构首先指出，第 20 条以商标使用可能被"正当地"妨碍为前提，该事实表明，商标所有者没有积极使用的权利，成员也没有义务保护这种权利。在上诉机构看来，《TRIPS 协定》第 20 条中的"不合理"一词反映了成员通过特殊要求,对商标使用施加限制时所享有的监管自主权。在上诉机构看来,第20条中提及正当性而非必要性的概念表明,在商标使用权方面的负担与通过"不正当"一词反映的追求目标之间的联系程度,要比在本条款中使用传达"必要性"这一概念的情况要低。因此,对商标使用是否没有"不合理"的考虑,不应等同于1994年《关税与贸易总协定》第20条或《TBT协定》第2.2条含义内的必要性测试。上诉机构进一步指出,"不合理"一词表示没有合理理由且无法合理解释。因此,通过特殊要求对商标使用实施妨碍的成员,通过引入特殊要求以追求某一目标而允许妨碍的发生,必须能够为此提供合理解释。

上诉机构同意专家组的意见,即确定在贸易过程中商标的使用是否受到特殊要求的"不合理"妨碍,可能涉及以下方面的考虑:(1)在考虑到商标所有者在交易过程中使用其商标的合法利益的情况下,特殊要求导致的妨碍的性质和程度;(2)施加特殊要求的原因;(3)证明施加特殊要求的原因如何支持由此产生的妨碍。

上诉机构还认为,专家组没有将替代措施的审查,作为确定商标使用是否受到特殊要求"不合理"的必要考虑,这一点专家组没有错误。根据上诉机构的说法,虽然在特定情况下,拥有至少是同等贡献的替代措施可能会引起问题,即采用特殊要求的原因是否充分支持由此产生的商标使用负担,但是根据第20条这种审查不是必要的。

上诉机构也驳回洪都拉斯的主张,即专家组在解释第20条时错误地依据了《TRIPS协定》与《公共卫生宣言》(《多哈宣言》)。上诉机构同意专家组的观点,《多哈宣言》反映了适用的解释规则,该规则要求条约解释者考虑所解释条约的背景、目的和宗旨。因此,无论《多哈宣言》的法律地位如何,上诉机构都认为专家组对条约解释这一一般原则的依赖不存在错误。上诉机构进一步指出,对《多哈宣言》的依赖对于专家组的推理并不具有决定性的意义,因为专家组在寻求《多哈宣言》之前,已就《TRIPS协定》第7条和第8条与《公约》第20条解释的上下文相关性,作出了结论。

洪都拉斯在质疑专家组对争端的事实适用"不合理"一词解释时,着重于两个要素:(1)专家组在评估商标的性质和TPP措施产生妨碍的程度时,着重于商标的经济价值;(2)为妨碍提供"足够的支持"的"充分理由"的决定。

关于第一个要素,洪都拉斯对专家组的意见表示反对,即TPP措施允许使用商标的事实"部分缓解"了禁止使用商标设计特征的"实际影响"。

洪都拉斯辩称，禁止使用任何图形符号是对商标使用的"最终妨碍"。上诉机构驳回了洪都拉斯的观点，该观点认为专家组存在错误，认为专家组没有在区分功能方面注重于商标的使用，而认为允许使用某些文字标记会产生缓解作用。在审查了专家组推理的相关部分后，上诉机构指出，在分析中，专家组同时提到了允许（即使用 TPP 措施的形式的文字标记）和禁止（即禁止使用 TPP 措施的要素）。在上诉机构看来，综合考虑这两个要素，专家组将所涉妨碍的程度界定为"影响深远"，而不是构成商标使用的"最终妨碍"。专家组认为，许可使用文字商标可以"部分减轻"商标使用非文字元素的禁令的"实际影响"，但这并不削弱这一结论。关于洪都拉斯的观点，即专家组由于没有在区分功能上注重于单个商标的使用而存在错误，上诉机构回顾称，在专家阶段，申诉方并未由于 TPP 措施对商标的相关要求，使得消费者无法区分烟草制品的商业来源。

上诉机构进一步驳回了洪都拉斯的观点，认为专家组认定 TPP 措施中有特殊要求的理由，足以支持由此产生的妨碍是错误的。上诉机构不同意洪都拉斯的观点，即洪都拉斯认为专家组错误地拒绝了申诉方提出的合理可用的、较少商标负担的替代措施。在这方面，上诉机构承认，专家组在根据《TRIPS 协定》第 20 条进行分析时，提及替代措施的预期贡献程度时所使用的措词不符。上诉机构特别指出，专家组首先指出替代措施应"至少具有"和被质疑的措施"同等的结果"，专家组然后得出结论认为，申诉方并未表明替代措施为澳大利亚的目标做出贡献是"明显更优"的。但是，由于专家组依据《TBT 协定》第 2.2 条的先前调查结果，得出关于《TRIPS 协定》第 20 条规定的替代措施的贡献的结论，因此上诉机构认为，专家组遵守的标准与第 2.2 条相同，即至少是对所述目标有同等贡献的。

上诉机构回顾称，专家组关于第 2.2 条规定的每种替代措施的等效性方面的审查结论存在错误。因此上诉机构认为，在《TRIPS 协定》第 20 条的范围内，专家组在评估这些相关替代措施的贡献时不能依靠这些审查结论。但是，上诉机构指出，鉴于在适用第 20 条"不合理地"一词给予成员监管自主权的程度，并不需要在每一个案例中对替代措施进行分析，并且是否某一实施措施属于"不合理地"并没有一个决定性的指导。因此，上诉机构得出结论认为，尽管专家组对替代措施的分析存在错误，但专家组裁决，申诉方并未证明 TPP 措施对商标的相关要求在贸易过程中对商标的使用构成了限制，这一点是成立的。

洪都拉斯还声称，专家组为了证明澳大利亚实施 TPP 措施的正当性，对《烟草控制框架公约》第 11 条和第 13 条进行了过度的法律分析。上诉机构驳回了洪都拉斯的这一观点。在审查了专家组推理的相关部分后，上诉机构认为专家组参考了《烟草控制框架公约》第 11 条和第 13 条，实际上是承认澳大利亚是第一个实施烟草简明包装的国家，并且这样做符合《烟草控制框架公约》。此外，上诉机构认为专家组将《烟草控制框架公约》第 11 条和第 13 条作为对其之前结论的进一步事实支持，即申诉方未能证明澳大利亚的行为违反了《TRIPS 协定》第 20 条。

多米尼加共和国除了要求在《TRIPS 协定》第 20 条下合并洪都拉斯的诉请之外，还提出了一项独立主张，即专家组未能根据《TRIPS 协定》第 20 条，评估其关于禁止在单支香烟上使用所有商标的主张，因此这与《TBT 协定》的第 7.1 条和第 11 条不符。根据多米尼加共和国的说法，禁止在单支香烟上使用商标的禁令与在烟草包装和雪茄烟支上的禁令有实质性的不同。上诉机构首先指出，多米尼加共和国没有单独说明 TPP 措施对烟支外观的要求不符的情况。在审查了专家组分析的相关部分后，上诉机构发现，它们涵盖了适用于烟支的 TPP 措施的商标要求。因此，上诉机构不认为专家组未能解决多米尼加共和国的主张，该主张认为 TPP 措施对单个烟支的要求，即禁止在香烟上使用任何商标与《TRIPS 协定》第 20 条不符。

因此，上诉机构得出结论认为，专家组对《TRIPS 协定》第 20 条中的"不合理地"一词的解释，以及对该解释适用于当前争端的事实不存在错误。因此，上诉机构维持了专家组的裁定，即申诉方并未能证明 TPP 措施与《TRIPS 协定》第 20 条下澳大利亚的义务不符。

3.9.4 建议

上诉机构回顾称，专家组驳回了洪都拉斯和多米尼加共和国的要求，他们要求专家组根据《争端解决谅解》第 19.1 条，建议争端解决机构要求澳大利亚使有争议的措施符合《TRIPS 协定》和《TBT 协定》。在维持专家组根据《TBT 协定》第 2.2 条以及《TRIPS 协定》第 16.1 条和第 20 条的裁决之后，上诉机构同意专家组裁定，洪都拉斯和多米尼加共和国未能成功证明，澳大利亚的 TPP 措施与有关涵盖协定的规定不符。因此，根据《TBT 协定》第 19.1 条，上诉机构未向争端解决机构提出任何建议。

4 上诉中的诉讼方与第三方

在 2019 年和 2020 年上半年散发的上诉机构报告中，共有 44 个 WTO 成员以上诉方、其他上诉方、被诉方或第三方的身份，至少参与了一次上诉。13 个 WTO 成员至少作为主要诉讼方参加了一次上诉，41 个成员作为第三方至少参加了一次上诉。

WTO 的 164 个成员中有 81 个参加了在 1996 年至 2020 年上半年散发的上诉机构报告的上诉。关于 WTO 成员参与上诉的更多信息载于附件八。

5 上诉中的程序性问题

本节总结了在 2019 年和 2020 年第 1 季度散发的上诉机构报告中涉及的程序性问题。

5.1 上诉程序的合并

上诉机构合并了澳大利亚—简明香烟包装案（洪都拉斯）和澳大利亚—简明香烟包装案（多米尼加共和国）的上诉程序。在洪都拉斯提出上诉之后，多米尼加共和国提出上诉之前，上诉机构收到了澳大利亚、洪都拉斯和多米尼加共和国（诉讼方）关于这些上诉程序的联合信函。信函还在发给专家组之前，发给了古巴和印度尼西亚以及四起争端的所有第三方。由于出现多起上诉，就所有上诉，诉讼方在其联合信函中请求上诉机构许可澳大利亚另行提交一份上诉通知书、一份上诉方陈述和一份被上诉方的陈述。诉讼方还请求上诉机构考虑通过一个时间表来规范被诉方和第三方提交陈述的时间，使所有诉讼方和第三方当事人有足够的时间审议和答复任何一方可能提出的上诉。

上诉机构主席代表分庭发布了程序性规定，受理了这些上诉。考虑到将洪都拉斯的上诉与其他三名申诉方提出的其他上诉合并，分庭同意修改其他上诉通知、其他上诉方的陈述、被上诉方的陈述，以及第三方陈述的提交，以确保上诉程序的公正和有序。此外，若申诉方在看到澳大利亚的第一份被上诉方的陈述后提交其上诉通知和上诉方陈述，则澳大利亚的正当程序权利将有受到影响的风险。为了保障澳大利亚的正当程序权利，分庭给予澳大利亚在多米尼加共和国提出上诉后，将其他上诉的任何通知和其他上诉方陈述以单一文件形式提交的权利。此外，分庭为被上诉方在这些争议中的陈述设定了一个单独的最后期限。同样，关于延长提交第三方陈述的截止日期的问题，分庭为这些争端中的第三方的陈述提交规定了一个单独的最后期限。

5.2 保密信息的处理

5.2.1 保护机密信息的附加程序

在美国—大型民用航空器案（第二次起诉）（第21.5条—欧盟）中，欧盟要求上诉分庭在上诉程序中采取额外的程序来保护商业机密信息和高度敏感的商业信息。欧盟建议上诉机构适用附加程序，就像在欧共体和某些成员—大型民用航空器（第21.5条—美国）上诉案件中适用附加程序一样。欧盟辩称，披露专家组程序记录中的某些敏感信息将严重损害相关的大型民用飞机制造商，并可能损害其客户和供应商。

当天，上诉机构主席代表分庭受理了这一上诉，提请美国和第三方应欧盟请求发表意见，并对本次上诉中转交给上诉机构的所有商业机密信息和高度敏感的业务信息提供临时附加保护，直到对欧盟的请求作出最终决定。美国、澳大利亚和加拿大应上诉机构的邀请提交了意见。美国基本同意欧盟的请求，即欧共体和某些成员国—大型民用航空器（第21.5条—美国）上诉案件中适用的商业机密信息和高度敏感的业务信息的附加程序应作为本次上诉中商业机密信息和高度敏感的业务信息的附加程序基础。但是，它要求更改高度敏感的业务信息附录书面陈述的提交截止日期，这表明如果该附录是通过快递服务发送的，则应视为在其发送日期而不是在送达日期提交和送达。澳大利亚未反对欧盟的请求，并认为两位诉讼方的支持都很重要。加拿大表示，虽然加拿大同意欧盟的要求，即保护商业机密信息和高度敏感的业务信息的附加程序参照欧共体和某些成员国—大型民用航空器（第21.5条—美国）上诉案中的程序，其认为要求第三方在指定阅览室作手写笔记将造成不必要的负担，为此要求修改程序，以便在指定阅览室向第三方经商业机密信息核准的人员提供独立的计算机和打印机。

考虑到诉讼方的意见，主席代表上诉机构分庭请诉讼方和第三方就欧盟的请求提出进一步的意见，同时考虑美国和加拿大提出的修改意见。美国表示，它不赞成加拿大提出的请求，即允许在配有打印机的计算机上作笔记。因为这增加了披露的风险，特别是美国考虑到在本次上诉中没有必要对事实作广泛的说明。欧盟对加拿大的请求作出了答复，指出如果在指定阅览室允许使用电子设备，则披露的风险就更大，而且商业机密信息条款基于明确的协议一致认同不允许在指定阅览室使用电子设备。出于这些原因，欧盟认为，加拿大的提议只有在加强某些保护措施的情况下才能被接受。关于美国的评论，欧盟反对提议，即通过快递发送的高度敏感的业务信息附录，在发送之日视为已提交。对欧盟来说，《工作程序》第18条明确规定，"提交"陈述不是一种文书手续，而是一种具有法律意义的事项，因为上诉中诉讼方的地位来源于提交所要求文件的行为。无论如何，欧盟补充说，若上诉机构采取任何措施来解决美国的相关诉求，这些措施应该是公平的，并确保双方当事人都有足够的时间提交材料。

分庭发布了一项程序性裁决，通过了在这些上诉程序中关于保护商业机密信息和高度敏感的业务信息机密性的附加程序。分庭没有采纳美国提出的调整建议，但考虑到诉讼方所承担的负担，分庭宣布，它将在提交其余陈述的截止日后三天尽快确定高度敏感的业务信息附录的提交日期。分庭采纳了加拿大提出的调整建议，允许第三方经商业机密信息核准的人员在指定阅览室的独立计算机和打印机上作笔记。

在韩国—气动阀案，日本和韩国联合请求受理上诉的上诉机构分庭根据工作程序第16条第1款，在上诉程序中适用保护商业机密信息的附加程序。上诉方在联合请求书中附上了一份关于附加工作程序草案的提案，供上诉机构分庭审议。分庭请第三方就联合请求发表意见，但未收到任何评论意见。分庭不认为诉讼方共同提出的程序不适当地影响了上诉机构裁决争端的能力、第三方的陈述权或整个WTO成员的权利和利益。分庭注意到在这方面，第三方就诉讼方对于商业机密信息附加保护的联合请求，没有提出意见。鉴于这些考虑以及过去通过的类似程序，分庭考虑了拟议的程序，并颁布了一项程序性裁决，通过特定条款给予信息附加保护，这些信息是参加方标记的商业机密信息，也是专家组在其报告和记录中指定为商业机密的信息。

在俄罗斯—铁路设备案中，口头听证会的诉讼方共同要求审理上诉的分庭继续在上诉中保密对待指定信息，这些信息由专家组根据其保护商业机密信息的附加工作程序指定。乌克兰特别提到保护独立的生产者的身份、有关证书的资料以及在讨论中涉及决定的具体数目。没有第三方对此请求提出异议。分庭认为，在本次上诉中，将有关资料视为机密并不过分影响其审理这一争端的能力、第三方的参与权或整个WTO成员的权利和利益。分庭注意到，在这方面，第三方没有就上诉方的联合请求和被指定为商业机密信息的限制范围提出意见。鉴于这些考虑，分庭决定同意诉讼方的联合请求，即根据工作程序第16条第1款，将专家组指定为商业机密的信息视为机密。

5.2.2　对指定保密信息的异议

在美国—大型民用航空器案（第二次起诉）（第21.5条—欧盟）中，美国向受理本次上诉的分庭提出请求，即请求延长美国反对将任何商业机密信息列入欧盟上诉方陈述的提交截止日期。第二天，上诉机构主席代表分庭提请欧盟和第三方就美国的请求提出意见。欧盟答复说，它没有反对意见。分庭注意到，欧盟提交的关于美国的材料超过400页，欧盟没有反对美国这一请求。基于这些考虑，分庭作出了一项程序性裁决，批准了美国的请求。为了公平起见，分庭还延长了欧盟反对将任何商业机密信息列入美国上诉方陈述的提交截止日期。欧盟和美国均未对在上诉方和其他上诉方提交的材料中列入任何商业机密信息提出反对意见。

随后，欧盟要求分庭延长最后期限，以反对在被上诉方美国的陈述中列入任何商业机密信息。欧盟表示，由于美国提交的材料数量庞大，它还需要一天时间来完成有关商业机密信息的必要审议。分庭提请美国和第三方就欧盟的请求提出任何意见。美国答复说，它不反对延长最后期限，即两个诉讼方反对在另一个诉讼方被告陈述中列入任何商业机密信息的截止日。巴西、中国和俄罗斯也表示，它们不反对延期请求，但巴西和中国表示，第三方应被准许延长其提交陈述的截止日期。在审查了欧盟的请求以及美国、巴西、中国和俄罗斯的意见后，分庭决定将截止日期，即欧盟和美国对对方被上诉方陈述中列入任何商业机密信息提出反对意见的截止日期，延长相同的时间。分庭指出，这一举措将推迟第三方收到被诉方陈述修订本的时间。因此，分庭还决定根据工作程序第24条第2款延长第三方陈述、执行摘要（以及这些文件的任何修订本）和第三方通知的提交截止日期。

美国没有对欧盟被诉方陈述中指定机密信息提出任何反对意见。上诉机构收到了欧盟的一份信函，其中欧盟反对在美国被诉方陈述的高度敏感的业务信息修订版中列入的某些高度敏感的业务信息，认为美国不适当地将该信息指定为高度敏感的业务信息。分庭提请美国对欧盟的请求发表评论。美国答复说，相关信息应被视为高度敏感的业务信息，并要求允许其提交被诉方陈述的商业机密信息版本（高度敏感的业务信息修订版）和非商业机密信息版本（商业机密信息和高度敏感的业务信息修订版）的替换页，以及一份更正的高度敏感的业务信息附录。在审查了欧盟的请求和美国的意见之后，分庭给予美国额外的时间提交其被诉方陈述的商业机密信息版本（高度敏感的业务信息修订版）和非商业机密信息版本（商业机密信息和高度敏感的业务信息修订版）的替换页以及更正的高度敏感的业务信息附录。分庭还指出，这一举措将推迟第三方收到被诉方陈述修订本的时间。因此，分庭还决定根据工作程序第 24 条第 2 款延长第三方陈述、执行摘要（以及这些文件的任何商业机密信息修订本）和第三方通知的提交截止日期。

5.3　迟延陈述的处理

在美国—大型民用航空器案（第二次起诉）（第 21.5 条—欧盟）中，美国对它自身其他上诉方陈述应提交给受理本上诉的分庭的日期提出延期请求，要求延长高度敏感的业务信息附录的提交截止日期。美国解释说，它已将高度敏感的业务信息附录快递给上诉机构和欧盟，希望它能在最后期限前送达，但并没有。美国在首次到期日的后一天向上诉机构提交了高度敏感的业务信息附录。上诉机构主席代表分庭提请欧盟和第三方就分庭是否应接受美国迟交的《高度敏感的业务信息附录》发表意见。欧盟答复说，美国的解释是不充分的，它期待更多的解释和证据。分庭要求美国提供有关高度敏感的业务信息附录交付给快递服务公司以转交日内瓦的相关时间、日期文件。作为回应，美国提供了高度敏感的业务信息附录装运跟踪信息的打印件，以及其他细节和解释。美国坚持认为，尽管快递比预期晚了一天到达是不幸的，但批准延期请求的决定不会造成有失公正。在审查了美国的请求以及支持这一请求的补充资料和欧盟的意见之后，分庭决定接受迟交的美国其他上诉方陈述的高度敏感的业务信息附录。

在美国—超级压光纸案中，审理该上诉的分庭收到了中国信函，其中包含中国作为第三方在本次上诉中陈述的执行摘要。中国最初根据上诉工作时间表提交了第三方陈述。中国表示，第三方陈述无意中遗漏了执行摘要。分庭主席提请诉讼方和第三方就中国的信函提出书面意见。加拿大表示，它不反对中国在上诉的现阶段提交其第三方陈述的执行摘要。墨西哥指出，中国的第三方陈述是按时提交的，因此诉讼方和第三方的正当程序权利并未受到影响。分庭发布了一项程序性裁定，接受中国第三方陈述的执行摘要。

5.4　提交书面陈述的时限

在韩国—气动阀案中，欧盟要求上诉机构分庭修改第三方陈述的截止日期。欧盟在信函中指出，工作时间表将被上诉方提交陈述的日期定为 2018 年 6 月 15 日星期五，将第三方陈述提交的日期定为 2018 年 6 月 18 日星期一。欧盟强调，这只容许第三方在不到一个工作日的时间内审议和答复被上诉方陈述，并写在第三方陈述中。分庭提请上诉方对欧盟的请求发表意见，并收到韩国和日本的答复，表示它们对这一请求没有任何具体意见。考虑到欧盟的请求以及韩国和日本的答复，分庭根据工作程序第 16 条第 2 款作出了一项程序性裁决，延长了工作程序第 24 条第 1 款和第 24 条第 2 款下第三方陈述和通知提交的截止日期。

如上所述，在美国—大型民用航空器案（第二次起诉）（第 21.5 条—欧盟）中，受理上诉的分庭给予美国额外的时间提交替换页，以便更正其在被上诉方陈述中指定的机密信息。因此，分庭还决定延长工作程序第 24 条第 2 款下第三方陈述和执行摘要以及通知提交的截止日期。

在美国—超级压光纸案中，上诉机构主席收到了欧盟的一份信函，欧盟要求审理本上诉的分庭修改第三方陈述提交的截止日期，允许第三方在被上诉方提交陈述后的四个完整工作日内提交。上诉机构主席，代表分庭审理了这一上诉，提请诉讼方和第三方对欧盟的请求发表意见。巴西、加拿大、中国、印度、日本、韩国、墨西哥和美国表示，它们不反对欧盟提出的延期请求。上诉机构主席代表审理该上诉的分庭发布了一项程序性裁决，按照欧盟的要求，延长提交第三方陈述、通知和执行摘要提交的截止日期。

如上所述，由于澳大利亚—简明香烟包装案（洪都拉斯）和澳大利亚—简明香烟包装案（多米尼加共和国）上诉程序的合并，分庭批准澳大利亚将文件的提交推迟到多米尼加共和国提出上诉之后，这一文件包含任何其他上诉通知和其他上诉方陈述。此外，分庭在这些争议中为被诉方陈述提交设定了一个单独的最后期限。同样，关于延长第三方陈述提交截止日期的问题，分庭为这些争端中的第三方陈述提交规定了一个单独的最后期限。

5.5　关于进行口头听证的要求

在美国—大型民用航空器案（第二次起诉）（第 21.5 条—欧盟）中，审理该上诉的分庭提请上诉方表明他们是否希望要求口头听证会向公众开放，如果愿意，则在这方面提出具体方式。对此，欧盟和美国联合请求本案的庭审允许公众对口头听证进行观察，并在口头听证会期间采取附加程序保护商业机密信息和高度敏感的业务信息。诉讼方提议,分庭适用与上诉机构在欧共体和某些成员国—大型民用航空器案(第21.5条—美国)相同的附加程序。特别是,关于向公众公开的口头听证会部分,诉讼方建议将诉讼方和第三方(同意公开观察的)的开庭和总结陈述录下来,由诉讼方审议是否无意中包含了商业机密信息/高度敏感的业务信息后,稍后再向公众传送。关于高度敏感的业务信息,诉讼方建议,如果当其中一名诉讼方或分庭成员希望参考高度敏感的业务信息时,口头听证会应该要暂时中止并将非高度敏感的业务信息核准人员撤出听证房间。或将听证会分为两部分,一部分用于在不提及高度敏感的业务信息的情况,另一部分用于涉及高度敏感的业务信息。加拿大和中国该联合请求作出了评论意见。加拿大表示支持联合提案。中国提出了其独立请求,即对其口头陈述和在口头听证会中对问题的回复予以保密。

　　分庭回顾了欧共体和某些成员国—大型民用航空器案(第21.5条—美国),欧共体和某些成员国—大型民用航空器案和美国—大型民用航空器案(第二次起诉)所适用的附加程序,因为这些程序与口头听证的公众观察有关。在考虑了这些附加程序后,分庭发布了一项程序性裁决,在口头审理期间适用了保护商业机密信息和高度敏感的业务信息的附加程序,并授权诉讼方开放相关环节的请求包括开庭陈述(以及可能在随后确认的总结陈述)供公众观察。至于第三方,分庭只授权公众在他们没有表示反对的情况下观察他们的开庭和总结陈述。此外,分庭批准了联合请求,授权公众观察通过视频录制向公众稍后传送视频的形式进行。关于高度敏感的业务信息的处理方式,分庭表示,它将尽可能在专门的部分集中关注高度敏感的业务信息,以避免干扰正常的听证会流程。

　　在美国—大型民用航空器案(第二次起诉)(第21.5条—欧盟)中,分庭还收到了美国的一份信函,要求分庭考虑到在第二次口头听证期间,美国代表团的一名关键成员缺席。有鉴于此,美国建议分庭在美国代表团有关成员缺席之日不处理与某些领域有关的问题,或改变日程安排,使听证会不在美国代表团有关成员缺席之日举行。分庭提请欧盟和第三方提出意见。欧盟答复说,在美国的所有提议中,它倾向于重新安排听证会时间这一选项,因为在提议的日期中安排了对某些领域的提问,这会给欧盟代表团某一成员造成日程安排上的冲突。分庭决定更改第二次口头听证的日期。

　　在俄罗斯—铁路设备案中,上诉机构收到了乌克兰的一份信函,要求分庭延长口头听证会上开庭陈述的时限。同一天，审理上诉的分庭提请俄罗斯和第三方就乌克兰的请求提出任何意见。俄罗斯表示支持，并要求在分庭决定批准乌克兰请求的情况下，向俄罗斯和乌克兰提供平等机会。上诉机构没有收到第三方的评论。在审议了乌克兰的请求和俄罗斯的评论之后，分庭决定延长两位开庭陈述的时限。

在美国—超级压光纸案中，审理该上诉的分庭收到了加拿大和美国的联合信函，请求允许公众观察诉讼方和（同意公众观察的）第三方在口头听证会上的公开陈述和答复。加拿大和美国提出这项请求，基于一项认识，即在专家组程序中诉讼方提交的文件中被指定为机密的资料，在上诉机构的口头审理过程中将得到充分保护。分庭提请第三方就这一请求发表意见。墨西哥表示，在不影响其在这一问题上整体立场的情况下，它不反对在这些程序中允许公众观察口头听证会。上诉机构没有收到第三方的其他意见。分庭就加拿大和美国的联合请求作出了一项程序性裁决。分庭通过了关于进行口头听证的附加程序，包括允许公众参与观察一些成员开庭陈述的程序，这些成员代表团此前已同意将其陈述公开。在听证会期间，上诉方和四个第三方（巴西、中国、欧盟和日本）作了口头发言，并回答了审理上诉的上诉机构分庭成员提出的问题。听证会的闭路电视广播同时在一个单独的观察室播放。其中第三方的口头发言和对问题的答复不受公众观察，其此前已在陈述中表示希望对其进行保密。

在澳大利亚—简明香烟包装案（洪都拉斯）和澳大利亚—简明香烟包装案（多米尼加共和国），由于在这些上诉程序中出现的问题很多，审理这些上诉的分庭举行了两次听证会。应洪都拉斯的请求，分庭允许洪都拉斯代表团的一名成员通过视频会议参加第二次听证会总结陈述的宣读。

此外，在澳大利亚—简明香烟包装案（洪都拉斯）和澳大利亚—简明香烟包装案（多米尼加共和国），澳大利亚请求分庭就澳大利亚作为其"事实专家"的人员在这些上诉程序的第二次听证会上的出席和角色，提供指导。澳大利亚请求分庭：（1）将在专家组程序中作为"事实专家"的出席人员排除在第二次听证之外；或者（2）就这些人在第二次听证中的作用发表明确的指导意见。多米尼加共和国、洪都拉斯、加拿大、中国、欧盟和美国针对澳大利亚的请求提交了意见。分庭书面回复了澳大利亚的请求。分庭重申了庭审成员主席在第一次听证会时的澄清，即每个成员都有权决定谁将成为其代表团的一部分，谁代表它发言。分庭补充说，在回答分庭的问题时，代表团的每个成员都以代表该诉讼方的辩护人员身份进行答复。此外，由于参加第二次听证会的诉讼方代表团中的所有个人都将作为本国政府的代表出席，因此他们将受到《争端解决谅解》的规定的约束，包括《争端解决谅解》第17.6条规定的上诉复审范围。在这方面，分庭成员表示，他们将积极主动地规范诉讼方对问题的答复，并在他们认为必要时进行干预。分庭在听证会开始时就第二次听证会的进行提供了进一步指导。

5.6　过渡

在上诉机构于2019年和2020年上半年期间散发的大量上诉案件中，诉讼方和第三方被告知，依照工作程序第15条，上诉机构主席已经通知争端解决机构主席授权某些上诉机构成员完成这类上诉的审理，尽管他们的任期将在这些上诉程序完成之前到期。这些信函是在下列案件中提出的：美国—大型民用航空器案（第二次起诉）（第21.5条—欧盟）中涉及的彼得·范登·博舍；韩国—放射性核素案，美国—反补贴措施案（中国）（第21.5条—中国），韩国—气动阀案，以及乌克兰—硝酸铵案涉及的什里·巴布·切基坦·斯旺森；俄罗斯—铁路设备案涉及的什里·巴布·切基坦·斯旺森和托马斯·格雷厄姆；美国—超级压光纸案件涉及的什里·巴布·切基坦·斯旺森和托马斯·格雷厄姆；以及澳大利亚—简明香烟包装案（洪都拉斯）和澳大利亚—简明香烟包装案（多米尼加共和国）涉及的乌贾尔·辛格·巴蒂亚、什里·巴布·切基坦·斯旺森和托马斯·格雷厄姆。澳大利亚—简明香烟包装案（洪都拉斯）和澳大利亚—简明香烟包装案（多米尼加共和国）成为向审理上诉案件分庭的所有三名成员发出过渡通知的第一个上诉。

5.7　延长上诉机构报告散发期限的原因

在2019年和2020年上半年，在所有上诉程序中，上诉机构报告的散发都超过了《争端解决谅解》第17条第5款规定的90天时间期限。对于每一个上诉程序，上诉机构都向争端解决机构主席通报了不能在90天内散发上诉机构报告的原因。

这些原因包括上诉机构的条件积压和实质性的工作交叉负载，由于上诉机构人员空缺各分庭需要审理不同的上诉案件由此导致分庭构成的重叠而引发各类问题，上诉程序并行运行，专家组记录内容的规模，上诉涉及问题的数量和复杂性，上诉程序对 WTO 秘书处的翻译服务的需求，以及上诉机构秘书处人手不足的问题。

5.8　上诉的撤回

如本年度报告第 3.6 部分所详细阐述的，在摩洛哥—热轧钢案中，上诉方摩洛哥将其撤回上诉的决定通知上诉机构，并请上诉机构根据工作程序第 30 条第 1 款将该决定通知争端解决机构。同日，土耳其向上诉机构提交了一份信函，信中指出其注意到摩洛哥决定撤回上诉，并与摩洛哥一道请求上诉机构将摩洛哥的决定通知争端解决机构。此外，土耳其注意到，在此前上诉被撤回的情况中，例如在印度—汽车案中（DS146，DS175），上诉机构发表了一份简短报告，指出上诉被撤回。鉴于摩洛哥和土耳其的要求，上诉机构发表了一份报告，指出上诉的撤回，并且其已完成了上诉中的工作。

5.9　法庭之友陈述

在澳大利亚—简明香烟包装案（洪都拉斯）和澳大利亚—简明香烟包装案（多米尼加共和国）中，上诉机构收到了与上诉程序有关的八份陈述。上诉机构确认收到了法庭之友的这些陈述，但在作出裁决时并不依赖这些陈述。

6 《争端解决谅解》第 20.3 条（C）项下的仲裁

　　《争端解决谅解》并未明确谁应根据《争端解决谅解》第 20.3 条（c）项担任仲裁员，以确定 WTO 成员执行争端解决机构在案件中通过的建议和裁决的合理期限。仲裁各方通过协议选定仲裁员，如果双方不能就仲裁员人选达成一致意见，则由 WTO 总干事指定仲裁员。在除三个仲裁程序外的所有仲裁程序中，[①] 依照第 20.3 条（c）项担任仲裁员的人都是上诉机构的现任或前任成员。在根据第 21.3 条（c）项进行仲裁时，上诉机构成员以个人身份行事。

　　2019 年，没有涉及第 21.3 条（c）项的仲裁程序，但在 2020 年，乌克兰—硝酸铵反倾销措施案中，发布了一项仲裁裁决，详情如下。

6.1 《乌克兰—硝酸铵反倾销措施案》（WT/DS493/RPT）

　　2019 年 9 月 30 日，争端解决机构在乌克兰—硝酸铵反倾销措施案中通过了上诉机构报告和专家组报告。这一争端涉及乌克兰对从俄罗斯进口的硝酸铵采取的反倾销措施。在反倾销调查后，乌克兰政府间国际贸易委员会于 2008 年 5 月 21 日（2008 年初始决定）决定征税。俄罗斯生产商 JSC MCC EuroChem（EuroChem 公司）成功在乌克兰国内法院对 2008 年的初始决定提出了质疑，随后，乌克兰政府间国际贸易委员会对 2008 年的初始决定发布了一项修正案（2010 修正案）。在进行了中期和到期复审之后，乌克兰政府间国际贸易委员会发布了一项决定（2014 年延期决定），对包括 EuroChem 在内的企业，以修正后的税率征收反倾销税。

---

① 西蒙·法本布鲁姆（Simon Farbenbloom）先生作为美国——对越南某些虾采取反倾销措施案的仲裁员。法本布鲁姆先生此前曾担任该案专家组程序中的主席。克劳迪娅·奥罗斯科（Claudia Orozco）女士曾担任美国——针对韩国大型家用洗衣机的反倾销和反补贴措施案的仲裁员。奥罗斯科女士此前曾担任该案的专家组主席。法本布鲁姆先生曾被任命为美国——某些方法及其在涉及中国反倾销诉讼中的应用案中的仲裁员。该案于 2017 年 10 月 17 日发起，并于 2018 年 1 月 19 日散发报告。

正如本年度报告第 3.5 部分中的详述，专家组裁定，乌克兰的行为与《反倾销协定》第 5.8 条的规定不符，因为它未能将 EuroChem 公司从最初的反倾销措施的范围中排除，在 2010 年修正案下向 EuroChem 公司征收 0% 的反倾销税，并将 EuroChem 公司纳入中期和到期复审决定的范围内，虽然在最初的调查中发现其属于微量倾销。专家组还裁定，乌克兰的行为不符合：（1）《反倾销协定》第 2.2 条、第 2.2.1 条、第 2.2.1.1 条和第 11.2—11.3 条关于中期和到期复审中作出倾销和可能倾销的决定；（2）根据《反倾销协定》第 6.9 条，乌克兰未遵守规定的审议中某些特定披露义务。在对乌克兰的上诉做出裁决时，上诉机构维持了专家组所有受到质疑的裁决。

在 2019 年 10 月 28 日的争端解决机构的会议上，乌克兰表示将执行争端解决机构的建议和裁决，并表示需要一段合理的时间来实施。根据《争端解决谅解》第 21.3 条（b）项，就合理的实施期限进行的磋商未能达成协议。因此，俄罗斯要求根据《争端解决谅解》第 20.3 条（c）项通过具有约束力的仲裁来确定合理的时间期限。2019 年 12 月 2 日，俄罗斯请求总干事任命一名仲裁员。2019 年 12 月 11 日，总干事根据《争端解决谅解》第 20.3 条（c）项任命里卡多·拉米雷斯-赫尔南德斯（Ricardo Ramirez-Hernandez）先生担任仲裁员。里卡多·拉米雷斯-赫尔南德斯先生于 2019 年 12 月 12 日接受此任命。

乌克兰认为 27 个月是执行争端解决机构的建议和裁决的合理期限。乌克兰辩称，此次执行要求乌克兰：（1）首先采取"一般立法框架"，允许乌克兰调查主管机关进行审议调查，以遵守争端解决机构的建议和裁定；（2）其后进行行政复审，以修订有关反倾销措施。乌克兰还提到一种"特殊情况"，需要更长的合理期限。在这方面，乌克兰辩称，自 2014 年以来，它一直处于"国际关系紧急状态"。

俄罗斯回应称，乌克兰所谓的合理时间内实施争端解决机构关于《反倾销协定》第 5.8 条的建议和裁定是不必要的，乌克兰应该在两个月内实施争端解决机构现有建议和裁定。关于乌克兰在第 5.8 条下的执行义务，俄罗斯辩称第 5.8 条的第二句要求立即终止调查，在《争端解决谅解》第 21.3 条下，立即遵守这方面的规定并不是"不切实际"的。俄罗斯还辩称，对于在争议中的争端解决机构的所有建议和裁定，无论是立法改变还是行政复审的实施都是不必要的。反而，执行只需要通过乌克兰政府间国际贸易委员会的行政决定。无论如何，俄罗斯认为，乌克兰在要求 27 个月的合理期限方面，未能履行其举证责任。

首先，仲裁员注意到俄罗斯在以下方面的不同意见：（1）争端解决机构关于第5.8条的建议和裁决；（2）争端解决机构的现有建议和裁定。仲裁员回称，根据《争端解决谅解》第20.3条（c）项，他的任务是确定合理时间给乌克兰实施争端解决机构的建议和裁决，与俄罗斯辩称的在《争端解决谅解》第21.3条第二句下的"立即遵守实施建议和裁决是不实际的"无关。仲裁员还注意到，乌克兰关于一系列措施的所有执行义务构成同一反倾销程序的一部分，2014年延期决定是争端解决机构所有建议和裁定的核心。仲裁员难以接受其应该区分争端解决机构针对同一措施的各种建议和裁决，因此认为对乌克兰的所有执行义务确定一个合理的期限是适当的。

在处理这一争端中拟议的执行方式时，仲裁员认识到，按照乌克兰的建议，将立法和行政措施结合起来，将不可避免地需要比用行政方式执行花费更多的时间。因此，仲裁员决定首先考虑在乌克兰现有立法框架下可用的行政执行措施。在这方面，俄罗斯辩称，乌克兰的《反倾销法》第5.6条允许乌克兰政府间国际贸易委员会对反倾销措施的适用作出简易决定，因此，在该争端的实施过程中，既不需要进行行政复审，也不需要进行立法修改。仲裁员注意到，第5.6条笼统地列出了乌克兰政府间国际贸易委员会可能作出的决定，但没有具体说明其作出该决定之前需要完成的步骤。因此，仲裁员认为，乌克兰《反倾销法》的这一规定本身，对于确定争议中的反倾销措施是否可以纯粹地通过乌克兰政府间国际贸易委员会的决定加以修正，只能起到有限的指导作用。虽然俄罗斯依赖于乌克兰政府间国际贸易委员会过去作出的某些不需要行政复审的决定，但仲裁员认为这些决定无关紧要，主要因为这些决定是根据乌克兰法律的具体规定作出的，这些规定不适用于目前的争端。总的来说，仲裁员不能接受俄罗斯的观点，即在乌克兰调查主管机关没有对有争议的反倾销措施进行中期复审的情况下，可以通过乌克兰政府间国际贸易委员会根据乌克兰《反倾销法》作出的决定来完成此次争端中的执行。在得出这一结论时，仲裁员表示，他注意到，实施该措施需要将EuroChem公司排除在反倾销措施范围之外，计算倾销幅度，并遵守某些披露义务。

接着，仲裁员分析了乌克兰的主张，该主张认为乌克兰调查主管机关审议有关的反倾销措施，在乌克兰的法律框架中没有法律依据，因此其实施需要立法上的修改。在乌克兰看来，根据其《反倾销法》，中期审议不得：（1）根据乌克兰调查主管机关职权发起；（2）在发起时所依据的反倾销措施与WTO规则不符；（3）重点审查是否符合争端解决机构的建议和裁定。

仲裁员认为，鉴于当事方提交的材料和在听证会上对质询的答复，乌克兰没有表明其调查主管机关无法合理地审议争议中的反倾销措施，以执行争端解决机构在其现有立法框架下的建议和裁定。在这方面，仲裁员指出，根据乌克兰《反倾销法》第 20.1 条，可应"进口国行政主管机关"的请求提起行政复审。仲裁员指出，乌克兰没有提出"行政执行机关"（executive authority）一词的定义。相反，乌克兰只是说，在没有提供任何佐证的情况下，乌克兰调查主管机关过去的做法是认为，就这一条款而言，他们不具备"行政执行机关"的资格。正如仲裁员所强调的那样，乌克兰没有解释为什么这种过去的做法如果确立，必然会阻止进行反倾销调查和复审的同一实体请求启动执行所需的行政审议，或者在这方面阻止乌克兰的另一个行政执行机关提出类似这样的请求。

仲裁员还提到：（1）乌克兰《反倾销法》第 20.2 条，指示调查主管机关在有充分证据表明不再需要继续征收反倾销税以抵消倾销时，启动中期复审；（2）该法第 20.3 条，要求一旦启动中期复审，乌克兰调查主管机关应"特别"审查"与倾销和损害有关的情况是否发生了重大变化"。仲裁员注意到乌克兰的主张，其中对于是否不再需要继续征收反倾销税来抵消第 20.2 条所指的倾销的表述是不清晰的，第 20.3 条中与倾销有关的情况是否发生了重大变化的表述也是不清晰的。然而，仲裁员指出，乌克兰必须重新计算倾销幅度，以便在这一争端中实施。它还被要求将 EuroChem 公司排除在有关反倾销措施的范围之外，因为在中期和到期复审中被调查的两个主要俄罗斯生产商之一的 EuroChem 公司被发现属于微量倾销。仲裁员认为，反倾销措施的继续是乌克兰履行义务的核心。在乌克兰未作进一步解释的情况下，仲裁员不接受此争端情况不能成为乌克兰启动中期复审的理由。他也不认为一旦启动，乌克兰调查主管机关就不能把这次中期复审的重点放在执行争端解决机构的建议和裁决上。在这方面，仲裁员指出，乌克兰没有解释新的倾销幅度计算和 EuroChem 公司的排除，不被认为是倾销相关情况的重大变化的原因。无论如何，第 20.3 条指示乌克兰调查主管机关"特别"审查与倾销有关情况的重大变化，仲裁员认为这意味着乌克兰调查主管机关可以自由审查其他有关方面。

鉴于上述考虑，仲裁员认为，乌克兰没有表明，在此争端的情况下，乌克兰不能根据其现有立法框架合理地发起和实施以执行裁决为目的的行政复审。

因此，仲裁员认为乌克兰拟议的立法修改所需的时间问题没有实际意义。具体而言，仲裁员指出，虽然乌克兰在选择执行手段和方式方面享有一定的自由裁量权，但这种自由裁量权并不是不受限制的，所选择的执行方式必须能够使乌克兰在"合理的期限内"履行其 WTO 义务。仲裁员在这方面强调，合理期限应是执行成员的法律制度内尽可能短的时间，执行成员应利用其法律制度内的一切灵活性。虽然仲裁员承认乌克兰提出的立法和行政执行措施属于可允许的执行方式的范围，但根据他先前的结论，其认为在这一争端中，采取立法行动来实现遵守不是必要的。仲裁员澄清说，根据《争端解决谅解》第 21.3 条（c）项，决定执行成员应选择哪种方法或哪种类型的措施不是他的职权。然而，仲裁员认为，评估乌克兰法律制度内有效执行的最短期限是他的职责范围。由于乌克兰没有表明，在其现有立法框架下，无法通过行政手段合理地实现执行，仲裁员不认为他所确定的合理期限需要考虑额外的立法措施。

关于乌克兰行政程序的期限，仲裁员回顾称，乌克兰要求 12 个月完成一次部分中期复审，重点是倾销幅度的确定和遵守某些披露要求。仲裁员还回顾了乌克兰的声明，即其提议的时限是基于乌克兰调查主管机关曾经实施的最快的全面行政审查，这项审查花费了 11.5 个月。仲裁员之后注意到，根据乌克兰国内立法，中期复审的最长期限为 12 个月。此外，仲裁员注意到，与 WTO 规则不符的中期和到期复审决定也曾花费了 12 个月。

仲裁员不能接受乌克兰调查主管机关以前进行全面审查的时间，是对本案行政复议所需时间的适当衡量。正如仲裁员所说，乌克兰提到的 11.5 个月的审议从性质上讲，不同于对执行争端解决机构的建议和裁决的重新决定。鉴于拟进行的行政复审范围有限，仲裁员也不能接受实施所需的行政复审所需的时间与中期和到期复审相同。在这方面，仲裁员强调，乌克兰的执行义务只涉及对 EuroChem 公司非终止调查、倾销和可能倾销的决定以及基本事实的披露。至关重要的是，争端方在听证会上对质询的答复表明：（1）在中期和到期复审中被调查的两个主要俄罗斯生产商之一的 EuroChem 公司将被排除在有关反倾销措施的范围之外，无需作出新的决定；（2）新的分析仅限于重新计算其余被调查的俄罗斯生产商的正常价值，而没有重新考虑出口价格或损害分析；（3）与这些正常价值计算有关的一些数据已经记录在案。

在考虑进行必要的行政审查所需的合理时间时，仲裁员指出，乌克兰没有主张或提供证据证明，根据乌克兰法律，它提出的所有步骤和时限都是强制性的。然而，仲裁员不能接受俄罗斯的观点，该观点认为乌克兰只是为了重新计算正常价值而需要重新考虑现有证据。鉴于专家组和上诉机构对涉案问题的裁决,仲裁员不排除乌克兰调查主管机关可以收集补充信息和数据来计算正常价值。仲裁员认为,他的决定需要考虑到乌克兰调查主管机关发出调查表以及收集和审议补充资料和数据的一些时间。此外,考虑到所涉执行工作的性质,并考虑到被调查出口商和生产商有机会在听证会上和通过核查过程维护其利益,仲裁员不愿决定执行裁决的期限,以防止在必要时采取这种程序性步骤的可能性。尽管如此,仲裁员强调指出,鉴于乌克兰行政审查的范围有限,与乌克兰提议的时间期限相比,分配给这些步骤的时间需要合理缩短。

此外,仲裁员指出,即使法律不要求某些步骤和时限,但这些步骤和时限仍可有助于确保透明和高效的执行,以充分尊重争端方参与的正当程序。仲裁员认为,正当程序关切需要与《争端解决谅解》第 21.1 条所反映的迅速遵守原则相平衡。为此,在执行过程中必须利用执行成员法律制度内的所有灵活性。在本案中,仲裁员认为,乌克兰没有解释与拟议的行政复审的各个步骤相关的时间框架如何反映其法律制度中灵活性的使用。仲裁员认为,鉴于所涉行政复审的范围有限,乌克兰有很大程度的灵活性,可以在比它提议的更短的时间内进行行政复审,这一点也被乌克兰行政复审的大部分没有强制性的时间框架所证明。

根据上述情况,仲裁员的结论是,乌克兰没有履行其举证责任,证明12 个月是其法律制度内完成所涉行政复审的最短时间。仲裁员认为,乌克兰可以在合理的更少的时间内完成这一行政复审。同时,鉴于行政复审的所有必要步骤,仲裁员不同意俄罗斯关于这一复审可在两个月内完成的意见。

在得出这一结论后,仲裁员指出,在其裁决书最初排定发布日期的几天前,乌克兰请求在决定合理期限时应考虑到最近为应对新冠病毒所采取的相关措施。乌克兰提到了 2020 年 3 月 25 在乌克兰全国实行的 30 天紧急情况状况制度,特别指出了隔离措施,所有往返乌克兰的商业国际客运服务的暂停,所有非必要服务的关闭,以及 10 人以上集会的禁止。俄罗斯在对受 COVID-19 病毒影响的国家表示声援的同时,回应称,乌克兰采取的应对新冠病毒措施如何影响了乌克兰进行行政复审的能力是不清晰的。俄罗斯强调,根据乌克兰调查主管机关本身的说法,调查没有终止或中止,除了一些减缓措施外,调查继续"照常"进行。

仲裁员承认,乌克兰没有详细解释其应对新冠肺炎疫情的措施在多大程度上影响了其调查主管机关审查这一争端中有争议的反倾销措施的能力。同时，仲裁员指出，他注意到乌克兰最近采取的应对新冠肺炎疫情的重要措施的严重性，这些措施是作为应对疫情的紧急情况的一部分而采取的，乌克兰所述措施类型可能影响到一国运行的许多方面。仲裁员补充说，俄罗斯记录在案的文件证实，乌克兰最近的措施影响了贸易防御调查的进行，乌克兰调查主管机关正在进行某些必要的程序修改。例如，由于新冠病毒，现场核查被取消，可能导致有关各方答复调查表的最后期限延长。虽然仲裁员认为俄罗斯的主张有一定的道理，这个主张是"新冠肺炎疫情"而非"不履行 WTO 义务绝对的借口"，但他在决定这一争端的合理期限时，不能对乌克兰和世界其他地区有关新冠肺炎疫情影响乌克兰调查主管机关工作的事态发展视而不见。仲裁员的结论是，其决定还需要考虑到与乌克兰新冠肺炎疫情有关的事态发展。

最后，仲裁员认为乌克兰诉称特殊情况与决定这一争端中的合理期限是有关的。乌克兰请求延长 6 个月，因为自 2014 年以来，乌克兰一直处于"国际关系中的紧急情况"状态。乌克兰辩称，自那时以来，它一直优先采取紧急立法和监管行动，以保护其领土和人口，并在国内维持法律和公共秩序，导致其他举措严重拖延。原则上，仲裁员没有排除"国际关系中的紧急情况"可作为与确定合理期限有关的特定情况的可能性。然而，仲裁员认为，乌克兰没有充分证明"国际关系中的紧急情况"的情况影响到在这一争端中执行的合理期限。仲裁员强调，乌克兰没有澄清执行所需的时间期限如何或在多大程度上受到所谓的"国际关系中的紧急情况"的影响。乌克兰也没有解释它是如何安排 6 个月作为应对所称紧急情况造成的影响所需额外时间的。关键的是，乌克兰没有提交任何证据支持乌克兰的主张，即"国际关系中的紧急情况"导致了反倾销调查的拖延。

鉴于上述考虑，仲裁员裁定，乌克兰执行争端解决机构在本争端中的建议和裁决的合理期限为自争端解决机构通过专家组和上诉机构报告之日起 11 个月零 15 天，至 2020 年 9 月 15 日止。鉴于进入 WTO 大楼的限制，并考虑到与新冠肺炎疫情有关的事态发展，裁决仅以电子方式发出。争端方并不反对以电子方式签发裁决书。

7 其他活动

7.1 数字争端解决登记（DDSR）/争端在线登记应用程序（DORA）

7.1.1 数字争端解决登记（DDSR）

WTO 数字争端解决登记是作为一个综合应用程序开发的，用于管理争端解决程序的工作流程，以及维护有关争端的数字信息。该应用程序的特点是：（1）网上提交和送达争端解决文件的安全电子登记；（2）所有争端解决记录中央电子储存设施的存储；（3）拥有争端解决信息和统计研究设施。

数字争端解决登记提供以电子方式提交争端中的陈述，并建立了一个电子文档集，收录在某一特定案件中提交的所有文件。该系统包括：（1）以电子方式安全地提交呈件和其他与争议有关的文件的设施；（2）以无纸化和安全的方式向其他当事人送达提交材料和证物；（3）全面的截止日期日历，以协助成员和秘书处进行工作流程管理。作为一个存储设施，数字争端解决登记提供了有关 WTO 争端的信息，并作为所有专家组和上诉机构记录的在线存储库。

2019 年和 2020 年初，上诉机构秘书处继续开发和测试数字争端解决登记应用程序，帮助对 WTO 代表团进行关于其各项职能的培训，汇编争端信息上传至数据库。对数字争端解决登记的几项改进、测试与部署已于 2019 年完成，某些上诉程序的上诉方和第三方在自愿基础上测试了线上存档功能，作为上诉试点阶段的一部分。

7.1.2 努力建立一个更方便用户和更直观的系统：争端在线登记应用程序（DORA）

数字争端解决登记项目的方案编制工作于 2013 年开始，2015 年在现场应用程序中首次对提交的文件进行电子存档。自该平台建立以来，技术取得了巨大进步，为了提高用户体验并进一步改进应用程序，秘书处得出结论认为，最佳办法是将数字争端解决登记的功能转移到一个新平台。

考虑到这一点，秘书处建议采取一种办法，推动 WTO 内部电子申报应用程序的开发，并利用更灵活，最先进的软件平台。实际上，使用不同的平台将使 WTO 能够在无需求助于外部承包商的情况下，进行内部管理申请和任何变更。最新的技术解决办法，加上与 WTO 信息技术同事的密切关系，将使秘书处能够更快地应对争端解决方面的发展，这些发展需要修改电子存档平台。

在对数字争端解决登记和成员的业务需求进行分析后，WTO 的 IT 部门的应用解决方案处提出了一个新的应用程序——争端在线登记应用程序（DORA）。

在 2019 年 11 月举行的一次数字争端解决登记工作组会议上，向与会代表介绍了新平台以及该应用程序的主要特点，例如查阅争端文件，上传和下载提交材料和证物，发送和接收信息，以及使用时间表和争端日历。拟议的新平台受到代表们的欢迎，此后，设计流程继续快速进行。

争端在线登记应用程序正在使用当今市场上可用的最新技术进行开发。因此，它具有现代化的设计，比 WTO 的 IT 部门的应用更快、更容易使用，并简化了电子提交流程。最重要的是它敏捷，其修改可以很容易地由 WTO 的 IT 部门直接编程到平台中，从而允许 WTO 几乎立即反映成员的反馈和不断变化的需求。争端在线登记应用程序通过访问控制和双重身份验证保留了 WTO 的 IT 部门的应用强大的安全特性，同时还利用了更新的加密并解决了同步问题。WTO 的 IT 部门的应用中包含的所有数据都将迁移到争端在线登记应用程序。

鉴于新平台的灵活性，秘书处得以在 2020 年上半年启动第一阶段的实施工作。在这一阶段，新争端的争端方和第三方被邀请开始使用争端在线登记应用程序电子存档作为这些程序争端解决记录的正式存储处，将陈述存储。此外，还请目前专家组程序中的争端方和第三方开始使用争端在线登记应用程序的电子提交机制，同时按照其专家组工作程序的规定，通过电子邮件和纸张提交材料。在实施的第二阶段，秘书处设想过渡到使用争端在线登记应用程序作为在所有争端解决程序中提交文件的正式机制。至于何时过渡，将会进一步征询各 WTO 成员的意见。

7.2 约翰·杰克逊 WTO 法模拟法庭竞赛

2019 年和 2020 年分别举行了第 17 届和第 18 届约翰·杰克逊（John

H. Jackson）WTO 法模拟法庭竞赛，以前称为欧洲法律学生协会（ELSA）WTO 法模拟法庭竞赛。自这项比赛开始以来，WTO 一直作为技术赞助者给予支持。事实证明，竞赛是促进国际贸易法发展和与 WTO 有关的研究的一个有用工具。在比赛过程中，每支参赛学生队伍代表一场虚构争端中的申诉方和被诉方双方，并准备书面和口头提交材料。

2019 年，大赛竞争持续激烈，全球 90 多所高校参赛。第 17 版模拟案件由伯明翰大学的玛丽亚·安娜·科瓦格里亚（Maria Anna Corvaglia）和伯尔尼大学世界贸易研究所的罗德里戈·波兰科（Rodrigo Polanco）撰写，涉及可持续能源生产以及涉及与政府采购、原产地规则和禁止补贴有关的问题。

第 17 届比赛的区域回合赛于 2019 年 2 月至 4 月在内罗毕（肯尼亚）、维也纳（奥地利）、布拉格（捷克共和国）、新加坡和华盛顿特区（美国）举行。在每一轮比赛中，WTO 的工作人员，包括上诉机构秘书处的工作人员担任专家组成员。此外，上诉机构秘书处的工作人员与 WTO 其他部门的工作人员一道，就主题事项提供技术咨询和在赛事组织上提供援助，包括在瑞士日内瓦主办最后一轮比赛，为竞赛提供支持。来自区域回合赛的前 22 支队伍有资格参加在日内瓦由日内瓦国际关系及发展学院和 WTO 主办的最后一轮比赛。

最后一轮于 2019 年 6 月 4 日至 8 日举行。学生们有机会向 WTO 秘书处、上诉机构现任和前任成员、知名学者、私人执业者以及在模拟争端中担任专家组成员的代表们进行案件申辩。来自斯特拉斯莫尔大学法学院的队伍脱颖而出成为获胜者，作为第一支赢得这项声望很高的比赛的非洲队伍，这创造了历史。哈佛法学院在盛大的决赛中面对斯特拉斯莫尔，成为亚军。

第 18 届比赛是在新冠病毒引起全球疫情的情况下举行的。因此，虽然 2 月和 3 月初在基辅（乌克兰）和布尔诺（捷克共和国）亲自举行了两次欧洲回合，但在线举行了四次区域回合（美洲、非洲、南亚和东亚），以确保诉讼方的安全和遵守各项旅行限制。尽管面临这些前所未有的挑战，来自世界各地的 76 所参赛大学仍然对比赛充满了热情和兴趣。由阿姆斯特丹大学助理教授杰拉尔多·维迪加尔（Geraldo Vidigal）撰写的第 18 版模拟案件提出了在区域贸易协定、最惠国待遇和 1994 年《关税与贸易总协定》下的例外情况下对等承认和 SPS 措施的适用等问题。

在区域回合期间，WTO 工作人员，包括上诉机构秘书处的工作人员，亲自或在线担任专家组成员。此外，上诉机构秘书处的工作人员与 WTO

其他部门的工作人员一道，通过就主题事项提供技术咨询和在赛事组织上提供协助，为竞赛提供了支持，包括在竞赛历史上首次主办有 20 支队伍参加的互联网虚拟决赛。

最后一轮于 2020 年 6 月 22 日至 28 日举行。学生们有机会在 WTO 秘书处、一流学者和私人执业者面前进行案件申辩，这些专业人员在模拟争端中担任专家组成员。来自孟买政府法律学院的团队最终胜出。比利时鲁汶大学在决赛中对阵孟买政府法律学院，获得亚军。

世界贸易组织和竞赛的学术支持者为区域回合和决赛回合的优胜队颁发了奖项。在第 18 届竞赛期间，这些学术支持者来自乔治敦大学和世界贸易研究院。在第 18 届竞赛期间，这些学术支持者包括乔治敦大学、世界贸易研究院，IE 大学（西班牙）和欧洲公法组织。

7.3 技术援助活动

上诉机构秘书处工作人员参加 WTO 举办的与贸易有关的技术援助活动，目的是帮助发展中国家增强贸易能力，使它们能够更有效地参与全球贸易。表 5 概述了上诉机构秘书处工作人员在 2019 年期间开展的这些活动。

表 5 上诉机构秘书处 2019 年技术援助活动

课程／研讨会	地 点	日 期
非洲法语国家区域贸易政策课程—争端解决模块	阿比让，科特迪瓦	2019 年 4 月 1 日至 3 日
非洲英语国家区域贸易政策课程—争端解决模块	路易港，毛里求斯	2019 年 6 月 10 日至 13 日
加勒比国家区域贸易政策课程—争端解决模块	西班牙港，特立尼达和多巴哥	2019 年 7 月 15 日至 18 日
拉丁美洲国家区域贸易政策课程—争端解决模块	墨西哥城，墨西哥	2019 年 9 月 9 日至 12 日
中欧和东欧，中亚和高加索区域贸易政策课程—争端解决模块	阿拉木图，哈萨克斯坦	2019 年 10 月 21 日至 23 日
WTO 中欧和东欧，中亚和高加索争端解决区域工作室	维也纳，奥地利	2019 年 10 月 22 日至 25 日
拉丁美洲一体化协会（ALADI）成员国的短期贸易政策课程	蒙得维的亚，乌拉圭	2019 年 11 月 14 日至 15 日

附件一

告别演讲

2019 年 5 月 28 日
WTO 上诉机构成员彼得·范登·博舍

亲爱的沃克（Walker）大使、布劳纳（Brauner）副总干事，尊敬的阁下，我敬爱的同事、朋友，女士们、先生们：

今天，我怀着不舍的心情站在这里，不仅仅是因为我即将辞别。我在 WTO 争端解决机构任职 9 年 3 个月零 3 周，这已经足够长了。开玩笑地说，有的人可能会觉得我过度受到欢迎，其实早就应该离开（译者注：按照规定上诉机构法官任期一届为 4 年）。但此时此刻，我怀着沉重的心情站在这里告别，因为基于规则的多边贸易体系当前正面临一系列危机。尽管这一体系需要不断改进，以实现更大的公平和适应 21 世纪的发展现实，但这一基于规则的多边贸易体系自 20 世纪 40 年代末以来，已经得到逐步发展和改进，为我们提供诸多益处。它不仅使数亿人摆脱了贫困，并为许多人带来了持续繁荣，而且有助于防止贸易以及更大范围的经济争端升级到无法控制的程度。

一个运作良好的多边贸易体系，核心就是有效地解决争端。乌拉圭回合的谈判代表深刻地认识到这一点。因此，谈判者们最后达成了《争端解决谅解》，为多边贸易体系提供安全保障和可预测性，并通过禁止任何 WTO 成员单方面认定另一成员是否违反了 WTO 法律规定的义务来加强该体系。正如 WTO 上诉机构前法官——卡洛斯（Claus-Dieter Ehlermann）教授在 2003 年所描述的那样，"《争端解决谅解》的达成是一个非凡的成就，无异于一个奇迹"。它完美地融合了强制管辖权、独立和公正的裁决者、上诉复审和具有约束力的裁决等。在解决成员间争端的所有国际机制中，WTO 争端解决机制确实是独一无二的。不出意料，它很快就成为了最常用的成员间争端解决机制，并被誉为 WTO"皇冠上的明珠"，让在国际法其他领域工作的人羡慕不已。

尽管 WTO 成员对其争端解决机制的运行情况高度满意,但也几乎从一开始就提出了对该机制某些方面的关切。针对以上关切的倡议被逐步提出和讨论,首先是在 1998 年和 1999 年的《争端解决谅解》审查中,以及后来在多哈回合谈判中涉及的《争端解决谅解》改革中。然而不幸的是谈判收效甚微,虽然一些提案旨在使成员在争端解决方面有一定自主权,但大多数提案都侧重于进一步加强该体系;这与今天的情况迥然相异!

针对美国提出的关切,特别是关于上诉机构的运行以及美国阻碍上诉机构法官的任命,20 多个 WTO 成员单独或联合对 WTO 上诉机构改革提出了提案。这些提案旨在解决美国所谓的上诉机构"越权"问题,如案例法的先例效力,上诉机构审议的 90 天期限,上诉机构对事实裁决的审议,包括对国内法含义的裁决等。但是,与多哈回合谈判中提出的大多数改革建议不同,目前讨论的改革建议不再有加强该制度的雄心,而仅仅是旨在确保其以某种形式存在。在这次简短的告别演讲中,我并不打算为上诉机构及其迄今为止的运行进行强有力的辩护,或者对改革建议进行详细讨论。比起我今天在这里所说的,这种讨论应该被给予更多的关注。出于同样的原因,我并不想在这次演讲中试图将 WTO 争端解决的危机置于全球治理危机的背景下,这种危机体现在单边主义的抬头,以及通过真诚对话与合作以解决全球性问题的失败。

关于目前正在讨论中的 WTO 上诉审查制度的改革提案,我想做以下两点说明:第一,虽然成员已经就 WTO 上诉审查制度的改革提出并且讨论了多项提案,以解决美国所提出的关切,但仅部分 WTO 成员(如果有的话)认识到,阻碍上诉机构成员的任命将从根本上打乱上诉机构及其功能发挥,进而危及上诉机构的存在。在这方面,我注意到,超过 75 个 WTO 成员多次提出联合提案,敦促 WTO 争端解决机构(DSB)立即填补上诉机构的法官空缺。第二,应考虑基于何种程度的改革倡议具有合法性,应在不损害现行制度基本特征的背景下解决各种关切。泰国于 2019 年 4 月 25 日提出的提案(WT / GC / W / 769)显示了这方面的进展。为了尝试解决美国提出关切,WTO 一些成员提出了将明显改变现行体制基本特征的建议。然而,我不清楚,相信你们大多数人都不清楚,当前体制的任何改革能否满足美国的需要。美国最近在 2019 年 5 月 7 日的理事会会议上做出声明:上诉机构应遵守《争端解决谅解》的规定。我想没有人会反对这一点,但是这究竟意味着什么,美国在这一点上却保持沉默,并且目前没有参与摆在桌面的任何改革建议的讨论。

　　我很欣赏沃克大使和许多 WTO 成员所作出的坚定努力，但是我仍然担心当前的危机很有可能无法在 2019 年 12 月 11 日之前得到解决（译者注：2019 年 12 月 10 日之后，WTO 上诉机构将仅剩下中国籍法官 1 名，严重低于规定的 7 名，上诉机构争端解决机制或名存实亡）。如果情况确实如此，上诉机构从那天起将无法审理和裁决新的上诉案件。根据《争端解决谅解》第 16.4 条规定，"如一方已通知其上诉决定，则在上诉完成之前，DSB 将不审议通过该专家组报告"。可以肯定地预测，一旦上诉机构瘫痪，败诉方将在多数情况下将对专家组裁决报告提出上诉，从而阻止该裁决生效。如果专家组裁决报告不被审议通过，产生不了法律约束力，那么成员还有什么理由参与专家组程序呢。因此，自 2019 年 12 月 11 日起，不仅是上诉审议，而是整个 WTO 争端解决机制将不再全面地运行，并可能逐步关闭。

　　虽然美国可能会乐意见到这样的结果，但显然其他大多数 WTO 成员并不希望如此。回归到在 WTO 之前的某种争端解决机制，意味着回归到经济和其他力量凌驾于合法权利之上的争端解决。正如国际法院法官詹姆斯（James Crawford）最近的评论，对于国际贸易争端的解决，这将是"回到原点"。拉卡特（Lacarte Muro）大使、WTO 上诉机构首任主席在 2000 年写道：WTO 争端解决机制为那些"过去常常缺乏政治或经济影响力来保障其权利和利益"的成员提供了保障。大多数 WTO 成员不希望国际贸易没有规则，或者更准确地说，不希望国际贸易的规则是由争议中最强大的一方所决定。一个高效、合规的争端解决机制，与他们利益攸关。

　　也许 WTO 成员能够在 2021 年或之后不久就 WTO 争端解决机制改革达成共识，特别是对 WTO 的上诉审查制度达成共识，这甚至将加强现行制度的关键特征，包括强制管辖权、审判人员的独立性和公正性，上诉审查和具有约束力的裁决等。但是，如果所有 WTO 成员不能就此类改革达成共识，那么意愿一致的 WTO 成员组成的联盟，应该考虑建立一个新的并行的争端解决机制，复制现有但功能失调的《争端解决谅解》解决机制，以一种有序和基于规则的方式解决它们之间的贸易争端。虽然在某些情况或某些案例中，争端双方可以适用《争端解决谅解》第 25 条的仲裁条款，以确保WTO 争端解决得到适用（译者注：根据该条规定，WTO 中的仲裁是作为争端解决的一个替代手段），但这些都不是长期的解决方案。

　　在 2009 年 12 月至 2019 年 3 月期间，我处理过 20 起上诉案件，并在另外 18 起上诉案件中参与意见交换。我感到非常荣幸有机会以这种方式为国际社会服务。WTO 上诉机构法官的经历教会我理智谦逊，并且让我非常尊重参与 WTO 争端解决的人所拥有的知识、技能和奉献精神。上诉机构的法律解释或适用问题很少有简单的答案。仅仅给他们一个简单的答案对任何一方都不公平。在某个特定案例中，我经常纠结于什么才是 WTO条款的正确解释和适用。对我来说最具挑战性案件是处理自由贸易和与其他社会价值冲突之间的平衡，以及 WTO 规则下政府在经济中的角色。在这些案件中，上诉机构的裁决经常受到成员的严厉批评。我和上诉机构的同事一样将这种批评牢记在心，即使它得到了解决。其中，一些备受批评的裁决可能是错误的。用拉丁文说，是人为错误（errare humanum est）。我相信，WTO 专家组和上诉机构中智慧的裁判者今后会纠正这些错误。上诉机构从未宣称它是绝对正确的，正如它从未宣称其报告具有先例约束力。

我对律师们在上诉机构面前展现出的知识和技巧，一直印象深刻，不管是政府官员还是私人执业律师。为了应对上诉机构在口头听证会上毫不留情的质疑，我见识了许多令人印象深刻的敏捷反应。我同样敬佩律师们对我们提问的耐心，而我们仍然在努力解决上诉问题的复杂性。

我对许多专家组成员同样印象深刻。他们任务艰巨，需要理清事实真相并首先正确解释和适用 WTO 的有关规定。关于后者，我发现上诉机构常因此受益匪浅，当事方在上诉时的论证比他们在专家组阶段的论证更细致，更清晰。

最后，请允许我向上诉机构的同事和上诉机构秘书处的工作人员致敬。在过去的 9 年里，我有幸与 12 名上诉机构法官一起工作。虽然我们的专业背景和接触法律的路径很不同，且常在重要问题上有分歧，但我们合作得很好。我从每个上诉机构法官那里学到了东西，我为此感激不尽。尤其在我个人遇到困难时，他们给予了莫大的支持。对于上诉机构秘书处，我可以说，它过去和现在的主任，高级和初级律师及其支持人员是我所共事过的最有成就和献身精神的专业人员。在过去的 9 年里，我很荣幸每天都能和他们一起工作。我会非常想念他们，并祝愿他们得到应得的专业认可和成功。

我不得不满怀忧虑地结束这次告别演说。世界贸易组织争端解决机制面临十分艰难的时期。这一机制过去是，现在仍然是国际关系中一项光荣的法治实践。在六个月零两个星期后，这个独特的实践可能会开始解体并逐渐结束。历史是不会原谅那些造成 WTO 争端解决机制崩溃的人。

附件二

WTO 上诉机构 2018 年年度报告的发布

2019 年 5 月 28 日

WTO 上诉机构 2018 年主席乌贾尔·辛格·巴提亚先生的演讲

各位阁下，女士们，先生们：

这可能是我最后一次以上诉机构成员身份公开演讲，也可能是上诉机构最后一次在法庭上讲话。除非发生特殊情况，否则在 2019 年 12 月，上诉机构人数将低于组成分庭和审理上诉所必需的 3 人法定人数。

我有幸在连续两届的任期中担任上诉机构主席。从上诉机构的角度来看，说我们生活在非凡的时代也不为过。

2018 年，上诉机构的案件继续增加且日益复杂，上诉机构在任成员人数从已经递减的 4 人继续减至 3 人。

尽管存在这些挑战，但上诉机构在 2018 年仍散发 9 份涉及 6 个事项的上诉机构报告，其中包括欧共体及其部分成员—大型民用飞机案（第 21.5 条—美国）的上诉机构报告。这些报告涉涵盖协定包括《反倾销协定》《补贴与反补贴措施协定》、1994 年《关税与贸易总协定》《TRIMS 协定》《TBT 协定》和《争端解决谅解》。这些争端涉及的敏感问题涵盖了禁止性和可诉性补贴、动物福利、国内税收制度和不公平贸易。在 2017 年提出上诉的美国—大型民用飞机案（第二次申诉）（第 21.5 条—欧盟），在 2018 年继续占据上诉机构及其秘书处的大部分资源。2017 年到 2018 年，上诉机构秘书处还协助一名仲裁员就执行美国—反倾销方法案（中国）[第 21.3（c）条]中专家组和上诉机构报告的合理期限做出裁决。

此外，除了已散发的上诉机构报告和仲裁裁决外，2018 年有涉及 11 个事项的 12 份专家组报告被提起上诉。总而言之，上诉机构的繁重工作有增无减。

这些数字表明，WTO 成员依然认为上诉体系是一个强有力和有效的争端解决机制的关键支撑。然而，在几个月的时间里，上诉机构从 WTO "皇冠上的明珠"变为急需改革的问题小孩,既有戏剧性,又让人困惑。我今天不探究这种情绪转变的原因,这对于那些关注该讨论的人来说是不言而喻的,我也不否认包括上诉机构在内的争端解决机制需要改革。

相反,我想向所有讨论争端解决机制未来的 WTO 成员发出邀请:想找到好的解决方案,首先必须提出正确的问题。成员应该仔细考虑他们想要什么样的机制,它的角色和作用是什么,以及它的运作应该遵循什么核心原则。只有这样,成员才能参与持续性的改革计划。

正如我所说,正在进行的讨论应旨在回答两个核心问题:

(1)WTO 争端解决机构为贸易争端提供积极解决方案,意味着什么?

(2)争端解决机制如何满足所有成员的需求,无论其国力大小,并保持其利益相关者的合法性?

(1)WTO 争端解决机构为贸易争端提供积极解决方案,意味着什么?

《争端解决谅解》指出,争端解决程序"用于维护成员在所涵盖协定下的权利和义务"和"阐明这些协定的现有条款"(第 3.2 条)。

我认为这两个功能是密不可分的,并且都服务于为贸易争端提供长久和积极解决方案的总体目标。争端解决机制在国际裁决领域的独特之处恰恰在于其多边性质、广泛的第三方权利,以及裁决在 WTO 成员之间传播的透明度。

显然,根据《争端解决谅解》,争端解决机构的裁决只对争端各方具有约束力。但通过阐明 WTO 条款的内容,专家组和上诉机构向成员提供了有关如何履行其 WTO 职责的指导,从而让成员的做法与 WTO 规则保持一致,防止了无数争端的发生。较小和较贫穷的 WTO 成员往往缺乏资源,无法在 WTO 的承诺范围内审查自己的贸易政策,这些必须得到重视。

不可否认的是,有时候,专家组和上诉机构都可以在其法律论证中发挥更大的效用。但国际争端解决的合法性的核心条件之一是,裁判者需要提供包括对有关规则解释的充分理由以支持其结论。如果裁判者将他们的决定限于简单"一致性 / 不一致性"陈述,则有争议的当事方将不能获得充分合理的裁决。这很难促使 WTO 成员遵守规则。如果政府没有被清楚地告知为什么他们的措施是违法的,那么克服国内对遵约的抵制并与 WTO 法相一致地执行争端解决机制的建议将对政府产生多大帮助?

在这种背景下,WTO 成员有责任决定法律论证的适当界限在哪里,以及法律论证在确保争端的积极结果中应起什么作用。

随着讨论的继续,成员们可能还需要考虑以下几点:

专家组是事实的裁判者，而上诉机构是对专家组所作法律解释做出决定的机构。但是如果专家组作出的包含法律分析的事实分析存在缺陷，会发生什么？

鉴于缺乏适当的发回重审系统"分析完成"（completion of analysis）是否是上诉机构根据其职责采用的有效程序工具？

（2）争端解决机制如何满足所有成员的需求，无论其实力强弱，并保持其利益相关者的合法性？

众所周知，任何多边争端解决机制的合法性只有在成员方政府和其他利益相关方认为它以公平、公正和独立的方式运作时才能得以维持。尽管规范的合法性很重要，但归根结底，合法性是一种认知，并基于经验的表现。这不仅牵涉到裁决者及其裁决的质量，而且还牵涉到及时性。

最近几个月，几个代表团对上诉程序延误超过了《争端解决谅解》规定的 90 天感到遗憾。遗憾的是，这些批评是准确的：2018 年完成的上诉平均持续 395 天。这些让我们担心，也令成员感到担心，且通常是因为上诉机构由于人员和辅助律师人数减少，以及所提出问题的复杂性而无法处理成员所提起的案件。

但是，仅关注上诉程序的延误可能会掩盖 WTO 争端持续存在这一更广泛的问题。事实上，近年来一直持续增长的上诉复审只占用诉讼总时间的一小部分。2018 年上诉机构复审过的专家组报告的时间，平均为 859 天，而专家组组成的规定时间为 6 个月，最多为 9 个月。

此外，必须考虑通过专家组和上诉机构报告之后通常要采取的步骤，例如合理的实施时间、执行监督程序和报复措施。当考虑到这些因素时，情况就变得相当戏剧性。再想想上诉机构在 2018 年完成的上诉，这些争端中，从最早请求成立专家组到最后上诉机构报告散发，平均为 2227 天，包括 2005 年 6 月 3 日的空中客车案和 2009 年 3 月 9 日的金枪鱼案。然而，即使不考虑这些非常冗长的案件，该数字仍然惊人地高：平均而言，自提起设立专家组的请求到发布上诉机构报告之间间隔了 1267 天。而且，在我发言时，其中一些争端仍在继续。

所有这些加在一起，意味着曾是 WTO "独特亮点" 的 "迅速解决" 争端（第 3.3 条）成为过去。WTO 争端整个周期这个更大的背景应该成为讨论以及改革的重点。

但是如果我们要正面的解决 90 天期限的问题，从各个方面解决这个问题很重要。在过去的三年中，有 29 起专家组报告被上诉，每年平均近

10 起。要在 90 天的时间内完成这一数量的审理工作，显然对上诉机构成员（ABMs）和人力资源提出要求。这还需要各成员就上诉的规模、90 天期限的延长程序、上诉机构审议的性质和深度等问题进行讨论，以及如何对未提交的申诉进行排序和安排。鉴于上诉机构报告是争端解决机制以反向一致（negative consensus）的方式通过，所以上诉机构有效充当了最后的场所。因此，上诉机构必须确保其解释和推理具有最高的质量，不应急于得出结论。实际上，任何仓促的结论都无法校正（或许除了成员的权威解释外）。

这显然影响到上诉机构在审议时的严谨性和对细节的关注。WTO 成员对 90 天期限进行讨论时也要考虑这些细节。

有一件事应该非常清楚：最终，争端解决机制的表现和合法性不取决于国际法的某些抽象原则，而是取决于其解决现实世界贸易迫切需求的能力。我们在争端解决机制无法正常运作的情况下所花费的每一分钟都意味着与 WTO 规则不符的措施正在进行、贸易量受到阻碍以及全球公司失去宝贵商机。在多边环境中，这无可比拟地突出了独立有效的争端解决系统的真正价值。

在接下来的几周和几个月中，WTO 成员将面临有关未来多边贸易体系的重大选择。更明确地说，上诉机构的危机是贸易多边主义的危机。WTO 成员具有约束力的承诺必须建立在公正和有效解决争端的基础上。如果没有一个运作良好的上诉程序，很难想象如何能够做到这一点。

所做的选择将决定未来几十年国际贸易合作的前景。WTO 成员做出了明智的选择——任命戴维·沃克大使为这次重要讨论的协调人。毫无疑问，他们在最终做出选择时将会展现出同样的智慧。

在此，我要对共同编写年度报告的上诉机构精干的成员深表谢意。对奇波·瓦科利、莱斯利·斯蒂芬森、亚历山德拉·包姆加特、斯蒂芬妮·卡梅尔、休·李和莱茵·伍德以及其他为该报告提供了案例摘要的人表示特别感谢。

最后，我必须完成一项愉快的任务——向我的朋友彼得（Peter Van den Bossche）致敬而又不让他过于尴尬。我有幸认识彼得并成为他的朋友已有好几年了。在这段日子的大部分时间里，他都是我在复杂法律迷宫中的重要指南。因为他对法律和正义的坚持，他是我们上诉机构所有成员坚定不移的灯塔。他始终将严谨的学业与对公正和公平的坚持结合在一起。最重要的是，他就是我一直想要成为的人。我确定帕特里夏（Patricia）今天脸上正充满笑容。彼得，愿上帝保佑你，做最好的自己。

附件三

WTO 上诉机构 2018 年的发展和挑战 [①]
国际与发展高等研究院第 12 届 WTO 争端解决年度回顾

2019 年 4 月 10 日

WTO 上诉机构主席赵宏博士的演讲

下午好！首先，我要感谢日内瓦国际与发展高等研究院与 WTO 秘书处共同组织本年度 WTO 争端解决案例研讨会。作为上诉机构现任主席，感谢你们邀请我来探究 2018 年上诉机构的发展和挑战。

无论从哪个角度，2018 年对上诉机构和整个 WTO 争端解决机制都是非凡而又富有挑战的一年。这种挑战不仅源于上诉机构面临积压上诉案件的增多，还源于审查此类案件的上诉机构在任成员数量的减少。同时，由于涉及多个起诉方且具有争议性和敏感性问题的复杂案件不断在 WTO 的专家组阶段提起磋商，WTO 争端解决机制正遭遇前所未有的压力，受到极限挑战。这种情况在 WTO 争端解决历程中从未经历过。

回顾 2018 年，在 WTO 成员的大力支持和上诉机构成员、秘书处工作人员的辛勤努力下，上诉机构在保证质量的前提下完成了裁决报告。2018 年全年，上诉机构一直进行上诉案件审理并散发了涉及 6 个事项的 9 份上诉机构报告，其中包括"欧共体及其部分成员国大型民用飞机案"（第 21.5 条—美国）超大规模上诉案件的上诉机构报告。这些报告所涉及的事项包括 1994 年《关税与贸易总协定》《TRIMS 协定》《TBT 协定》《反倾销协定》《补贴与反补贴措施协定》和《争端解决谅解》。这些争端涉及的敏感问题，

[①] 本部分参考管健译：《2018 年世贸组织上诉机构的发展与挑战》，载《国际经济法学刊》2019 年第 4 期，有修改。

涵盖了禁止性和可诉性补贴、保障措施、动物福利、国内税收制度和贸易救济。2017 年提交的特大上诉：美国—大型民用飞机案（第二次申诉）（第21.5 条—欧盟），在过去一年中继续占据上诉机构及其秘书处的大部分资源。秘书处还协助一名仲裁员就执行美国—反倾销方法案（中国）[第 21.3（c）条] 的专家组和上诉机构报告的合理期限作出裁决。此外，2018 年有12 份涉及 11 个事项的专家组报告被提起上诉。2019 年第一季度上诉机构又收到了 3 起上诉。因此，目前有 13 起上诉案件有待上诉机构审理。这些数字表明，WTO 成员对包括上诉程序在内的争端解决机制仍保持了坚定的信心。

简而言之，尽管存在当前的危机，但上诉机构的繁重工作在未来仍将继续。很多人都知道，现任三名上诉机构成员中有两位的任期将于 2019 年12 月 10 日届满。如果不弥补这些空缺，上诉机构将无法正常工作。这可能会使整个争端解决机制瘫痪，因为一旦成员就专家组报告向因成员数量不足、无法开展工作的上诉机构提起上诉，那么该案将悬而不决导致其无法完成审理、进入执行阶段。或者，正如有些人所说的，这将导致争端解决机制回到旧的《关税与贸易总协定》时代，即只有当争端当事方都认可专家组报告时，专家组报告才能被通过。在目前《争端解决谅解》制度下，如果任何成员在上述日期之后选择对专家组报告提起上诉，而在 2019 年 12 月之前无法突破目前的僵局，那么该案件的争议解决程序将被无限期中止。

这不仅仅只是一个警示。

幸运的是，WTO 成员正积极、认真地寻求解决这一僵局的方案。在过去的一年中，各成员及有关成员集团向争端解决机构和总理事会提出了若干提案。正如争端解决机构主席苏纳塔·康瓦库奇（Sunanta Kangvalkulkij）大使所指出的，WTO 成员在 2018 年争端解决机构和总理事会的正式和非正式会议上讨论了关于上诉机构运作的一些实体性和程序性问题。① 此外，自 2019 年 1 月起，在总理事会的主持下，新西兰大使大卫·沃克以协调人的身份，一直在协助总理事会主席领导一个关于集中讨论上诉机构问题的非正式进程。毋庸置疑，解决与上诉机构有关的问题需要 WTO 所有成员的政治承诺。正如多边谈判中的名言所说，"有志者，事

---

① 讨论的内容包含在以下 WTO 文件中：WT/DSB/M/407；WT/DSB/M/409；WT/DSB/M/410；WT/DSB/M/412；WT/DSB/M/413；WT/DSB/M/414；WT/DSB/M/415；WT/DSB/M/417；WT/GC/W/752／R ev. 2；WT/GC/W/753；WT/GC/W/754／R ev. 2；JOB/DSB/2 和 WT/DSB/M/415。

竟成"。我不认为有关上诉机构的技术问题是无法解决的。事实上，我相信当前的进程将有益于成员之间的相互理解、缩小分歧，最终达成一致以打破僵局。

考虑到当前成员的讨论仍处于早期阶段，且作为上诉机构主席，我今天不会就正在讨论的问题进行详细阐述。上诉机构相信决定 WTO 争端解决机制的未来是 WTO 成员的权利和义务。上诉机构将一如既往协助所有成员解决其就涵盖协定所产生的争议。我们非常清楚我们的职责和责任，我们将根据《争端解决谅解》中设定的规则，在授权的范围内忠实和公正地履行这些职责和责任。

在讨论了 2018 年上诉机构的发展之后，我将借此机会从更为广泛的视角来谈一谈国际争端裁决历史，以便为各代表团、学术界和公众提供一些考虑如何解决目前 WTO 争端解决机制危机的背景。

第一，从战争到和平解决争端：人类文明进步的里程碑。

英国哲学家弗朗西斯·培根说："读史使人明智"。①

历史表明，很长一段时间以来，通过战争和武装冲突解决国家间的争议的情况绝非罕见。为此，19 世纪和 20 世纪初的一些国际法学者认为，国际法"仅仅存在或主要存在于使战争成为更符合人性和绅士礼仪的职业"。②1625 年雨果·格老秀斯（Hugo Grotius）所著对早期国际公法影响深远的著作《战争与和平法》(de Jure Belli ac Pacis）包括了若干如何处理战争中的国家关系的章节。同时，通过第三方调解、和解和仲裁等和平与文明的方式解决争端已经被人类尝试和实践了数个世纪。在欧洲，在希腊城邦和罗马帝国内的邦国间实践的仲裁，被雨果·格老秀斯教授和德·瓦特尔教授倡导为民族国家之间解决争端的有效而和平的途径。作为当时著名的国际法理论家之一，德·瓦特尔教授认为仲裁是"解决国家间纠纷实用、合理和道德的手段"。③

纵观人类历史，无论在东方还是西方世界，许多国家经历了漫长的岁月才接受并遵从于一套旨在结束战争和维护和平的规则。公元前 2100 年

---

① [英]弗朗西斯·培根："读史使人明智，读诗使人灵秀，数学使人周密，科学使人深刻，伦理学使人庄重，逻辑修辞之学使人善辩"《弗朗西斯·培根作品集》。

② 布瑞利教授不同意那些持这种观点的人的观点，认为这是"两种可能的对国际法的普遍误解"之一。见《布瑞利国际法：国际法在国际关系中的作用导论》，牛津大学出版社 2012 年版，第一版前言。

③ [澳大利亚]艾伦：《国际裁决世纪：法治及其限度》，阿瑟出版社 2000 年版，第 14 页。

左右，古美索不达米亚的拉加斯和乌玛统治者之间缔结的庄严的条约是最早证明这种努力的文献。① 经过三年的谈判，1648 年《威斯特伐利亚和平条约》的缔约方承诺通过"友好协商"或"法律讨论"及和平解决争端等一系列规则和原则，承认平等国家间的主权、不干涉、宗教宽容和和平解决争端，从而结束了欧洲长达三十年的战争。这不仅标志着现代国际法的诞生，也标志着基于公认的共同价值和国际公法的基本原则，和平解决国际争端进入了一个崭新的时代。

从今天的全球视角看，这些只是区域性的和平框架。七十多年前，第二次世界大战结束后，一个旨在维护持久和平与安全的多边框架是以数千万人的牺牲为代价建立的。今天，基于这一框架，我们见证了数百项多边条约和无以计数的国际法律文件在各个领域的繁盛。国际法已成为当前国际秩序的重要支柱。维护和平与繁荣已成为国际法在所有领域的最终目标和宗旨。

人类文明所取得的物质成就是有形易见的，但无形的制度文明成就，虽更为珍贵，却常被忽视。

七十多年后，国际争端解决似乎走到了十字路口，现在是决定下一步如何行动了。

第二，从仲裁走向国际司法裁决：国际争端裁决的演进。

随着文明的进步，和平解决争端的方式和方法不断拓展。除双边磋商外，斡旋、第三方调解和调停都是和平解决国家间争端的可行手段。值得注意的是，国际司法裁决作为解决冲突的一种重要手段的兴起，已成为人类历史上和平解决争端的重大成就。

学术研究表明，国际司法裁决的兴起与 19 世纪末至 20 世纪上半叶的和平运动密切相关。②

1922 年成立的国际常设法院（PICJ）于 1946 年转变为国际法院（ICJ），代表着国际法院的自愿管辖权。冷战结束后存在着六个常设国际司法机构，③ 包括具有非强制性争端解决机制的《关税与贸易总协定》（GATT）和在区域基础上有效运作的欧洲法院。根据 2014 年的《牛津国际裁决手册》，目前至少有二十个常设国际法院（ICs），累计发布了成千上万个法律

---

① ［英］马尔科姆 N. 肖：《国际法》，剑桥大学出版社 2017 年版，第 10 页。
② 1889 年的世界和平大会、"通过法律实现和平的运动"等都有助于从仲裁走向国际司法裁决。
③ 欧洲法院代表了一个积极有效的国际法院。

判决。上述裁决中超过 90% 是在柏林墙倒塌后发布的。[1]国际裁决在当今的强大影响不仅仅体现在数字上。尽管最初国际裁决机构的管辖权主要是基于自愿管辖权，现在已显出转向强制管辖的明显倾向，甚至在某些情况下，非国家当事方也可以成为国际裁决机制的当事方。

总的来说，具有强制管辖权的国际裁决机构的兴起，将国家间和平解决争端的机制化提升到了一个新的水平。

第三，重估 WTO 上诉机构的独特价值。

在二十多个国际争端裁决机构中，WTO 上诉机构是极少数在多边基础上积极有效运作的上诉机制之一。[2]

WTO 上诉机构是伴随着关贸总协定多边争端解决被赋予强制管辖权和《争端解决谅解》建立反向一致规则而得以设立的。赋予 WTO 成员上诉权是一种折中和妥协，是确保 WTO 成员接受这一规则变化的制度和机制平衡。由所有成员遴选七个在国际贸易领域具有公认权威的成员组成一个常设机构，他们有固定的任职期限，代表着世界不同的区域。所设定的遴选程序旨在确保上诉机构组成的民主和合法性。通过随机轮换的方式，这七个成员有平等的机会组成一个由三名成员组成的上诉庭，对专家组报告中提出上诉的法律问题进行最后审查。

如果说，一国国内司法体制中多级法院审理的制度体现了对一国公民享有的司法公正的保障，那么，上诉机制就代表了 WTO 成员在争端解决机制中可以享有更多的正义和公平。对专家组报告提出上诉的权利是自乌拉圭回合以来被纳入多边贸易体系的 WTO 成员的基本权利。该制度已解决的众多案件数量和非常高的执行率等指标展现了其运作的有效性。

如上所述，应该强调的是上诉机构从未声称其自身是完美的。相反，上诉机构成员不断认识到其有必要在争端裁决和内部管理方面进行积极改进。上诉机构成员愿意听取 WTO 成员的关切，并对 WTO 成员的关切作出建设性回应。上诉机构感谢 WTO 成员对上诉机构长期案件积压而其机构资源有限的理解。为回应对冗长和复杂报告的关切，上诉机构在过去三年的每一份报告结尾处简要概述了其裁决结果，并且与前几年相比，大大缩短了报告的篇幅。上诉机构已做好进一步改进的准备，并始终决心尽其最大能力为成员提供高质量的裁决服务。这项承诺从未改变，也不会改变。

---

[1]　《牛津国际裁决手册》，牛津大学出版社，2014 年版，第 54 页。
[2]　见《牛津国际裁决手册》研究，牛津大学出版社 2014 年版。

作为结语，我想强调的是，WTO 争端解决机制正处于历史的关键节点。

国际争端裁决机制的建立旨在服务于维护世界和平，对这一机制的弱化将会加剧风险并威胁到所有人的利益。

因此，现在到了 WTO 成员采取决定性行动并指引其争端解决机制未来的时刻。

感谢诸位的聆听。

附件四

WTO 上诉机构任职成员

报告于 2019—2020 年发布
简历介绍

乌贾尔·辛格·巴提亚（印度）（任职时间 2011—2019 年）

乌贾尔·辛格·巴提亚于 1950 年 4 月 15 日出生于印度。他于 2004 年至 2010 年担任印度驻 WTO 大使兼常驻代表，代表印度处理了许多争端解决案件，2007 年至 2008 年担任 WTO 争端解决专家组成员。

巴提亚先生曾在印度政府和奥里萨州担任高级职位，涉及发展管理和决策的各种行政事务。他拥有三十年以上的法律和裁决经验，涉及国内和国际法律／法理问题，以及双边、区域和多边贸易协定的谈判。

巴提亚先生经常就国际贸易议题进行演讲，发表了一系列以贸易和经济为主题的论文。他拥有曼彻斯特大学和德里大学的经济学硕士学位，以及德里大学的经济学学士学位（荣誉）。

托马斯·R.格雷厄姆（美国）（任职时间 2011—2019 年）

托马斯·R.格雷厄姆是金和斯伯丁（King & Spalding）律师事务所的国际贸易业务前任负责人，是世达国际律师事务所（Skadden, Arps, Slate, Meagher & Flom）的国际贸易业务的创始人。他是第一批在世界各国贸易救济案件中代表被调查方的美国律师之一，也是第一批将经济学家、会计师和其他非律师专业人士带入私人律师事务所国际贸易业务的律师。

在从事私人律师事务所之前，格雷厄姆先生曾在美国贸易代表办公室担任副总法律顾问。在职业生涯早期，曾担任日内瓦的联合国法律官员，法学访问教授以及福特汽车公司（委内瑞拉、加拉加斯）的总裁助理。

格雷厄姆先生是美国国际法协会国际经济法委员会的创始主席，曾担任美国律师协会出口分会的主席，现任乔治敦法学院的兼职教授，以及布鲁金斯学会的客座专家。他曾主编有关国际贸易政策、国际贸易与环境的书籍，撰写了有关国际贸易法和政策的文章和专著。他还与他的女儿共同撰写了《开放：比尔·加勒特的未知故事与大学篮球的融合》(Simon & Schuster, Atria Books，2006；印第安纳大学出版社，2008 年版)。

格雷厄姆先生获得印第安纳大学学士学位和哈佛大学法学院法学博士学位。

什里·巴布·切基坦·斯旺森（毛里求斯）（任职时间 2014—2018 年）

什里·巴布·切基坦·斯旺森于 1955 年 4 月 22 日出生于毛里求斯，在毛里求斯公职系统久负盛誉。2004 年至 2012 年，斯旺森先生担任毛里求斯驻日内瓦联合国办事处及其他国际组织（包括 WTO）的大使兼常驻代表。他在担任常驻代表期间，在 WTO 的多个委员会任职，并担任过贸易与环境、贸易与发展委员会的主席。他还主持了小型经济体工作方案、贸易援助专门会议以及非洲集团的工作，并担任非洲加勒比太平洋（ACP）集团的协调员。

斯旺森先生曾在位于毛里求斯、印度和比利时的毛里求斯外交部担任多种职位。在毛里求斯驻比利时大使馆任职期间，他积极参与促成了《科托努协定》的非加太—欧盟谈判，随后又参与了《经济伙伴协定》(EPA）谈判。斯旺森先生还曾担任毛里求斯总理在非洲发展新伙伴关系（NEPAD）指导委员会上的私人代表，以这一身份参与了非洲旗舰发展框架的战略制定。

公职系统任职结束后，2012 年至 2014 年，斯旺森先生于在布鲁塞尔担任非加太—欧盟（ACP-EU）技术贸易壁垒计划的负责人。在此职位上，他通过促进非加太国家的能力建设增强他们的出口竞争力，并改善其基础设施的质量以符合技术规定。

斯旺森先生在贸易政策、贸易谈判和多边贸易体系领域拥有超过三十年的经验，经常就国际贸易问题发表演讲，并在毛里求斯和国外杂志上发表了许多与贸易有关的论文和文章。

斯旺森先生拥有萨塞克斯大学的硕士学位、澳大利亚国立大学外交与国际贸易硕士学位以及毛里求斯大学学士学位（荣誉）。

彼得·范登·博舍（比利时）（任职时间 2009—2017 年）

彼得·范登·博舍是瑞士伯尔尼大学世界贸易研究院教务长和法学院

国际经济法教授，自 2018 年以来一直担任国际经济法学会主席。2009 年到 2019 年，他担任 WTO 上诉机构的成员，并在 2015 年担任上诉机构主席。他是荷兰马斯特里赫特大学的名誉教授，以及比利时布鲁日欧洲学院、厄瓜多尔旧金山基多大学和意大利罗马的路易斯·吉多·卡里大学的客座教授。他是《国际经济法杂志》《世界投资与贸易杂志》《拉丁美洲国际商业评论》顾问委员会成员以及 WTO 教席计划成员。

范登·博舍博士获得密歇根大学安娜堡分校的法学硕士学位（1986 年）、佛罗伦萨欧洲大学学院法学博士学位（1990 年）。他以优异的成绩从安特卫普大学法律系毕业（1982 年）。范登·博舍博士在欧洲共同体法院（卢森堡）担任沃尔特·范·格文（W. Van Gerven）总检察长的助手（1990—1992 年），之后加入马斯特里赫特大学法学院。1997 年到 2001 年，范登·博舍博士担任上诉机构顾问。2001 年，他担任上诉机构秘书处的执行司长，之后回到马斯特里赫特大学担任国际经济法教授。2005 年到 2009 年，他担任马斯特里赫特大学国际法和欧洲法系主任。

范登·博舍博士曾担任了许多国家行政机关、国际组织、非政府组织和律师事务所的国际经济法议题的顾问。他经常举办能力提升和咨询活动，在超过 35 个国家举办了国际经济法讲座，并在 10 所大学中担任客座教授。范登·博舍博士于 2010 年担任佛罗伦萨欧洲大学学院的费尔南·布罗代尔（Fernand Braudel）高级研究员，并于 2014 年担任墨尔本大学法学院高级研究员。

范登·博舍博士著有《世界贸易组织的法律和政策》（第三版，与沃纳·泽多克合著）和《WTO 法律精要》（与丹尼斯·普雷沃斯合著）。

赵宏（中国）（任职时间 2016—2020 年）

赵宏女士毕业于北京大学法学院，先后获得北京大学法学学士、硕士、博士学位。目前，她担任包括北京大学、复旦大学和对外经济贸易大学在内的几所大学的教授。她还是深圳国际仲裁法院的理事会成员。此前，她曾为中国对外贸易经济合作部（后为商务部）条约法律司任职。之后，她在商务部国际贸易谈判代表办公室担任贸易谈判助理代表，并在中国商务部反垄断局任副局长。随后，她担任中国驻 WTO 代表团法律事务公使衔参赞，在此期间，她担任 WTO 中 TIRMS 委员会主席。随后，赵女士担任商务部世界贸易组织司谈判专员，参与了许多重要的国际贸易谈判，包括《贸易便利化协定》谈判、《信息技术协定》扩围谈判以及《中澳自由贸易协定》

谈判等。

　　赵女士帮助制定了 1990 年以来中国在经济贸易领域通过的许多重要立法，在中国的司法体系领域具有丰富的经验，1999 年至 2004 年期间担任北京第二中级法院经济法庭的陪审员。同时，她在中国的多所大学为法律专业的学生提供有关国际经济法、WTO 法和知识产权（IPR）的指导。

＊　＊　＊

上诉机构秘书处主任

沃纳·泽多克（奥地利）

　　沃纳·泽多克自 2006 年以来一直是 WTO 上诉机构秘书处的负责人，他获得了奥地利格拉茨大学的法律学位，随后获得密歇根法学院的法学硕士学位和瑞士圣加仑大学的博士学位。泽多克博士于 1995 年加入 WTO 法律事务司，为许多争端解决专家组提供咨询服务，并在许多发展中国家致力于进行技术合作工作。2001 年，他成为上诉机构秘书处的法律顾问，2008—2009 年，他担任 WTO 总干事联合咨询委员会主席。他是维也纳经济大学、瑞士圣加仑大学、苏黎世大学、伯尔尼大学、巴塞罗那大学、首尔大学、复旦大学和日内瓦研究院的国际贸易法主讲教师和客座教授。1987年到 1989 年，他曾为奥地利和拉丁美洲的政府和非政府发展援助组织工作。泽多克博士撰写了有关国际经济法的各种出版物，是国际法协会贸易法委员会的成员。

附件五

WTO 上诉机构前成员和主席

I. 上诉机构前成员

姓　　名	国　籍	工作时间
赛德·埃尔-纳贾尔	埃及	1995—2000 年
松下三雄	日本	1995—2000 年
克里斯托弗·毕比	新西兰	1995—1999 年 1999—2000 年
克劳斯-迪特尔·艾乐曼	德国	1995—1997 年 1997—2001 年
弗洛伦蒂诺·费利西亚诺	菲律宾	1995—1997 年 1997—2001 年
朱利奥·拉卡特·穆罗	乌拉圭	1995—1997 年 1997—2001 年
詹姆斯·巴克斯	美国	1995—1999 年 1999—2003 年
约翰·洛克哈特	澳大利亚	2001—2005 年 2005—2006 年
谷口安平	日本	2000—2003 年 2003—2007 年
梅里特·E.贾瑙	美国	2003—2007 年
阿鲁姆加门加拉姆·文卡塔察拉姆·加内森	印度	2000—2004 年 2004—2008 年
乔治·米歇尔·阿比萨博	埃及	2000—2004 年 2004—2008 年
路易斯·奥拉瓦·巴普蒂斯塔	巴西	2001—2005 年 2005—2009 年

（续表）

姓　　名	国　籍	工作时间
乔治·萨切尔多蒂	意大利	2001—2005 年 2005—2009 年
珍妮弗·希尔曼	美国	2007—2011 年
莉莉亚·鲍蒂斯塔	菲律宾	2007—2011 年
大岛祥太郎	日本	2008—2012 年
大卫·安德浩特	南非	2006—2009 年 2009—2013 年
张月姣	中国	2008—2012 年 2012—2016 年
张胜和	韩国	2012—2016 年
金铉宗	韩国	2016—2017 年
里卡多·拉米雷斯·赫尔南德斯	墨西哥	2009—2013 年 2013—2017 年
彼得·范登·博舍	比利时	2009—2013 年 2013—2017 年
什里·巴布·切基坦·斯旺森	毛里求斯	2014—2018 年
乌贾尔·辛格·巴蒂亚	印度	2011—2015 年 2015—2019 年
托马斯·格雷厄姆	美国	2011—2015 年 2015—2019 年

II. 上诉机构前主席

姓　　名	国　籍	担任主席时间
朱利奥·拉卡特·穆罗	乌拉圭	1996 年 2 月 7 日—1997 年 2 月 6 日 1997 年 2 月 7 日—1998 年 2 月 6 日
克里斯托弗·毕比	新西兰	1998 年 2 月 7 日—1999 年 2 月 6 日
赛德·埃尔—纳贾尔	埃及	1999 年 2 月 7 日—2000 年 2 月 6 日
弗洛伦蒂诺·费利西亚诺	菲律宾	2000 年 2 月 7 日—2001 年 2 月 6 日
克劳斯—迪特尔·艾乐曼	德国	2001 年 2 月 7 日—2001 年 12 月 10 日
詹姆斯·巴克斯	美国	2001 年 12 月 15 日—2002 年 12 月 14 日 2002 年 12 月 15 日—2003 年 12 月 10 日
乔治·阿比·萨博	埃及	2003 年 12 月 13 日—2004 年 12 月 12 日
谷口安平	日本	2004 年 12 月 17 日—2005 年 12 月 16 日
阿鲁姆加门加拉姆·文卡塔察拉姆·加内森	印度	2005 年 12 月 17 日—2006 年 12 月 16 日
乔治·萨切尔多蒂	意大利	2006 年 12 月 17 日—2007 年 12 月 16 日
路易斯·奥拉瓦·巴普蒂斯塔	巴西	2007 年 12 月 17 日—2008 年 12 月 16 日
大卫·安德浩特	南非	2008 年 12 月 18 日—2009 年 12 月 11 日 2009 年 12 月 12 日—2010 年 12 月 16 日
莉莉亚·鲍蒂斯塔	菲律宾	2010 年 12 月 17 日—2011 年 6 月 14 日
珍妮弗·希尔曼	美国	2011 年 6 月 15 日—2011 年 12 月 10 日
张月姣	中国	2011 年 12 月 11 日—2012 年 5 月 31 日 2012 年 6 月 1 日—2012 年 12 月 31 日
里卡多·拉米雷斯·赫尔南德斯	墨西哥	2013 年 1 月 1 日—2013 年 12 月 31 日 2014 年 1 月 1 日—2014 年 12 月 31 日
彼得·范登·博舍	比利时	2015 年 1 月 1 日—2015 年 12 月 31 日
托马斯·格雷厄姆	美国	2016 年 1 月 1 日—2016 年 12 月 31 日 2019 年 7 月 1 日—2019 年 11 月 30 日
乌贾尔·辛格·巴蒂亚	印度	2017 年 1 月 1 日—2017 年 12 月 31 日 2018 年 1 月 1 日—2018 年 12 月 31 日
赵宏	中国	2019 年 1 月 1 日—2019 年 6 月 30 日 2019 年 12 月 1 日—2020 年 11 月 30 日 *

　　* 根据《上诉审查工作程序》（WT/DSB/78）第 5.1 条，赵宏女士当选为上诉机构主席，任期自 2019 年 12 月 1 日起至 2020 年 11 月 30 日止。

附件六

上诉案件总数：1995 年至 2020 年上半年[*]

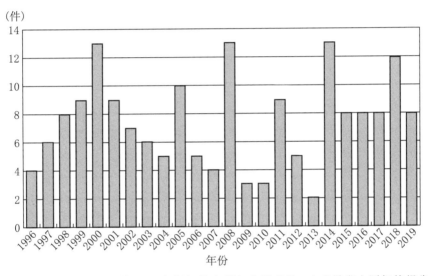

* 在上诉机构成立的 1995 年期间没有提起上诉案件，也未散发上诉机构报告。
2020 年上半年没有提起上诉案件。

申诉人数：1995 年至 2020 年上半年

年份	上诉通知（份）	原始程序中的上诉通知（人）	第 21.5 条诉讼程序中的上诉通知（人）
1995	0	0	0
1996	4	4	0
1997	6[①]	6	0
1998	8	8	0
1999	9[②]	9	0
2000	13[③]	11	2
2001	9[④]	5	4

（续表）

年份	上诉通知（份）	原始程序中的上诉通知（人）	第 21.5 条诉讼程序中的上诉通知（人）
2002	7⑤	6	1
2003	6⑥	5	1
2004	5	5	0
2005	13	11	2
2006	5	3	2
2007	4	2	2
2008	11⑦	8	3
2009	3	1	2
2010	3	3	0
2011	9	9	0
2012	5	5	0
2013	2	2	0
2014	13	11	2
2015	8⑧	6	2
2016	8	7	1
2017	8	6	2
2018	12	10	2
2019	8⑨	4	4
2020 年上半年	0	0	0
总计	178	147	32

① 该编号包括在相关事项中同时提交的两份上诉通知书，分别计算：欧共体—荷尔蒙案（加拿大）和欧共体—荷尔蒙案（美国）。与这些上诉相关联的一份上诉机构报告已经散发。

② 该编号不包括美国撤回的一份上诉通知书，美国随后针对同一专家组报告（美国—外国销售公司案）提交了另一份上诉通知书。

③ 该编号包括在相关事项中同时提交的两份上诉通知书，分别计算：美国—1916 年法案（欧共体）和美国—1916 年法案（日本）。与这些上诉相关联的一份上诉机构报告已经散发。

④ 该编号不包括美国撤回的一份上诉通知书，美国随后针对同一专家组报告提交了另一份上诉通知书：美国—管道案。

⑤ 该编号包括一份随后撤回的上诉通知书：印度—汽车案；并排除了欧洲共同体撤回的一份上诉通知书，欧洲共同体随后针对同一专家组报告提交了另一份上诉通知书：欧共体—沙丁鱼案。

⑥ 该编号不包括美国撤回的一份上诉通知书，美国随后针对同一专家组报告提交了另一份上诉通知书：美国—软木 IV 案。

⑦ 该编号包括在相关事项中同时提交的两份上诉通知书，分别计算：美国—虾案（泰国）和美国—海关债券指令案。

⑧ 该编号包括分别在相关事项中同时提交的两份上诉通知书，分别计算：中国—高性能不锈钢无缝钢管案（日本）和中国—对欧盟高性能不锈钢无缝钢管征收反倾销税的措施案（"高性能不锈钢无缝钢管"）。

⑨ 该编号包括美国的专家组报告—碳钢案（印度）(第 21.5 条—印度），美国已通知其上诉决定，但没有提出上诉通知书或上诉方陈述书，因为无法成立上诉机构分庭来审理此上诉案件（WT / DS436 / 22）。

附件七

按散发年度统计的专家组报告①上诉百分比②：1996 年至 2019 年③

年份	所有的专家组报告			第 21.5 条报告以外的专家组报告			第 21.5 条专家组报告④		
	已散发专家组报告（份）	已上诉专家组报告（份）	上诉百分比⑤	已散发专家组报告（份）	已上诉专家组报告（份）	上诉百分比⑤	已散发专家组报告（份）	已上诉专家组报告（份）	上诉百分比⑤
1996	9	6	67%	9	6	67%	0	0	—
1997	7	6	86%	7	6	86%	0	0	—
1998	16	11	69%	16	11	69%	0	0	—
1999	18	11	61%	16	11	69%	2	0	0%
2000	26	15	58%	22	13	59%	4	2	50%
2001	14	11	79%	9	6	67%	5	5	100%
2002	14	10	71%	12	8	67%	2	2	100%
2003	16	13	81%	16	12	75%	0	1	100%
2004	11	5	45%	11	5	45%	0	0	—
2005	18	13	72%	13	11	85%	5	2	40%
2006	9	5	56%	6	3	50%	3	2	67%
2007	10	4	40%	7	2	29%	3	2	67%
2008	13	13	100%	10	10	100%	3	3	100%
2009	4	3	75%	3	1	33%	1	2	100%⑥
2010	11	3	27%	11	3	27%	0	0	—
2011	14	9	64%	14	9	64%	0	0	—

（续表）

年份	所有的专家组报告			第 21.5 条报告以外的专家组报告			第 21.5 条专家组报告④		
	已散发专家组报告（份）	已上诉专家组报告（份）	上诉百分比⑤	已散发专家组报告（份）	已上诉专家组报告（份）	上诉百分比⑤	已散发专家组报告（份）	已上诉专家组报告（份）	上诉百分比⑤
2012	10	5	50%	10	5	50%	0	0	—
2013	5	2	40%	4	2	50%	1	0	0%
2014	15	13	87%	13	11	85%	2	2	100%
2015	9	8	89%	6	6	100%	3	2	67%
2016	12	8	67%	11	7	64%	1	1	100%
2017	13	11	85%	11	9	82%	2	2	100%
2018	18	12	67%	14	10	71%	4	2	50%
2019	14	8⑦	57%	11	4	36%	3	4	100%⑥
Total 总计	306	203	66%	262	171	65%	44	32	73%

① 为了便于比较，即使专家组针对多个申诉发布了一份报告，每个 DS 编号也被视为对应一个单独的报告。唯一例外是：(i) 1999 年散发的专家组报告总数，其中包括欧共体—香蕉案 III（第 21.5 条—欧共体）和欧共体—香蕉案 III（第 21.5 条—厄瓜多尔）中的专家组报告作为两个单独的报告；(ii) 2008 年散发的专家组报告总数，将欧共体—香蕉案 III（第 21.5—厄瓜多尔 II）和欧共体—香蕉案 III（第 21.5—美国）中的专家组报告算作两个独立的报告。

② 该表中的数字与专家组报告分发的年份相对应，即使在不同年份对专家组报告提出上诉的情况下也是如此。

③ 1995 年没有散发专家组报告，在 2020 年上半年没有提出上诉。因此，出于统计目的，这两个时期均被排除在外。

④ 根据《争端解决谅解》第 21.5 条的规定，在通过先前的专家组或上诉机构报告后，争端解决机构可能会成立专家组，以听取"关于未遵守建议和裁决所采取的措施或此类措施是否与协定相一致的问题上存在分歧"。

⑤ 百分比四舍五入到最接近的整数。

⑥ 2002 年发布的欧共体—床单案（第 21.5 条—印度）中的专家组报告于 2003 年提出上诉。2008 年发布的美国—归零案（欧共体）的专家组报告（21.5—欧共体）于 2009 年提起上诉。2018 年发布的泰国—香烟案（菲律宾）（第 21.5 条—菲律宾）专家组报告于 2019 年提起上诉。

⑦ 该编号包括美国—碳钢案（印度）（第 21.5 条—印度）的专家组报告，美国已通知其上诉决定，但由于未将其分案，因此未提交上诉通知或上诉方的陈述，因为无法建立上诉机构的分庭来审理这一上诉（WT / DS436 / 22）。

附件八

散发的上诉机构报告中涉及的 WTO 协定：
1996 年至 2020 年上半年*

单位：份

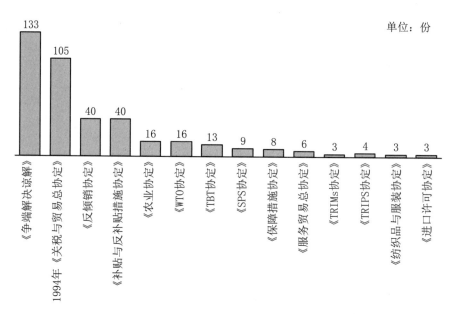

* 在上诉机构成立的 1995 年，没有提起上诉，也没有上诉机构报告散发。

散发的上诉机构报告中涉及的 WTO 协定：从 1996 年至 2020 年上半年

单位：份

散发年份	《争端解决谅解》	《WTO协定》	1994年《关税与贸易总协定》	《农业协定》	《SPS协定》	《纺织品与服装协定》	《TBT协定》	《TRIMs协定》	《反倾销协定》	《进口许可协定》	《补贴与反补贴措施协定》	《保障措施协定》	《服务贸易总协定》	《TRIPS协定》
1996	0	0	2	0	0	0	0	0	0	0	0	0	0	0
1997	4	1	5	1	0	2	0	0	0	1	1	0	1	1
1998	7	1	4	1	2	0	0	0	1	1	0	0	0	0
1999	7	1	6	1	1	0	0	0	0	0	2	1	0	0
2000	8	1	7	2	0	0	0	0	2	0	5	2	1	1
2001	7	1	3	1	0	1	1	0	4	0	1	2	0	0
2002	8	2	4	3	0	0	1	0	1	0	3	1	1	1
2003	4	2	3	0	1	0	0	0	4	0	1	1	0	0
2004	2	0	5	0	0	0	0	0	2	0	1	0	0	0
2005	9	0	5	2	0	0	0	0	2	0	4	0	1	0
2006	5	0	3	0	0	0	0	0	3	0	2	0	0	0

（续表）

散发年份	《争端解决谅解》	《WTO协定》	1994年《关税与贸易总协定》	《农业协定》	《SPS协定》	《纺织品与服装协定》	《TBT协定》	《TRIMs协定》	《反倾销协定》	《进口许可协定》	《补贴与反补贴措施协定》	《保障措施协定》	《服务贸易总协定》	《TRIPS协定》
2007	5	0	2	1	0	0	0	0	2	0	1	0	0	0
2008	8	1	9	1	2	0	0	0	3	0	3	0	0	0
2009	3	0	4	0	0	0	0	0	3	0	0	0	1	0
2010	1	0	0	0	1	0	0	0	0	0	0	0	0	0
2011	7	1	6	0	0	0	0	0	1	0	2	0	0	0
2012	9	0	7	0	0	0	4	0	1	0	2	0	0	0
2013	0	0	2	0	0	0	0	2	0	0	2	0	0	0
2014	6	4	7	0	0	0	2	0	0	0	3	0	0	0
2015	7	0	7	1	0	0	2	1	3	1	0	0	0	0
2016	6	1	6	0	0	0	0	0	2	0	1	0	1	0
2017	6	0	2	2	1	0	0	1	2	0	1	0	0	0
2018	6	0	6	0	0	0	1	0	1	0	3	1	0	0
2019	6	0	0	0	1	0	0	0	2	0	2	0	0	0
2020	3	0	0	0	0	0	2	0	0	0	1	0	0	1
总计	133	16	105	16	9	3	13	3	39	3	41	8	6	4

附件九

上诉中的诉讼方和第三方：1996 年至 2020 年上半年[*]

下图显示了从 1996 年至 2020 年上半年散发的上诉方报告中，作为上诉方、其他上诉方、被诉方和第三参加上诉方出庭的发达国家成员与其他非发达国家成员的比率。

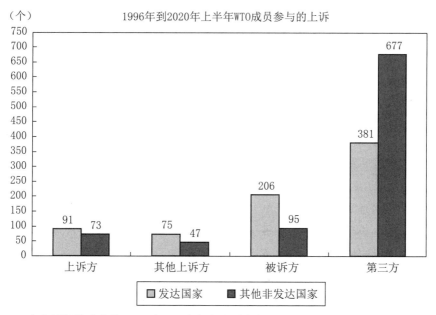

1996年到2020年上半年WTO成员参与的上诉

* 在上诉机构成立的 1995 年，没有提起上诉案件，也没有散发上诉机构报告。

I. 统计摘要

单位：次

WTO 成员	上诉方	其他上诉方	被诉方	第三方	总　计
安提瓜和巴布达	0	1	1	0	2
阿根廷	3	5	8	25	41
澳大利亚	2	2	7	56	67
巴林王国	0	0	0	1	1
巴巴多斯	0	0	0	1	1
伯利兹	0	0	0	4	4
贝宁	0	0	0	1	1
玻利维亚多民族国	0	0	0	1	1
巴西	6	7	12	52	77
喀麦隆	0	0	0	3	3
加拿大	14	10	24	46	94
乍得	0	0	0	2	2
智利	3	0	2	14	19
中国	16	6	12	68	102
哥伦比亚	1	0	0	25	26
哥斯达黎加	1	0	0	3	4
科特迪瓦	0	0	0	4	4
古巴	0	0	0	5	5
多米尼加	0	0	0	4	4
多明尼加共和国	2	0	1	4	7
厄瓜多尔	0	2	2	22	26
埃及	0	0	0	3	3
萨尔瓦多	0	0	0	6	6
埃斯瓦蒂（斯威士兰）	0	0	0	1	1
欧洲联盟（欧洲共同体）	25	24	56	85	190
斐济	0	0	0	1	1

（续表）

WTO 成员	上诉方	其他上诉方	被诉方	第三方	总　计
加纳	0	0	0	2	2
格林纳达	0	0	0	1	1
危地马拉	1	2	2	16	21
圭亚那	0	0	0	1	1
洪都拉斯	1	2	2	6	11
中国香港	0	0	0	8	8
冰岛	0	0	0	2	2
印度	9	2	8	56	75
印度尼西亚	4	1	2	7	14
以色列	0	0	0	2	2
牙买加	0	0	0	5	5
日本	8	8	18	82	116
肯尼亚	0	0	0	1	1
韩国	4	6	9	51	70
科威特	0	0	0	1	1
马达加斯加	0	0	0	1	1
马拉维	0	0	0	2	2
马来西亚	1	0	1	2	4
毛里求斯	0	0	0	2	2
墨西哥	6	6	9	39	60
摩洛哥	1	0	0	0	1
纳米西亚	0	0	0	1	1
新西兰	0	3	8	17	28
尼加拉瓜	0	0	0	5	5
奈及利亚	0	0	0	2	2
挪威	2	1	3	40	46
阿曼	0	0	0	5	5
巴基斯坦	0	1	3	3	7

（续表）

WTO 成员	上诉方	其他上诉方	被诉方	第三方	总　计
巴拿马	1	0	2	4	7
巴拉圭	0	0	0	7	7
秘鲁	1	1	1	8	11
菲律宾	3	0	3	3	9
波兰	0	0	1	0	1
俄罗斯联邦	2	1	4	19	26
圣基茨和尼维斯	0	0	0	1	1
圣卢西亚	0	0	0	4	4
圣文森特和格林纳丁斯	0	0	0	3	3
沙特阿拉伯王国	0	0	0	19	19
塞内加尔	0	0	0	1	1
新加坡	0	0	0	7	7
南非	0	0	0	3	3
苏里南	0	0	0	3	3
瑞士	0	1	1	1	3
中国台北	0	1	1	47	49
坦桑尼亚	0	0	0	1	1
泰国	3	2	5	24	34
特立尼达和多巴哥	0	0	0	2	2
土耳其	1	0	1	25	27
乌克兰	2	0	1	5	8
美国	40	26	89	54	209
乌拉圭	0	0	0	1	1
委内瑞拉玻利瓦尔共和国	0	0	1	6	7
越南	1	1	1	11	14
赞比亚	0	0	0	1	1
津巴布韦	0	0	0	1	1
总计	164	122	301	1058	1645

II. 散发年份的详细信息

1996 年

案　件	上诉方	其他上诉方	被诉方	第三方
美国—汽油案 WT/DS2/AB/R	美国	—	巴西 委内瑞拉玻利 瓦尔共和国	欧洲共同体 挪威
日本—酒精饮料案 II WT/DS8/AB/R， WT/DS10/AB/R， WT/DS11/AB/R	日本	美国	加拿大 欧洲共同体 日本 美国	—

1997 年

案　件	上诉方	其他上诉方	被诉方	第三方
美国—内衣案 WT/DS24/AB/R	哥斯达 黎加	—	美国	印度
巴西—脱水椰子案 WT/DS22/AB/R	菲律宾	巴西	巴西 菲律宾	欧洲共同体 美国
美国—羊毛衬衫和衬衫案 WT/DS33/AB/R and WT/ DS33/AB/R/Corr.1	印度	—	美国	—
加拿大—期刊案 WT/DS31/AB/R	加拿大	美国	加拿大 美国	—
欧共体—香蕉案 III WT/DS27/AB/R	欧洲共 同体	厄瓜多尔 危地马拉 洪都拉斯 墨西哥 美国	厄瓜多尔 欧洲共同体 厄瓜多尔 厄瓜多尔 墨西哥 美国	伯利兹 喀麦隆 哥伦比亚 哥斯达黎加 科特迪瓦 多米尼加 多米尼加共和国 加纳 格林纳达 牙买加 日本 尼加拉瓜 圣卢西亚 圣文森特和格林 纳丁斯 塞内加尔 苏里南 委内瑞拉
印度—专利案（美国） WT/DS50/AB/R	印度	—	美国	欧洲共同体

1998 年

案　件	上诉方	其他上诉方	被诉方	第三方
欧洲共同体—荷尔蒙案 WT/DS26/AB/R， WT/DS48/AB/R	欧洲共同体	加拿大 美国	加拿大 欧洲共同体 美国	澳大利亚 新西兰 挪威
阿根廷—纺织品和服装案 WT/DS56/AB/R and WT/DS56/AB/R/Corr.1	阿根廷	—	美国	欧洲共同体
欧洲共同体—电脑配件案 WT/DS62/AB/R， WT/DS67/AB/R， WT/DS68/AB/R	欧洲共同体	—	美国	日本
欧洲共同体—禽类案 WT/DS69/AB/R	巴西	欧洲共同体	巴西 欧洲共同体	泰国 美国
美国—虾案 WT/DS58/AB/R	美国	—	印度 马来西亚 巴基斯坦 泰国	澳大利亚 厄瓜多尔 欧洲共同体 中国香港 墨西哥 尼日利亚
澳大利亚—三文鱼案 WT/DS18/AB/R	澳大利亚	加拿大	澳大利亚 加拿大	欧洲共同体 印度 挪威 美国
危地马拉—水泥案 I WT/DS60/AB/R	危地马拉	—	墨西哥	美国

1999 年

案　件	上诉方	其他上诉方	被诉方	第三方
韩国—酒精饮料案 WT/DS75/AB/R， WT/DS84/AB/R	韩国	—	欧洲共同体 美国	墨西哥
日本—农业产品案 II WT/DS76/AB/R	日本	美国	日本 美国	巴西 欧洲共同体
巴西—飞机案 WT/DS46/AB/R	巴西	加拿大	巴西 加拿大	欧洲共同体 美国
加拿大—飞机案 WT/DS70/AB/R	加拿大	巴西	巴西 加拿大	欧洲共同体 美国
印度—数量限制案 WT/DS90/AB/R	印度	—	美国	—
加拿大—乳制品案 WT/DS103/AB/R， WT/DS113/AB/R and WT/DS113/AB/R Corr.1	加拿大	—	新西兰 美国	—

（续表）

案　件	上诉方	其他上诉方	被诉方	第三方
土耳其—纺织品案 WT/DS34/AB/R	土耳其	—	印度	中国香港 日本 菲律宾
智利—酒精饮料案 WT/DS87/AB/R, WT/DS110/AB/R	智利	—	欧洲共同体	墨西哥 美国
阿根廷—鞋类案 （欧洲共同体） WT/DS121/AB/R	阿根廷	欧洲共同体	阿根廷 欧洲共同体	印度尼西亚 美国
韩国—乳制品案 WT/DS98/AB/R	韩国	欧洲共同体	韩国 欧洲共同体	美国

2000 年

案　件	上诉方	其他上诉方	被诉方	第三方
美国—外国销售公司案 WT/DS108/AB/R	美国	欧洲共同体	欧洲共同体 美国	加拿大 日本
美国—铅和铋案 II WT/DS138/AB/R	美国	—	欧洲共同体	巴西 墨西哥
加拿大—汽车案 WT/DS139/AB/R, WT/DS142/AB/R	加拿大	欧洲共同体 日本	加拿大 欧洲共同体 日本	韩国 美国
巴西—飞机案 （第 21.5 条—加拿大） WT/DS46/AB/RW	巴西	—	加拿大	欧洲共同体 美国
加拿大—飞机案 （第 21.5 条—巴西） WT/DS70/AB/RW	巴西	—	加拿大	欧洲共同体 美国
美国—1916 法案 WT/DS136/AB/R, WT/DS162/AB/R	美国	欧洲共同体 日本	欧洲共同体 日本 美国	欧洲共同体 ① 印度 日本 ② 墨西哥 印度
加拿大—专利保护期案 WT/DS170/AB/R	加拿大	—	美国	—
韩国—针对牛肉的多种措施案 WT/DS161/AB/R, WT/DS169/AB/R	韩国	—	澳大利亚 美国	加拿大 新西兰

① 在日本提起诉讼中。
② 在欧洲共同体提起诉讼中。

（续表）

案　件	上诉方	其他上诉方	被诉方	第三方
美国—特定欧洲共同体产品案 WT/DS165/AB/R	欧洲共同体	美国	欧洲共同体 美国	多米尼加 厄瓜多尔 印度 牙买加 日本 圣卢西亚
美国—小麦面筋案 WT/DS166/AB/R	美国	欧洲共同体	欧洲共同体 美国	澳大利亚 加拿大 新西兰

2001 年

案　件	上诉方	其他上诉方	被诉方	第三方
欧洲共同体—床单案 WT/DS141/AB/R	欧洲共同体	印度	欧洲共同体 印度	埃及 日本 美国
欧洲共同体—石棉案 WT/DS135/AB/R	加拿大	欧洲共同体	加拿大 欧洲共同体	巴西 美国
泰国—工字钢案 WT/DS122/AB/R	泰国	—	波兰	欧洲共同体 日本 美国
美国—羊肉案 WT/DS177/AB/R， WT/DS178/AB/R	美国	澳大利亚 新西兰	澳大利亚 新西兰 美国	欧洲共同体
美国—热轧钢案 WT/DS184/AB/R	美国	日本	日本 美国	巴西 加拿大 智利 欧洲共同体 韩国
美国—棉纱案 WT/DS192/AB/R	美国	—	巴基斯坦	欧洲共同体 印度
美国—虾案（第 21.5 条—马来西亚） WT/DS58/AB/RW	马来西亚	—	美国	澳大利亚 欧洲共同体 中国香港 印度 日本 墨西哥 泰国
墨西哥—玉米糖浆案（第 21.5 条） WT/DS132/AB/RW	墨西哥	—	美国	欧洲共同体
加拿大—乳制品案（第 21.5 条—新西兰和美国） WT/DS103/AB/RW， WT/DS113/AB/RW	加拿大	—	新西兰 美国	欧洲共同体

2002 年

案　　件	上诉方	其他上诉方	被诉方	第三方
美国—拨款法案第 211 节 WT/DS176/AB/R	欧洲共同体	美国	欧洲共同体 美国	—
美国—外国销售公司案 （第 21.5 条—欧洲共同体） WT/DS108/AB/RW	美国	欧洲共同体	欧洲共同体 美国	澳大利亚 加拿大 印度 日本
美国—管道案 WT/DS202/AB/R	美国	韩国	韩国 美国	澳大利亚 加拿大 欧洲共同体 日本 墨西哥
印度—汽车案 ① WT/DS146/AB/R， WT/DS175/AB/R	印度	—	欧洲共同体 美国	韩国
智利—价格体系案 WT/DS207/AB/R and WT/DS207/AB/R/Corr.1	智利	—	阿根廷	澳大利亚 巴西 哥伦比亚 厄瓜多尔 欧洲共同体 巴拉圭 美国 委内瑞拉
欧洲共同体—沙丁鱼案 WT/DS231/AB/R	欧洲共同体	—	秘鲁	加拿大 智利 厄瓜多尔 美国 委内瑞拉
美国—碳钢案 WT/DS213/AB/R and WT/DS213/AB/R/Corr.1	美国	欧洲共同体	欧洲共同体 美国	日本 挪威
美国—针对特定欧洲共同体产品的反补贴措施案 WT/DS212/AB/R	美国	—	欧洲共同体	巴西 印度 墨西哥
加拿大—乳制品案（第 21.5 条—新西兰和美国） WT/DS103/AB/RW2， WT/DS113/AB/RW2	加拿大	—	新西兰 美国	阿根廷 澳大利亚 欧洲共同体

---

①　印度在原定的口头听证会进行的前一天撤回了上诉。

2003 年

案　　件	上诉方	其他上诉方	被诉方	第三方
美国—抵消法案 （伯德修正案） WT/DS217/AB/R， WT/DS234/AB/R	美国	—	澳大利亚 巴西 加拿大 智利 欧洲共同体 印度 印度尼西亚 日本 韩国 墨西哥 泰国	阿根廷 哥斯达黎加 中国香港 以色列 挪威
欧洲共同体—床单案 （第 21.5 条—印度） WT/DS141/AB/RW	印度	—	欧洲共同体	日本 韩国 美国
欧洲共同体—管线配件案 WT/DS219/AB/R	巴西	—	欧洲共同体	智利 日本 墨西哥 美国
美国—钢铁保障措施案 WT/DS248/AB/R， WT/DS249/AB/R， WT/DS251/AB/R， WT/DS252/AB/R， WT/DS253/AB/R， WT/DS254/AB/R， WT/DS258/AB/R， WT/DS259/AB/R	美国	巴西 中国 欧洲共同体 日本 韩国 新西兰 挪威 瑞士	巴西 中国 欧洲共同体 日本 韩国 新西兰 挪威 瑞士 美国	加拿大 古巴 墨西哥 中国台北 泰国 土耳其 委内瑞拉
日本—苹果案 WT/DS245/AB/R	日本	美国	日本 美国	澳大利亚 巴西 欧洲共同体 新西兰 中国台北
美国—耐腐蚀钢日落复审案 WT/DS244/AB/R	日本	—	美国	巴西 智利 欧洲共同体 印度 韩国 挪威

2004 年

案　件	上诉方	其他上诉方	被诉方	第三方
美国—软木案 WT/DS257/AB/R	美国	加拿大	加拿大 美国	欧洲共同体 印度 日本
欧洲共同体—关税优惠案 WT/DS246/AB/R	欧洲共同体	—	印度	玻利维亚 巴西 哥伦比亚 哥斯达黎加 古巴 厄瓜多尔 萨尔瓦多 危地马拉 洪都拉斯 毛里求斯 尼加拉瓜 巴基斯坦 巴拿马 巴拉圭 秘鲁 美国 委内瑞拉
美国—软木案 WT/DS264/AB/R	美国	加拿大	加拿大 美国	欧洲共同体 印度 日本
加拿大—小麦出口和粮食 进口案 WT/DS276/AB/R	美国	加拿大	加拿大 美国	澳大利亚 中国 欧洲共同体 墨西哥 中国台北
美国—石油工业用管材 日落复审案 WT/DS268/AB/R	美国	阿根廷	阿根廷 美国	欧洲共同体 日本 韩国 墨西哥 中国台北

2005 年

案　　件	上诉方	其他上诉方	被诉方	第三方
美国—高地棉案 WT/DS267/AB/R	美国	巴西	巴西 美国	阿根廷 澳大利亚 贝宁 加拿大 乍得 中国 欧洲共同体 印度 新西兰 巴基斯坦 巴拉圭 中国台北 委内瑞拉
美国—赌博案 WT/DS285/AB/R	美国	安提瓜和 巴布达	安提瓜和 巴布达 美国	加拿大 欧洲共同体 日本 墨西哥 中国台北
欧洲共同体—针对糖的 出口补贴案 WT/DS265/AB/R WT/DS266/AB/R WT/DS283/AB/R	欧洲共同体	澳大利亚 巴西 泰国	澳大利亚 巴西 欧洲共同体 泰国	巴巴多斯 伯利兹 加拿大 中国 哥伦比亚 科特迪瓦 古巴 斐济 圭亚那 印度 牙买加 肯尼亚 马达加斯加 马拉维 毛里求斯 新西兰 巴拉圭 圣基茨和 尼维斯 斯威士兰 坦桑尼亚 特立尼达和 多巴哥 美国

（续表）

案　件	上诉方	其他上诉方	被诉方	第三方
多米尼加共和国—烟草的进口与销售案 WT/DS302/AB/R	多米尼加共和国	洪都拉斯	多米尼加共和国 洪都拉斯	中国 萨尔瓦多 欧洲共同体 危地马拉 美国
美国—动态随机存取存储器反补贴税调查案 WT/DS296/AB/R	美国	韩国	韩国 美国	中国 欧洲共同体 日本 中国台北
欧洲共同体—鸡块案 WT/DS269/AB/R WT/DS286/AB/R	欧洲共同体	巴西 泰国	巴西 欧洲共同体 泰国	中国 美国
墨西哥—针对大米的反倾销措施案 WT/DS295/AB/R	墨西哥	—	美国	中国 欧洲共同体
美国—石油专用管材反倾销措施案 WT/DS282/AB/R	墨西哥	美国	墨西哥 美国	阿根廷 加拿大 中国 欧洲共同体 日本 中国台北
美国—软木案 IV （第 21.5 条—加拿大） WT/DS257/AB/RW	美国	加拿大	加拿大 美国	中国 欧洲共同体

2006 年

案　件	上诉方	其他上诉方	被诉方	第三方
美国—外国销售公司案 （第 21.5 条—EC II） WT/DS108/AB/RW2	美国	欧洲共同体	欧洲共同体 美国	澳大利亚 巴西 中国
墨西哥—软饮料税案 WT/DS308/AB/R	墨西哥	—	美国	加拿大 中国 欧洲共同体 危地马拉 日本
美国—软木木材案 VI （第 21.5 条—加拿大） WT/DS277/AB/RW and WT/DS277/AB/RW/ Corr.1	加拿大	—	美国	中国 欧洲共同体

（续表）

案　件	上诉方	其他上诉方	被诉方	第三方
美国—归零案（EC） WT/DS294/AB/R and WT/DS294/AB/R/Corr.1	欧洲共同体	美国	美国 欧洲共同体	阿根廷 巴西 中国 中国香港 印度 日本 韩国 墨西哥 挪威 中国台北
美国—软木木材案 V （第 21.5 条—加拿大） WT/DS264/AB/RW	加拿大	—	美国	中国 欧洲共同体 印度 日本 新西兰 泰国
欧共体—海关特殊 事项案 WT/DS315/AB/R	美国	欧洲共同体	欧洲共同体 美国	阿根廷 澳大利亚 巴西 中国 中国香港 印度 日本 韩国 中国台北

2007 年

案　件	上诉方	其他上诉方	被诉方	第三方
美国—归零案（日本） WT/DS322/AB/R	日本	美国	美国 日本	阿根廷 中国 欧洲共同体 中国香港 印度 韩国 墨西哥 新西兰 挪威 泰国
美国—石油国家管状物 品日落评论案 （第 21.5 条阿根廷） WT/DS268/AB/RW	美国	阿根廷	阿根廷 美国	中国 欧洲共同体 日本 韩国 墨西哥

（续表）

案 件	上诉方	其他上诉方	被诉方	第三方
智利—价格幅度制度案（第 21.5 条—阿根廷）WT/DS207/AB/RW	智利	阿根廷	阿根廷 智利	澳大利亚 巴西 加拿大 中国 哥伦比亚 欧洲共同体 秘鲁 泰国 美国
日本—同步动态随机存储器案（DRAM 案）（韩国）WT/DS336/AB/R and WT/DS336/AB/R/Corr.1	日本	韩国	韩国 日本	欧洲共同体 美国
巴西—翻新轮胎案 WT/DS332/AB/R	欧洲共同体	—	巴西	阿根廷 澳大利亚 中国 古巴 危地马拉 日本 韩国 墨西哥 巴拉圭 中国台北 泰国 美国

2008 年

案 件	上诉方	其他上诉方	被诉方	第三方
美国—不锈钢案（墨西哥）WT/DS344/AB/R	墨西哥	—	美国	智利 中国 欧洲共同体 日本 泰国
美国—陆地棉案（第 21.5 条—巴西）WT/DS267/AB/RW	美国	巴西	巴西 美国	阿根廷 澳大利亚 加拿大 乍得 中国 欧洲共同体 印度 日本 新西兰 泰国

（续表）

案　件	上诉方	其他上诉方	被诉方	第三方
美国—虾案（泰国） WT/DS343/AB/R	泰国	美国	美国 泰国	巴西 智利 中国 欧洲共同体 印度 日本 韩国 墨西哥 越南
美国—海关债券指令案 WT/DS345/AB/R	印度	美国	美国 印度	巴西 中国 欧洲共同体 日本 泰国
美国—继续停权案 WT/DS320/AB/R	欧洲共同体	美国	美国 欧洲共同体	澳大利亚 巴西 中国 印度 墨西哥 新西兰 挪威 中国台北
加拿大—继续暂停欧盟荷尔蒙案之义务案 WT/DS321/AB/R	欧洲共同体	加拿大	加拿大 欧洲共同体	澳大利亚 巴西 中国 印度 墨西哥 新西兰 挪威 中国台北
印度—附加进口税案 WT/DS360/AB/R	美国	印度	印度 美国	澳大利亚 智利 欧洲共同体 日本 越南

案　件	上诉方	其他上诉方	被诉方	第三方
欧共体—香蕉 III（第 21.5 条—厄瓜多尔 II）WT/DS27/AB/RW2/ECU and WT/DS27/AB/RW2/ECU/Corr.1	欧洲共同体	厄瓜多尔	厄瓜多尔 欧洲共同体	伯利兹 巴西 喀麦隆 哥伦比亚 科特迪瓦 多米尼加 多米尼加共和国 加纳 牙买加 日本 尼加拉瓜 巴拿马 圣卢西亚 圣文森特和格林纳丁斯 苏里南 美国
欧共体—香蕉案 III（美国第 21.5 条）WT/DS27/AB/RW/USA and WT/DS27/AB/RW/USA/Corr.1	欧洲共同体	—	美国	伯利兹 巴西 喀麦隆 哥伦比亚 科特迪瓦 多米尼加共和国 厄瓜多尔 牙买加 日本 墨西哥 尼加拉瓜 巴拿马 圣卢西亚 圣文森特和格林纳丁斯 苏里南
中国—汽车零部件案（欧共体）WT/DS339/AB/R	中国	—	欧洲共同体	阿根廷 澳大利亚 巴西 日本 墨西哥 中国台北 泰国

（续表）

案　件	上诉方	其他上诉方	被诉方	第三方
中国—汽车零部件案 （美国） WT/DS340/AB/R	中国	—	美国	阿根廷 澳大利亚 巴西 日本 墨西哥 中国台北 泰国
中国—汽车零部件案 （加拿大） WT/DS342/AB/R	中国	—	加拿大	阿根廷 澳大利亚 巴西 日本 墨西哥 中国台北 泰国

2009 年

案　件	上诉方	其他上诉方	被诉方	第三方
美国—继续归零案 WT/DS350/AB/R	欧洲共同体	美国	欧洲共同体 美国	巴西 中国 埃及 印度 日本 韩国 墨西哥 挪威 中国台北 泰国
美国—归零案（欧共体） （第 21.5 条—欧共体） WT/DS294/AB/RW and WT/DS294/AB/RW/ Corr.1	欧洲共同体	美国	欧洲共同体 美国	印度 日本 韩国 墨西哥 挪威 中国台北 泰国
美国—归零案（日本） （第 21.5 条—日本） WT/DS322/AB/RW	美国	—	日本	中国 欧洲共同体 中国香港 韩国 墨西哥 挪威 中国台北 泰国

（续表）

案　件	上诉方	其他上诉方	被诉方	第三方
中国—出版物和音像制品案 WT/DS363/AB/R	中国	美国	中国 美国	澳大利亚 欧洲共同体 日本 韩国 中国台北

2010 年

案　件	上诉方	其他上诉方	被诉方	第三方
澳大利亚—苹果案 WT/DS367/AB/R	澳大利亚	新西兰	新西兰 澳大利亚	智利 欧盟 日本 巴基斯坦 中国台北 美国

2011 年

案　件	上诉方	其他上诉方	被诉方	第三方
美国—反倾销和反补贴税案（中国） WT/DS379/AB/R	中国	—	美国	阿根廷 澳大利亚 巴林王国 巴西 加拿大 欧盟 印度 日本 科威特 墨西哥 挪威 沙特阿拉伯王国 中国台北 土耳其
欧共体和某些成员国—大型民用飞机案 WT/DS316/AB/R	欧盟	美国	美国 欧盟	澳大利亚 巴西 加拿大 中国 日本 韩国
泰国—香烟案（菲律宾） WT/DS371/AB/R	泰国	—	菲律宾	澳大利亚 中国 欧盟 印度 中国台北 美国

（续表）

案　　件	上诉方	其他上诉方	被诉方	第三方
欧共体—紧固件案 （中国） WT/DS397/AB/R	欧盟	中国	中国 欧盟	巴西 加拿大 智利 哥伦比亚 印度 日本 挪威 中国台北 泰国 土耳其 美国
美国—轮胎案（中国） WT/DS399/AB/R	中国	—	美国	欧盟 日本 中国台北 土耳其 越南
菲律宾—蒸馏酒案 （欧盟） WT/DS396/AB/R	菲律宾	欧盟	欧盟 菲律宾	澳大利亚 中国 哥伦比亚 印度 墨西哥 中国台北 泰国
菲律宾—蒸馏酒案 （美国） WT/DS403/AB/R	菲律宾	—	美国	澳大利亚 中国 哥伦比亚 印度 墨西哥 中国台北 泰国

2012 年

案　　件	上诉方	其他上诉方	被诉方	第三方
中国—原材料案（美国） WT/DS394/AB/R	中国	美国	中国 美国	阿根廷 巴西 加拿大 智利 哥伦比亚 厄瓜多尔 印度 日本 韩国 挪威 沙特阿拉伯王国 中国台北 土耳其

（续表）

案　　件	上诉方	其他上诉方	被诉方	第三方
中国—原材料案（欧盟） WT/DS395/AB/R	中国	欧盟	中国 欧盟	阿根廷 巴西 加拿大 智利 哥伦比亚 厄瓜多尔 印度 日本 韩国 挪威 沙特阿拉伯王国 中国台北 土耳其
中国—原材料案 （墨西哥） WT/DS398/AB/R	中国	墨西哥	中国 墨西哥	阿根廷 巴西 加拿大 智利 哥伦比亚 厄瓜多尔 印度 日本 韩国 挪威 沙特阿拉伯王国 中国台北 土耳其
美国—大型民用飞机案 （第二次投诉） WT/DS353/AB/R	欧盟	美国	美国 欧盟	澳大利亚 巴西 加拿大 中国 日本 韩国
美国—丁香烟案 WT/DS406/AB/R	美国	—	印度尼 西亚	巴西 哥伦比亚 多米尼加共和国 欧盟 危地马拉 墨西哥 挪威 土耳其

（续表）

案　　件	上诉方	其他上诉方	被诉方	第三方
美国—金枪鱼案 II （墨西哥） WT/DS381/AB/R	美国	墨西哥	墨西哥 美国	阿根廷 澳大利亚 巴西 加拿大 中国 厄瓜多尔 欧盟 危地马拉 日本 韩国 新西兰 中国台北 泰国 土耳其 玻利瓦尔共和国 委内瑞拉
美国—原产国标签案 （加拿大） WT/DS384/AB/R	美国	加拿大	加拿大 美国	阿根廷 澳大利亚 巴西 中国 哥伦比亚 欧盟 危地马拉 印度 日本 韩国 新西兰 秘鲁 中国台北
美国—原产国标签案 （墨西哥） WT/DS386/AB/R	美国	墨西哥	墨西哥 美国	阿根廷 澳大利亚 巴西 中国 哥伦比亚 欧盟 危地马拉 印度 日本 韩国 新西兰 秘鲁 中国台北

（续表）

案　件	上诉方	其他上诉方	被诉方	第三方
中国—取向电工钢"双反"案（GOES）WT/DS414/AB/R	中国	—	美国	阿根廷 欧盟 洪都拉斯 印度 日本 韩国 沙特阿拉伯王国 越南

2013 年

案　件	上诉方	其他上诉方	被诉方	第三方
加拿大—可再生能源案 WT/DS412/AB/R	加拿大	日本	日本 加拿大	澳大利亚 巴西 中国 萨尔瓦多 欧盟 洪都拉斯 印度 韩国 墨西哥 挪威 沙特阿拉伯王国 中国台北 美国
加拿大—饲料关税案 WT/DS426/AB/R	加拿大	欧盟	欧盟 加拿大	澳大利亚 巴西 中国 萨尔瓦多 印度 日本 韩国 墨西哥 挪威 沙特阿拉伯王国 中国台北 土耳其 美国

2014 年

案　件	上诉方	其他上诉方	被诉方	第三方
欧共体—密封件产品案（加拿大） WT/DS400/AB/R	加拿大	欧盟	加拿大 欧盟	阿根廷 中国 哥伦比亚 厄瓜多尔 冰岛 日本 墨西哥 俄罗斯联邦 美国
欧共体—密封件产品案（挪威） WT/DS401/AB/R	挪威	欧盟	挪威 欧盟	阿根廷 中国 哥伦比亚 厄瓜多尔 冰岛 日本 墨西哥 纳米比亚 俄罗斯联邦 美国
美国反补贴和反倾销措施案（中国） WT/DS449/AB/R and WT/DS449/AB/R/Corr.1	中国	美国	美国 中国	澳大利亚 加拿大 欧盟 印度 日本 俄罗斯联邦 土耳其 越南
中国—稀土案（美国） WT/DS431/AB/R	美国	中国	美国 中国	阿根廷 澳大利亚 巴西 加拿大 中国台北 哥伦比亚 欧盟 印度 印度尼西亚 韩国 日本 挪威 阿曼 秘鲁 俄罗斯联邦 沙特阿拉伯王国 土耳其 越南

（续表）

案　　件	上诉方	其他上诉方	被诉方	第三方
中国—稀土案（欧盟） WT/DS432/AB/R	中国	—	欧盟	阿根廷 澳大利亚 巴西 加拿大 中国台北 哥伦比亚 印度 印度尼西亚 日本 韩国 挪威 阿曼 秘鲁 俄罗斯联邦 沙特阿拉伯王国 土耳其 美国 越南
中国—稀土案（日本） WT/DS433/AB/R	中国	—	日本	阿根廷 澳大利亚 巴西 加拿大 中国台北 哥伦比亚 印度 印度尼西亚 欧盟 韩国 挪威 阿曼 秘鲁 俄罗斯联邦 沙特阿拉伯王国 土耳其 美国 越南
美国—碳钢案（印度） WT/DS436/AB/R	印度	美国	印度 美国	澳大利亚 加拿大 中国 欧盟 沙特阿拉伯王国 土耳其

（续表）

案　　件	上诉方	其他上诉方	被诉方	第三方
美国反补贴措施案 （中国） WT/DS437/AB/R	中国	美国	美国 中国	澳大利亚 巴西 加拿大 欧盟 印度 日本 韩国 挪威 俄罗斯联邦 沙特阿拉伯王国 土耳其 越南

2015 年

案　　件	上诉方	其他上诉方	被诉方	第三方
阿根廷—进口措施案 （欧盟） WT/DS438/AB/R	阿根廷	欧盟	阿根廷 欧盟	澳大利亚 加拿大 中国 厄瓜多尔 危地马拉 印度 以色列 日本 韩国 挪威 沙特阿拉伯王国 中国台北 泰国 土耳其 瑞士 美国
阿根廷—进口措施案 （美国） WT/DS444/AB/R	阿根廷	—	美国	澳大利亚 加拿大 中国 厄瓜多尔 欧盟 危地马拉 印度 以色列 日本 韩国 挪威 沙特阿拉伯王国 中国台北 泰国 土耳其 瑞士

（续表）

案 件	上诉方	其他上诉方	被诉方	第三方
阿根廷—进口措施案 （日本） WT/DS445/AB/R	阿根廷	日本	阿根廷 日本	澳大利亚 加拿大 中国 厄瓜多尔 欧盟 危地马拉 印度 以色列 韩国 挪威 沙特阿拉伯王国 中国台北 泰国 土耳其 瑞士 美国
美国—原产国标签案 （第 21.5 条—加拿大） WT/DS384/AB/RW	美国	加拿大	加拿大 美国	澳大利亚 巴西 中国 哥伦比亚 欧盟 危地马拉 印度 日本 韩国 墨西哥 新西兰
美国—原产国标签案 （第 21.5 条—墨西哥） WT/DS386/AB/RW	美国	墨西哥	墨西哥 美国	澳大利亚 巴西 加拿大 中国 哥伦比亚 欧盟 危地马拉 印度 日本 韩国 新西兰
美国—虾案 II（越南） WT/DS429/AB/R	越南	—	美国	中国 厄瓜多尔 欧盟 日本 挪威 泰国

（续表）

案　　件	上诉方	其他上诉方	被诉方	第三方
印度—农产品案 WT/DS430/AB/R	印度	—	美国	阿根廷 澳大利亚 巴西 中国 哥伦比亚 厄瓜多尔 欧盟 危地马拉 日本
秘鲁—农产品案 WT/DS457/AB/R	秘鲁	危地马拉	危地马拉 秘鲁	阿根廷 巴西 中国 哥伦比亚 厄瓜多尔 萨尔瓦多 欧盟 洪都拉斯 印度 韩国 美国
中国—高性能不锈钢无缝钢管案（欧盟） WT/DS460/AB/R	中国	欧盟	中国 欧盟	印度 日本 韩国 俄罗斯联邦 沙特阿拉伯王国 土耳其 美国
美国—金枪鱼案 II（墨西哥）（第 21.5 条—墨西哥） WT/DS381/AB/RW	美国	墨西哥	墨西哥 美国	澳大利亚 加拿大 中国 欧盟 危地马拉 日本 韩国 新西兰 挪威 泰国

2016 年

案 件	上诉方	其他上诉方	被诉方	第三方
欧共体—紧固件案（中国）—（第 21.5 条—中国）WT/DS397/AB/RW	欧盟	中国	中国 欧盟	日本 美国
阿根廷—金融服务案 WT/DS453/AB/R	巴拿马	阿根廷	阿根廷 巴拿马	澳大利亚 巴西 中国 厄瓜多尔 欧盟 危地马拉 洪都拉斯 印度 阿曼 沙特阿拉伯王国 新加坡 美国
哥伦比亚—纺织品案 WT/DS461/AB/R	哥伦比亚	—	巴拿马	中国 厄瓜多尔 萨尔瓦多 欧盟 危地马拉 洪都拉斯 菲律宾 美国
美国—洗衣机案 WT/DS464/AB/R	美国	韩国	韩国 美国	巴西 加拿大 中国 欧盟 印度 日本 挪威 沙特阿拉伯王国 泰国 土耳其 越南
印度—太阳能电池案 WT/DS456/AB/R	印度	—	美国	巴西 加拿大 中国 厄瓜多尔 欧盟 日本 韩国 马来西亚 挪威 俄罗斯联邦 沙特阿拉伯王国 中国台北 土耳其

（续表）

案　　件	上诉方	其他上诉方	被诉方	第三方
欧盟—生物柴油案（阿根廷）WT/DS473/AB/R	欧盟	阿根廷	阿根廷欧盟	澳大利亚 中国 哥伦比亚 印度尼西亚 墨西哥 挪威 俄罗斯联邦 沙特阿拉伯王国 土耳其 美国

2017 年

案　　件	上诉方	其他上诉方	被诉方	第三方
俄罗斯—猪肉案（欧盟）WT/DS475/AB/R	俄罗斯联邦	欧盟	欧盟俄罗斯联邦	澳大利亚 巴西 中国 印度 日本 韩国 挪威 中国台北 南非 美国
美国—反倾销方法案（中国）WT/DS471/AB/R	中国	—	美国	巴西 加拿大 欧盟 印度 日本 韩国 挪威 俄罗斯联邦 沙特阿拉伯王国 中国台北 土耳其 乌克兰 越南
美国—税收优惠案WT/DS487/AB/R	美国	欧盟	欧盟美国	澳大利亚 巴西 加拿大 中国 日本 韩国 俄罗斯联邦

（续表）

案　　件	上诉方	其他上诉方	被诉方	第三方
欧盟—脂肪醇案 （印度尼西亚） WT/DS442/AB/R	印度尼 西亚	欧盟	欧盟 印度尼西亚	韩国 美国
印度尼西亚—进口许可 制度案 WT/DS477/AB/R	印度尼 西亚	—	新西兰 美国	阿根廷 澳大利亚 巴西 加拿大 中国 欧盟 日本 韩国 挪威 巴拉圭 新加坡 中国台北
印度尼西亚—进口许可 制度案 WT/DS478/AB/R	印度尼 西亚	—	新西兰 美国	阿根廷 澳大利亚 巴西 加拿大 中国 欧盟 日本 韩国 挪威 巴拉圭 新加坡 中国台北

2018 年

案　　件	上诉方	其他上诉方	被诉方	第三方
俄罗斯—商用车案 WT/DS479/AB/R	俄罗斯联 邦	欧盟	欧盟 俄罗斯联邦	巴西 中国 日本 韩国 土耳其 乌克兰 美国
欧共体及某些成员—大 型民用飞机案（第 21.5 条—美国） WT/DS316/AB/R/RW	欧盟	美国	美国 欧盟	澳大利亚 巴西 加拿大 中国 日本 韩国

（续表）

案　　件	上诉方	其他上诉方	被诉方	第三方
欧盟—聚对苯二甲酸乙二醇酯案（巴基斯坦）WT/DS486/AB/R	欧盟	巴基斯坦	巴基斯坦 欧盟	中国 美国
印度尼西亚—钢铁产品案 WT/DS490/AB/R WT/DS496/AB/R	印度尼西亚	中国台北 越南	中国台北 越南 印度尼西亚	澳大利亚 智利 中国 欧盟 印度 日本 韩国 俄罗斯 乌克兰 美国
巴西—税收案 WT/DS472/AB/R WT/DS497/AB/R	巴西	欧盟 日本	欧盟 日本 巴西	阿根廷 澳大利亚 加拿大 中国 哥伦比亚 欧盟 印度 日本 韩国 俄罗斯联邦 新加坡 南非 中国台北 土耳其 乌克兰 美国
美国—金枪鱼案 II（墨西哥）（第 21.5 条—美国）/ 美国—金枪鱼案 II（墨西哥）（第 21.5 条—墨西哥 II）WT/DS381/AB/RW/USA WT/DS381/AB/RW2	墨西哥	—	美国	澳大利亚 巴西 加拿大 中国 厄瓜多尔 欧盟 危地马拉 印度 日本 韩国 新西兰 挪威

a 仅在 DS472 中。
b 仅在 DS497 中。
c 仅在 DS472 中。
d 仅在 DS497 中。
e 仅在 DS497 中。
f 仅在 DS472 中。

2019 年

案 件	上诉方	其他上诉方	被诉方	第三方
美国—大型民用飞机案（第二次申诉）（第 21.5 条—欧盟）WT/DS353/AB/RW	欧盟	美国	欧盟 美国	澳大利亚 巴西 加拿大 中国 日本 韩国 俄罗斯联邦
韩国—放射性核素案 WT/DS495/AB/R	韩国	日本	韩国 日本	巴西 加拿大 中国 欧盟 危地马拉 印度 新西兰 挪威 俄罗斯联邦 中国台北 美国
美国—反补贴措施案（中国）（第 21.5 条—中国）WT/DS437/AB/RW	美国	中国	美国 中国	澳大利亚 加拿大 欧盟 日本 韩国 印度 俄罗斯联邦 越南
韩国—气动阀案 WT/DS504/AB/R	日本	韩国	日本 韩国	巴西 加拿大 中国 厄瓜多尔 欧盟 挪威 新加坡 土耳其 美国 越南
乌克兰—硝酸铵案 WT/DS493/AB/R	乌克兰	—	俄罗斯联邦	阿根廷 澳大利亚 巴西 加拿大 中国 哥伦比亚 欧盟 日本 墨西哥 挪威 美国

（续表）

案　　件	上诉方	其他上诉方	被诉方	第三方
摩洛哥—热轧钢案 WT/DS513/AB/R	摩洛哥	—	土耳其	中国 埃及 欧盟 印度 日本 韩国 俄罗斯联邦 新加坡 美国

2020 年

案　　件	上诉方	其他上诉方	被诉方	第三方
俄罗斯—铁路设备案 WT/DS499/AB/R	乌克兰	俄罗斯联邦	俄罗斯联邦 乌克兰	加拿大 中国 欧盟 印度 印度尼西亚 日本 新加坡 美国
美国—超级压光纸案 WT/DS505/AB/R	美国	—	加拿大	巴西 中国 欧盟 印度 日本 韩国 墨西哥 土耳其
澳大利亚—烟草简明包装案（洪都拉斯）/ 澳大利亚—烟草简明包装案（多米尼加共和国） WT/DS435/AB/R WT/DS441/AB/R	洪都拉斯 多米尼加 共和国	—	澳大利亚	阿根廷 巴西 加拿大 智利 中国 古巴 多米尼加 共和国 厄瓜多尔 欧盟 危地马拉 洪都拉斯 印度 印度尼西亚

（续表）

案　件	上诉方	其他上诉方	被诉方	第三方
				日本 韩国 马拉维 马来西亚 墨西哥 新西兰 尼加拉瓜 尼日利亚 挪威 阿曼 巴拿马 秘鲁 菲律宾 俄罗斯联邦 沙特阿拉伯王国 新加坡 南非 中国台北 泰国 特立尼达和多巴哥 土耳其 乌克兰 美国 乌拉圭 赞比亚 津巴布韦

a 仅在 DS435 中。
b 仅在 DS441 中。

世界贸易组织法研习的第四代——译后记

2001 年 12 月 11 日，中国正式成为世界贸易组织（WTO）的一员。过去二十年，中国的经济总量增长了近 10 倍，入世对中国的意义不言而喻，但成绩的取得却并不容易。按照行业的说法，入世的前五年被称为是"蜜月期"，例如中美之间在 WTO 仅有三起争端发生，其中"钢铁保障措施案"还是中国和欧盟、日本、韩国等共同起诉美国。作为中国入世后成长起来的一代，研习的经历没能赶上这段"蜜月期"，但却遇上中美经贸关系最为严峻的时期和 WTO 的至暗时刻。

一、WTO 法初学者

2009 年 3 月 18 日，"WTO 法之父"——乔治城大学约翰·杰克逊（John Jackson）教授造访上海交通大学，并做了一场题为"国际法与经济的焦虑时代"（International Law and Economic Stressful Times）的主题报告。当时全球经济仍然处于 2008 年金融危机余波影响之下，这和今天全球经济受疫情影响、全球治理面临困境多少有几分相似。记忆中上海交通大学对这次来访给予很高规格的接待，体现出对这一领域的高度重视。报告主持人是刚从乔治城大学访学归来的胡加祥教授。后来，我有幸跟随胡老师，专注于 WTO 法领域的学习和研究。

2010 年，受胡老师推荐，我有幸获得约翰·杰克逊教授所在国际经济法所的访学邀请，不过最后并未成行而是转道澳大利亚，在胡加祥和 Jianfu Chen 教授共同指导下开展研究。这个时间段，中国与 WTO 深度融入，并开始在 WTO 框架下积极应对经贸争端。因此，也成为 WTO 法研究的黄金期，博士第二年便在《法商研究》《环球法律评论》和《东方法学》等刊物发表了一系列学术成果。

回国后，有机会在商务部 WTO 司进行了一段时间的实习研修。这一时期，区域性贸易谈判开始活跃起来，自己协助部里同事从事一些区域性谈判资料的收集。同时，正好赶上中国入世十周年的重大纪念活动，其间有机会协助邀请国家领导人出席"中国加入世界贸易组织十周年高层论坛"的基础性事宜。一转眼就是十年。

二、WTO法的实践

2016年以来，WTO主要成员在经贸领域的博弈日趋激烈，突出表现之一便是如何对待《中国入世议定书》第15条相关条款的到期问题。由于美国、欧盟和中国对条款存在截然不同的理解，中国于2016年12月在WTO分别起诉了美国和欧盟。

这一议题也越来越多地受到国际社会的关注。记得在一次国际会议上，一位曾经担任白宫顾问的经济学家论及这一问题时，因为没有其他中国学者在场，在互动环节自己以提问的形式向其请教，目的之一是希望一些问题得到澄清。之后，我有幸与周围欢老师一起合作撰写了一篇与该议题相关的学术文章。写作期间，为了更好地了解中国入世谈判的历史，特地到上海WTO咨询中心查阅资料，其中一些资料是工作人员从书库的藏书中找到的。有一次拜访欧盟委员会时，接待的贸易官员事后还特别发邮件说，有关第15条相关条款的到期争议，他们也在研究对此问题的不同理解，并且我们的文章已被他们收录，作为处理该案的阅读参考资料。

紧接而来的是2018年3月8日，特朗普签署命令，认定进口钢铁和铝产品威胁到美国国家安全，决定分别按25%和10%的税率进行征税。某种程度上，这可看作是"中美贸易摩擦"的事件开端，国内专家学者积极讨论思考中国如何应对。出于专业的敏感性，我和杨国华、周围欢老师就本案的应对开展分析研讨。记得那时候我们三个人分属三个时区（欧洲、中国和澳大利亚），因此可以24小时流水作业，以最快的速度形成了本案应对的基本思路。最初想法是在核心期刊以学术论文的形式呈现，不过，发现时间可能来不及，因此冒着放弃发表的风险，第一时间将案件应对的主要分析思路通过公众号发布。这一研判思路与中国官方后续发布的应对举措基本吻合。

2020年，有幸受邀担任WTO年度贸易报告的外审专家。年度报告毕竟是WTO官方出版物，在选材和措辞上必须有所讲究。在当时形势下，报告难免会触及一些相对敏感的议题，但是作为外审专家需要保持客观中立。为了做好这份工作，暑假里用了一周完整的时间，研习这份报告，最后提出了50多处修改建议。报告于2020年11月正式发布，和之前的初稿还是有较大变化。

三、WTO 法研习的第四代和下一代

2017年9月，我第一次来到 WTO 总部参加 WTO 公共论坛，真实地感受到 WTO 是怎样的一个存在。公共论坛更像是一个"世界大擂台"，各种活动超过100场，来自不同国家和地区的实务界和理论界人士在4天里纷纷登场。不过直到今天，由中国学术机构参与主办的活动仍然非常有限，有时可能只有1—2场。当时正好参加了杨国华老师召集主办的一场活动，同行的还有北师大的廖诗评教授等。活动结束后，杨老师召集从国内来的中国学者在 WTO 大楼门外叙聊；杨老师鼓励说：你们是 WTO 研习的第四代……当时的情景还历历在目。

2019年9月，我带领华东理工大学本科生代表团参加 WTO 公共论坛。从时间上算，这批学生比我第一次参加 WTO 公共论坛提前了15年。其间，还带领部分学生拜访了世界知识产权和联合国贸发会（UNCTAD）等国际组织，希望他们更深刻地了解一个多元、全球化的世界，多参加这类活动，加强国际对话的专业能力。记得有一天，同行的陈庆升老师告知，我们有学生在公共论坛上发言了。我特别激动和欣慰，由衷地为我们学生点赞。接下来的几天，又不断有我们学生的提问发言。围绕全球经贸问题的讨论，同样是当年的那个会议室，地上坐满了来自不同国家的与会者；所见所闻，我想对学生的成才和成长而言一定有着不同寻常的意义。目前，这批学生中，有的回来之后便拿到了国际组织的实习邀请；有的已经开始在国内外名校专门从事国际治理方面的学习和研究，或许 WTO 研究的下一代正在慢慢形成。本报告的翻译和出版，历时两年多时间，要特别感谢张子琳、刘雨馨、莫江婷、郜梦昕、徐如萱、范家尧、郑琏、沈逸豪、荣金慧、王雨彤、欧阳仲琳、盛歆宇、张鑫苗、倪家杰、栗靓和马新元等提供的各类协助；感谢上海人民出版社王吟女士疫情期间的积极协调和帮助。同时由于能力水平所限，翻译中也难免出现不足。

四、不忘初心，使命弥艰

中国从1986年正式提出"复关"申请到2001年入世，历经了整整15年。2021年9月16日，中国正式提出申请加入 CPTPP 谈判，有学者将其

比作的是"第二次入世",这期间必然会遇到一些挫折。这或赋予了我们这一代甚至是下一代人更多的使命。未来中国深度融入世界、参与全球治理,需要更多的学人以扎实的专业知识素养、开放的思维与世界开展对话,在这方面我们正在不断进步。

2021 年是中国入世 20 周年。有幸在 WTO 上诉机构前主席赵宏法官的指导下,从事《世界贸易组织上诉机构年度报告(2019—2020)》的翻译工作。赵宏主席对译稿进行了耐心的修改,有些地方批改的痕迹密密麻麻,她的敬业精神让人钦佩,成为自己前行鼓舞和动力。当前上诉机构正处于停摆阶段,翻译时很认真地去体会着上诉机构法官们的离任演讲词,心情异常复杂。他们坚守信念、彼此鼓励。在此,谨以译著的问世,作为一名 WTO 研习者献给中国入世二十周年迟来的礼物。由衷欣慰的是,2022 年 6 月,WTO 第 12 届部长级会议在瑞士成功举行,并取得了"1 + 4"的丰硕成果,再次体现出 WTO 多边贸易体制在全球动荡时期的强大韧性。在此,也期待 WTO 上诉机构不久将重新恢复运转。

彭德雷

2022 年 7 月

图书在版编目(CIP)数据

世界贸易组织上诉机构年度报告. 2019—2020/世
界贸易组织著;赵宏主编;彭德雷译. —上海:上海
人民出版社,2022
(上海 WTO 事务咨询中心系列丛书. 上诉机构系列)
书名原文:Appellate Body Annual Report 2019/
2020
ISBN 978 - 7 - 208 - 17815 - 1

Ⅰ. ①世… Ⅱ. ①世… ②赵… ③彭… Ⅲ. ①世界贸
易组织-国际贸易-经济纠纷-判例-研究报告- 2019 -
2020 Ⅳ. ①D996.1

中国版本图书馆 CIP 数据核字(2022)第 162567 号

责任编辑 王 吟
封面设计 零创意文化

上海 WTO 事务咨询中心系列丛书·上诉机构系列
世界贸易组织上诉机构年度报告 2019—2020
世界贸易组织 著
赵 宏 主编/审校
彭德雷 译

出 版 上海人民大版社
     (201101 上海市闵行区号景路 159 弄 C 座)
发 行 上海人民出版社发行中心
印 刷 上海景条印刷有限公司
开 本 720×1000 1/16
印 张 18.5
插 页 4
字 数 300,000
版 次 2022 年 8 月第 1 版
印 次 2022 年 8 月第 1 次印刷
ISBN 978 - 7 - 208 - 17815 - 1/F·2755
定 价 78.00 元